高职高专经济管理创新实践系列教材

国际商务单证

陆洲艳 钱 华 陆泽西 主编

清华大学出版社

北京

内 容 简 介

本书依据外贸单证业务的主要操作流程，以主干案例为引导，结合计算机软件制单演示组织内容，旨在提升学生学习兴趣，帮助学生主动掌握各项业务技能。全书共8章，每章均设有“课堂巩固”和“课后实践”两个操作环节，适用于多样化的教学环境。本书强调“动手记忆”，能帮助学生在短时期内掌握单证工作的核心技能。

本书适合中高职院校国际贸易、国际商务、物流管理专业学生作为教材使用，同时也适合在职人士自学使用。

图书在版编目(CIP)数据

国际商务单证/陆洲艳，钱华，陆泽西主编．—北京：清华大学出版社，2017
(高职高专经济管理创新实践系列教材)
ISBN 978-7-302-48967-2

Ⅰ．①国…　Ⅱ．①陆…　②钱…　③陆…　Ⅲ．①国际贸易－票据－高等职业教育－教材
Ⅳ．①F740.44

中国版本图书馆CIP数据核字(2017)第292756号

责任编辑：陈凌云
封面设计：常雪影
责任校对：刘　静
责任印制：王静怡

出版发行：清华大学出版社
网　址：http://www.tup.com.cn，http://www.wqbook.com
地　址：北京清华大学学研大厦A座　**邮　编**：100084
社 总 机：010-62770175　**邮　购**：010-62786544
投稿与读者服务：010-62776969，c-service@tup.tsinghua.edu.cn
质量反馈：010-62772015，zhiliang@tup.tsinghua.edu.cn
课件下载：http://www.tup.com.cn，010-62770175-4278
印 装 者：北京鑫海金澳胶印有限公司
经　销：全国新华书店
开　本：185mm×260mm　**印　张**：17.5　**字　数**：355千字
版　次：2018年1月第1版　**印　次**：2018年1月第1次印刷
印　数：1～2000
定　价：39.80元

产品编号：073679-01

丛 书 序

从20世纪70年代后期至今的近40年,中国的经济发展取得了令世界惊叹的巨大成就。在这近40年里,中国高等职业教育经历了曲曲折折、起起伏伏的不平凡的发展历程。从高等教育的辅助和配角地位,逐渐成为高等教育的重要组成部分,成为实现中国高等教育大众化的生力军,成为培养中国经济发展、产业升级换代迫切需要的高素质技能型人才的主力军,成为中国高等教育发展不可替代的半壁江山,在中国高等教育和经济社会发展中扮演着越来越重要的角色,发挥着越来越重要的作用。

高职人才培养体系的基本特征是以培养高等技术应用型专门人才为根本任务,以适应社会需要为目标,以培养技术应用能力为主线来设计学生的知识、能力、素质结构三位一体的人才培养体系。对于如何以"应用"为主旨和特征构建人才培养体系,大部分高职院校都是通过拓展校内外实训基地、开展工学结合的方式来提升学生的职业技能。但是,高职院校的校内实践基地一般以"实训室"为主要形式。"实训室"不外两种:场景模拟和计算机模拟。由于受到场地、资金等原因影响,往往场景模拟缺乏可行性,计算机模拟缺乏技术性,很多专业课程的职业能力并未得到很好的训练。而校外实训,很多高职院校在与企业签订好合作协议后,就把协议束之高阁,或者仅仅是开展一些诸如安排学生参观、短期实习、就业等浅层次的合作,校企合作还停留在表面,没有形成长期稳定、双向互动、运转良好的校外实践基地网,没有真正建设成可以满足实践需要的校外实践基地。

根据经管专业的课程特点,很多课程的职业技能训练不一定要局限于校内外实训基地,完全可以通过实践课业体系设计,直接把课堂作为技能训练、素质培养的场所,在课堂布置工作环境,营造职业气氛,以每门课程相对应的岗位能力设计课程实训模块和项目,通过实践课业训练,促使学生把专业知识转化为应用技能,把学生的职业能力培养真正落到实处。

在组织本套丛书的过程中,我们主要遵循了以下指导思想和编写思路。

首先,我们确定了丛书的读者对象为高等职业院校经济与管理专业的专科生以及非管理专业但选修管理作为第二专业的专科生,还有与他们有相近经历的工科出身的企业管理者。

"定位"对于一切工作都很重要,它是取得成功的重要因素。作为高等职业院校的教师,应懂得因材施教的道理,知道不同的对象要采用不同的方法来开展教学活动。但是,以往编写的教材,往往把读者笼统地看成一个无差异的群体,结果教学常是事倍功半,难以取得预期效果。本套丛书把读者定位作为一个很重要的写作前提,力求在因材施教上作一番努力。

其次，本套丛书突出实践课业，取消应试型作业，采用了有利于专业技能训练的实践载体——课业。我们根据企业岗位技能要求，设置大小不同的实践课业。整个课程中，教师为课业指导而设计、编排课业，组织课业活动；学生为完成课业而学习专业知识、动手操作课业；课程考核是对学生所完成的所有课业及其表现进行评估。实践课业是专业知识通向岗位技能的"桥梁"，课业训练使学生能够把所掌握的专业知识运用到实践中去，迫使他们走出学校、走向市场、走近企业，从而完成课业任务。通过课业训练，学生对现实的"企业运营"有了直观的认识和体验，强化了学生的知识运用能力，掌握了岗位所需的基本技能。

最后，本套丛书强化综合职业能力，促使高职人才培养体系从"应试型"向"应用型"转变。目前，虽然很多高职院校都声称以培养"应用型"人才为主，但在实际人才培养过程中，很大程度上还是"应试型"人才的培养。在培养学生的三年时间里，教师为考试而设计课堂教学，组织教学活动；学生为考试而学习，所做的课程作业是应付考试的概念题、选择题、判断题、简答题、论述题、案例分析题。考试是对学生学习成果的唯一评价标准，考试成为课程教学的目标。

实践课业体系通过各类课业的设计和训练，以"课业"作为实践载体，采用课业训练作为岗位技能培养的手段，把学生所做的课业成果作为评估、考核依据，促使高职人才培养从"应试型"向"应用型"转变，为职业能力培养提供了有效途径。而且，在课业训练过程中，学生需要面对各种困难，要求自主解决各种问题；需要根据不同的市场、企业情况，独立判断分析；需要团队合作，一起完成课业任务。学生的综合职业能力得到了强化。实践课业体系的价值持续在学生的毕业实习、就业应聘、岗位工作中得以发挥。

本套丛书的编写由上海市民办教育发展基金会的"上海市重大内涵建设项目"提供经费支持，由上海震旦职业学院校长陈力华教授担任主编，由上海震旦职业学院经济管理学院院长胡守忠教授、经管学院系主任陆洲艳副教授和院长助理皮骏讲师担任副主编，参与丛书编写的还有长期从事经济与管理专业教育的教师。我们希望这套丛书能受到相关学校老师与同学的重视，为经济与管理专业高等职业教育的发展作出应有的贡献。

本套丛书的编写与出版得到了所有参编教师的鼎力相助，得到了清华大学出版社的高度重视和帮助，在此一并表示感谢。

陈力华

2017 年 7 月于上海震旦职业学院

前　言

单证缮制贯穿一笔外贸业务从交易磋商到货款结算的整个过程，其能否高效、准确、专业地完成，直接影响整个外贸合同能否顺利执行，进而影响企业的经济效益。单证员作为外贸企业单证部门的主要成员，负责与客户、供应商、银行、国家外汇管理局、海关和商检等部门往来单证的缮制，每一个环节都必须认真、仔细，不能出现差错。因此，虽然单证员属于企业基层岗位，但对单证员素质和能力的要求一点不比其他岗位低。尤其对于刚毕业的高职院校学生，能否顺利找好并胜任第一份工作，将直接影响今后的职业生涯。

本书以单证员岗位要求为基础，引用了历年全国单证员考试的知识点，通过一个贯通案例将各章节紧密关联，同时结合了计算机制单。学完本书可掌握外贸业务主要单证的缮制。

本书具体创新点包括以下三个方面。

1. 实现柔性化教学

本书每个章节设有“课堂巩固”和“课后实践”。

“课堂巩固”主要用于教师在课堂安排学生自己实践。同时，教师可以在课堂内对学生提问，提高学生的注意力和教学的参与性。“课堂巩固”所涉及的知识点均来自对应章节，教师可以对学生进行量化考核，及时了解教学效果是否达到预期。

“课后实践”部分，需先由教师提供给学生免费制单软件，学生可以将其安装在自己的计算机上。教师在课堂内通过多媒体演示制单软件的使用。有条件的学生可以自带电脑，在课堂上跟着教师完成书中的演示案例，没有条件的学生可以根据演示视频，回宿舍或者回家后完成。学校也可以安排机房或者实训室完成实践教学。

2. 强调“动手记忆”

传统教学是教师依照教材在课堂教，教师讲得累，学生听得累。现代高职教育强调“动手重于动脑”，就像学游泳，光听教练说不行，光看别人游也不行，一定要亲自“试水”。事实证明，学生通过动手学来的技艺，轻易不会忘记。因此，我们鼓励学生多使用计算机，通过各类软件和互联网进行实战训练与拓展学习。

3. 主干案例贯穿

本书通过主干案例，按照外贸单证业务的操作流程，将各章内容紧密关联，以便于教师连贯教学，同时使学生能更快掌握各项技能。本书摒弃了一些冗余的内容，精简知识内容，重点突出技能培养，避免“填鸭式”教学。学完本书，学生相当于跟着教师一起完成一笔外贸单证业务，最后还可以生成总结报告，让学生有学习成就感。

本书适合中高职院校国际贸易、国际商务、物流管理专业学生作为教材使用，同时也适合在职人士自学使用。

本书的编写得到了全国国际商务单证考试中心的大力支持，在此表示衷心感谢。

由于作者水平有限，书中难免有疏漏，欢迎各位读者和业内同行批评指正。编者联系方式为 luzhouyan@126.com、rayqianhua@126.com。

编　者

2017 年 9 月于上海

目　录

第1章 国际商务单证概述

1.1 国际商务单证的作用和分类

1.1.1 国际商务单证的作用

广义的国际商务单证(international commercial documents)是国际贸易中使用的各种单据、文件与证书的统称,通常凭借国际商务单证处理进出口货物的交付、运输、保险、检疫检验、报关、结汇等。狭义的国际商务单证通常指结算单证,特别是信用证支付方式下的结算单证。

国际商务单证的使用与进出口贸易程序密切相关。单证工作贯穿于进出口企业的外销、进货、运输、收汇的全过程,工作量大,时间性强,涉及面广,除了进出口企业内部各部门之间的协作配合外,还必须与银行、海关、交通运输部门、保险公司、检疫检验机构以及有关部门的行政管理机关发生多方面的联系,环环相扣,互有影响,也互为条件。

国际商务单证的作用主要有以下几个方面。

1. 国际商务单证是合同履行的必要手段

国际贸易是跨国的商品买卖,由于这种跨国交易的特殊性,即买卖双方分处不同国家，相距遥远，在绝大多数情况下，货物与货款不能进行简单的直接交换，而只能以单证作为交换的媒介手段。国际贸易货物单证化使得货物买卖通过单证买卖实现，卖方交货不仅要将实际货物装运出口，而且要向买方提交包括货物所有权凭证在内的全套单证以表示让渡物权。卖方交单意味着交付了货物，而买方付款则是以得到物权凭证代表买到了商品，双方的交易不再以货物为核心，而是以单证为核心。单证和货款对流的原则已成为国际贸易中商品买卖的一般原则。正如国际贸易专家施米托夫在《出口贸易》一书中所述："从商业观点来看，可以说CIF合同的目的不是货物本身的买卖，而是与货物有关的单据买卖。"这里所说的"单据"就是国际商务单证。

国际商务单证种类很多，每一种单证都有其特定的作用、功能和不同的缮制要求。在进出口贸易合同履行过程中的单证大致可分为两类：一类具有商品的属性，它们有的代表商品，有的代表商品的交换值，有的说明商品的包装内容，有的保证商品的质和量，有的为商品输入国提供必要的证明等；另一类具有货币的属性，它们有的直接代表货币，有的为货币的支付作出承诺或作出有条件的保证。各种单证的签发、组合、流传、交换和应用反映了合同履行的进程，也反映了买卖双方权责的发生、转移和终止。由此可见，国际商务单证是完成合同履行的必要手段。

2. 国际商务单证是对外贸易经营管理的重要工具

国际商务单证由参与国际贸易的进出口企业和相关国家政府管理机构签发。从进出口企业角度来看，国际商务单证工作是进出口业务的一个重要环节。在实际业务中，不论是合同内容、信用证条款，还是落实货源、控制交货品质、数量，以及运输、保险、检验检疫、报关、结汇等诸多业务经营管理环节，最后都会在单证工作上集中反映出来。国际商务单证也是合同履行后期处理争议与纠纷的重要依据。

从国家角度来看，国际商务单证作为一种涉外商务及法律文件，体现了一国对外贸易政策，反映了一国对外贸易相关的法律、法规和规章制度，牵涉到一国与其他国家之间的双边或多边贸易协定，关系到作为成员国必须遵守的国际性组织的相关规则。

可见，进出口企业经营的好坏与单证工作组织管理的优劣关系很大。国际商务单证工作不仅是对外贸易全过程服务的重要工具，也是进出口企业经营管理的重要工具，更是一国对外贸易管理的重要工具。

3. 国际商务单证是进出口企业提高经济效益的重要保证

国际商务单证工作与进出口企业的经济效益密切相关，单证管理工作的加强，单证质量的提高，不仅可以有效地制止差错事故的发生，弥补经营管理上的缺陷，还可以加速资金回笼，提高资金使用效率，节约利息开支，节省各种费用，无形之中提高进出口企业的经济效益。如果单证管理工作出现差错，不能及时交单或提供正确的单证，则会导致买方拒付货款、延迟付款，进而给企业乃至国家带来风险和损失，使企业的经济效益无法得到保障。

4. 国际商务单证是进出口企业形象的重要内涵

国际商务单证不仅是商务和法律文件，而且还能起到塑造和完善进出口企业对外形象、扩大对外宣传的作用。美观、整洁、清楚的单证，能够展示进出口企业高水平的业务素质、高质量的工作成果和一流水准的管理规范，从而为企业塑造良好的形象，有利于业务的开展。反之，粗劣、杂乱、错误的单证则会给企业带来负面效应。

1.1.2　国际商务单证的分类

根据不同的角度，国际商务单证通常有以下 4 种分类。

1.《托收统一规则》的分类

《托收统一规则》(URC 522)总则与定义中第 2 条 B 款将单据分为金融单据(financial documents)和商业单据(commercial documents)两大类，这是根据国际商务单证性质所做的分类。金融单据具有货币的属性，如汇票、本票、支票或其他用于取得付款资金的类似凭证；商业单据具有商品的属性，如商业发票。

URC 522 的分类方式使得商业单据的范畴相当广泛，涵盖了除金融单据以外的所有单据，实际上商业单据还可以进一步细分为基本单据和附属单据。基本单据在实际业务中使用频率很高，通常包括商业发票、海运提单和保险单。附属单据通常在实际业务中，根据约定由买方要求卖方提供，可分为两类：一类是进口国官方要求的单据，如领事发票、海关发票、原产地证书等；另一类是买方要求说明货物及相关情况的单据，如装箱单、重量单、品质证书、寄单证明、寄样证明、装运通知、船龄证明等。

2.《跟单信用证统一惯例》的分类

《跟单信用证统一惯例》(UCP 600)将信用证项下的单据分为四大类。

(1) 运输单据(transport documents)：包括海运提单，非转让海运单，租船合约提单，多式联运单据，航空运单，公路、铁路和内陆水运单据，快递收据、邮政收据或邮寄证明。

(2) 保险单据(insurance documents)：包括保险单、保险凭证、投保声明、预约保险单等。

(3) 商业发票(commercial documents)。

(4) 其他单据(other documents)：包括装箱单、重量单、原产地证书、普惠制单据、检验检疫证书、受益人声明或受益人证明等。

3. UN/EDIFACT 的分类

联合国欧洲经济理事会从事国际贸易程序简化工程的第四工作组(UN/ECE/WP4)将 EDI 国际标准分为 3 个领域：行政(administration)、商业(commerce)和运输(transportation)，并于 1986 年发布了 EDI 国际通用标准——UN/EDIFACT(United Nations/Electronic Data Interchange For Administration，Commerce and Transport)。

UN/EDIFACT 标准将国际商务单证分为九大类：①生产单证；②订购单证；③销售单证；④银行单证；⑤保险单证；⑥货运代理服务单证；⑦运输单证；⑧出口单证；

⑨进口和转口单证。

4. 按照单证形式分类

国际商务单证按照单证的形式分为纸面单证和电子单证,根据国际商会《国际贸易术语解释通则》(INCOTERMS 2010),纸面单证和电子单证具有同等效力。在实际业务中,出口商既可以提供纸面单证,也可以使用电子单证。

1.2 国际商务单证工作环节与要求

1.2.1 国际商务单证工作环节

国际商务单证工作的基本环节包括制单、审单、交单和归档。信用证支付方式下,在制单环节前还有审证环节。

1. 审证

审证是指银行和受益人合理谨慎地审核信用证,针对发现的问题区别其性质,根据合同条款的规定及履行合同各环节中出具单据的各当事人的具体做法和意见,作出是否修改信用证的决定。

2. 制单

制单是指根据买卖合同、信用证、有关商品的原始材料、相关国际惯例、相关国内管理规定、相关国外客户要求等缮制单证。

3. 审单

审单是指审核并确定已经缮制完成的各种单证是否符合买卖合同、信用证、有关商品的原始材料、相关国际惯例、相关国内管理规定、相关国外客户要求等,如发现不符,应进一步采取修改、重新缮制或更换的措施。

4. 交单

交单是指在合同、信用证规定的时间,以正确的方式,将符合要求的单证交给正确的当事人。通常在托收和信用证支付方式下,应到银行交单,在汇付方式下应直接向进口方交单。

5. 归档

归档是指在合同履行过程中随时注意将那些我方已经缮制的单证留底、存档(如商业发票、装箱单),将那些由他人缮制并经我方审核无误的单证妥善保存,必要时复印备份,留待交单或之后备查(如海运提单、商检证书),随时追踪那些已经交给有关部门办理业务,应退回但尚未退回的单证(如报关单核销联),一旦退回立即归档或进入下一个业务环节。

1.2.2　制单基本要求

国际商务单证的质量如何，不但关系到交易双方能否安全迅速收汇或接货，同时也从一个侧面反映出进出口商的业务素质和管理水平。所以，单证不能随意缮制，必须符合有关商业惯例、法令规定及实际需要。各种进出口单证原则上应该做到正确、完整、及时、简明和整洁。

1. 正确

在制单工作的各项要求中，正确是最重要的一条。离开了这一条，便会影响出单效果，甚至会引起不良的后果，其他几条要求也就无从谈起了。

正确是单证工作的前提，单证不正确就不能安全结汇。因为不管是托收还是信用证项下，单据不正确，买方都有拒付货款的权利。

这里所说的正确，至少包括两个方面的内容：①要求各种单据必须做到"三相符"，即单据与信用证相符、单据与单据相符、单据与贸易合同相符；②要求各种单据必须符合有关国际惯例和进口国的有关法令和规定。通常对银行来说，它们主要控制"单证相符"和"单单相符"，以及与相关国际惯例相符；而对进出口企业来说，则除以上"三相符"外，还有一个"单货相符"需要严格控制，这样单证才能真实代表出运货物，不致错发错运。

1）各种单据"三相符"要求

在以信用证方式收取货款的交易中，单证必须坚持严格符合的原则（the doctrine of strict compliance）。而在银行托收业务中，虽然单证的正确性不如信用证业务那样严格，但如果不符合买卖合同的规定，也可能被进口商找到借口，拒付货款或延付货款。

从"严格相符"的要求来看，"单证相符"占首要地位。这是因为"单单相符"是以"单证相符"为前提的，离开了这个前提，单单之间即使相符，也会遭到银行的拒付。至于"单货相符"，主要是指单据的内容应该与实际的交货相符，亦即与合同相符。这里，"单货相符"也必须具备"单证相符"的前提和条件。因为信用证虽然体现了合同的内容，但对银行来说，信用证是一个独立的文件，它既不依附于合同，也不管实际交货是否与单证的论述相一致。因此，当信用证的某一方面与合同不符，而且未作修改时，缮制出口单据应以信用证的规定为准。所以，从安全收汇的角度来说，结汇单据必须首先处理好单证是否相符的问题。

因此，在信用证业务中，单证的正确性要求精确到不能有一字之差，同时还要求出口方出具的各种单据的种类、份数和签署等必须与信用证的规定相符。所以，企业在出单时，一定要认真看清楚信用证的有关规定，严格按照信用证的要求出具各种单据。

2）单据必须与有关惯例和法令规定相符

目前，各国银行开立信用证，绝大多数都在证内注明按照国际商会《跟单信用证统一惯例》（UCP 600）解释。银行在审单时，除信用证另有特殊规定外，都是以 UCP 600 作为审单的依据。因此，在缮制单据时，应注意不要与 UCP 600 的规定相抵触，否则，就会被银行当成出单不符而退还或拒付。此外，在缮制单据时，还应注意进口国对单据或进口货物有无特殊规定。目前，有不少国家对进口的单据都有特殊的规定，如出单时疏忽了进口国的这些规定，就很有可能遭到进口国当局的拒绝。

2. 完整

单证完整的一种意义是指成套单证的群体的完整性。

单证在通过银行议付或托收时，一般都是成套、齐全而不是单一的。例如，在CIF交易中，卖方向买方提供的单证至少应有发票、提单和保险单。在以信用证为支付方式的情况下，出口商只有按照规定备齐所需单据，银行才能履行议付、付款或承兑的责任。目前，国外有些地区开立的信用证所列条款日趋繁复，所需单证类别甚多，除发票、提单、保险单等主要单据外，还有各种附属证明，如检验证书、重量单、装箱单、产地证、航行证、邮政收据等，这些单证都需要经过一定手续和事先申请才能取得。在单证制作和审核过程中，单证员必须密切注意，及时催办，防止遗漏和误期，以保证全套单证的完整无缺。

单证完整的另一种意义是要求每一种单据的所填内容必须完备齐全。

任何单证都有它的特定作用，这种作用是通过单证本身的特定内容即格式、项目、文字、签章等来体现的，如果格式使用不当，项目漏填，文理不通，签章不全，就不能构成有效文件，也就不能为银行所接受。例如，签署和背书，一般只需盖一个章即可，但如果漏盖了章，这项单据便成为“未签署”的单据，而未经签署的单据是无效的。背书是使单据的转移得以实现的手段，不同的背书形式直接影响到单据的流通价值和作用。又如，格式A产地证书的“原产地标准”栏，虽然仅需填一个字母或再加上税则号码或进口成分，但如果漏填或填得不正确，便会使证书变成一张废纸，毫无作用。所以，单证的齐全和完整是构成单证合法性的重要条件之一，必须十分重视。

此外，完整还要求出口方所提供的各种单据的份数要如数交齐，不能短缺。尤其是提单的份数，更应注意按要求出齐，避免不符。

3. 及时

进出口单证工作的时间性很强，各种单证都要有一个合适的出单日期。及时出单是指各种单据的出单日期必须合理、可行，也就是说，每一种单据的出单日期不能超过信用证规定的有效期限或按商业习惯的合理日期。例如，保险单的日期必须早于提单的签发日期或同一时期，提单日期不得迟于装运期限，装运通知书必须在货物装运后立即发出等，这些日期如果搞错了同样会造成出单不符。

及时出单还反映在交单议付上。这里主要是指向银行交单的日期不能超过信用证规定的交单有效期。有些信用证除了规定的有效期外，还另外规定了交单期限。按照国际商会《跟单信用证统一惯例》规定：“除交单日期以外，每个要求运输单据的信用证还应该规定一个运输单据出单日期后必须交单付款、承兑或议付的特定期限，如未规定该期限，银行将拒收迟于运输单据出单日期21天后提交的单据，但无论如何，单据也不得迟于信用证到期日提交。”过期交单将会遭到拒付或造成利息损失。因此，如果在信用证允许的前提下企业能尽量提早交出单据，则有利于尽早收汇。

就企业内部而言，在出口业务中，由于出口装船和单证结汇是一项多环节的综合性工作，如果单证工作不及时，就会严重影响相关部门的工作。如货运公司的配载和市内车辆托运、外轮公司的缮制舱单和绘制舱图、检验检疫机构的品质监管、海关的查验、港区的作业安排等，都以单证为纽带，环环相扣，一环脱节，下一环的工作就无法进行，连锁反应，牵动全局，轻则打乱工作秩序，重则发生经济损失甚至造成政治影响。

4. 简明

单证的内容应力求简化，要力戒烦琐，如果画蛇添足，反而有可能弄巧成拙。国际商会《跟单信用证统一惯例》中指出："为了防止混淆和误解，银行应劝阻在信用证或其任何修改书中加注过多的细节内容。"其目的就是避免单证的复杂化。

单证的简洁、明了，要求各种单证在论述各项内容时，造句顺畅、语法规范，用词应力求简明扼要，恰如其分，尽量避免烦琐冗长。简化单证不仅可以减少工作量和提高工作效率，而且也有利于提高单证的质量和减少单证的差错。

近年来，许多国家组织专业力量研究贸易程序和单证的简化工作，并已做了不少有益的尝试。我国随着外贸业务量的迅速增加，单证工作也日益繁重，如何适应贸易的发展，避繁就简，改革单证工作，这是一个十分值得研究的课题。

5. 整洁

单证的外观质量在一定程度上反映了一个国家、一个企业的业务和技术水平。如果说正确和完整是单证的内在质量，那么整洁则是单证的外观质量。所谓整洁，主要是指单证的表面是否清洁、美观、大方，单据中的各项内容是否清楚、易认，各项内容的记载是否简洁、明了。单据是否整洁，不但反映了制单人制单技术的熟练程度和工作态度，而且还会直接影响出单效果。单证的整洁要求单证格式的设计和缮制力求标准化与规范化，单证内容的排列要行次整齐、字迹清晰，重点项目要突出醒目。有时即使单证相符正确无误，而单据却涂改严重，不但不雅观，说明制单水平低，还给人一种印象——单据可能不真实。所以，应该尽量减少甚至不出现差错涂改的现象。各种单证的更改都要有一个限制点，不允许在一份单证上作多次涂改。若有更改处一定要盖校对章或简签。如涂改过多，最好应重新缮制。

单证的清楚、易认，要求在单证各项内容布局上合理，层次分明，清楚简洁。切不可将各项内容相互混淆。同时，对单证内的各项内容也应该按照其主次顺序安排好，不要喧宾夺主。

总之，单证工作的技术性强，既有国际规范化的一面，也有地区特殊性的一面。单证工作是对外贸易的一项基本工作，其质量高低直接影响到对外贸易的发展。因此，提高制单员的素质、提高单证工作的质量，是我国对外贸易，促进经济发展的必然要求。随着计算机的广泛应用，单证工作将逐渐变得简单、迅速；而单证设计的标准化(国际化)和单证制作及管理的现代化，都将对单证的缮制、传递及应用起到积极的作用。无论是过去、现在还是将来，无论国际贸易方式或单证工作有何变革，对单证的基本要求，即“正确、完整、及时、简明和整洁”是不会改变的，对于制单员来说，理解并掌握这些基本要求是十分重要的。

1.2.3 制单的依据

缮制和审核国际商务单证的主要依据是买卖合同、信用证、有关商品的原始资料、相关国际惯例、相关国内管理规定、相关国外客户要求等。

买卖合同是制单和审单的首要依据。

在以信用证为支付方式下的交易中，信用证取代买卖合同成为主要的制单和审单依据。因为信用证是独立于合同之外的文件，银行的付款原则是“只凭信用证而不问合同”，所以各种单证的内容必须完全符合信用证的规定，银行才承担付款责任。在制单之前的审证环节中，如果发现信用证条款与买卖合同彼此矛盾，应提出修改信用证。如果不能修改或同意接受信用证条件，则必须以信用证为制单和审单的依据，才能达到安全收汇的目的。

有关商品的原始资料主要是指由生产制造厂商提供的一些资料，如货物出厂装箱单中现实的货物具体规格、型号、数量、毛重、净重、尺码等，往往是缮制装箱单的基本依据。

1.2.4 对单证员的要求

单证质量高是顺利结汇的前提，直接关系进出口企业的经济效益，反映一个进出口企业业务水平的高低，也在一定程度上体现一个国家对外贸易的政策和管理水平。所以，国际商务单证员必须达到以下要求。

1. 具备良好的职业道德

单证员应充分认识到单证工作的重要意义，要有为国家、为企业默默奉献的精神和良好的职业道德、严谨的职业操守，热爱本职工作，责任心强，不计较个人得失，严格遵守外贸纪律和本企业的规章制度，在工作中能够不断努力学习，更新知识，充实自己。

2. 掌握必要的专业知识和技能

单证员应知晓国家对外贸易的有关方针、政策及其最新变化，了解国际贸易发展现状和趋势以及相关国际法规与惯例，掌握进出口业务知识，熟悉进出口合同各项条款内容，特别是与单证相关的内容，能熟练审核信用证并缮制、审核各种单证，了解与国际商务单证相关的国际标准和国家标准，并能熟练使用各种制单专业软件和现代化办公设备。

3. 打好扎实的外语基础

目前，国际商务单证工作中使用的语言以英语为主，只有极个别国家要求某些进口单证或个别单证中的某些项目必须使用本国语言。所以，单证员必须能够熟练使用英语缮制单证、阅读合同、信用证和相关单证。

4. 拥有丰富的实践经验

单证员必须在日常工作中不断丰富和积累经验，善于发现问题、处理问题、总结教训，对合同、信用证、相关国际法规和相关国际惯例要吃准吃透，对合同履行的各个环节要烂熟于心，对单证工作涉及的各个部门要了如指掌，经常研究讨论各种业务案例以增强解决问题的实际能力。

5. 坚持认真的工作态度

单证工作内容烦琐，工作量大，时间性强，所以要求单证员必须具有一丝不苟、踏实细致的工作作风和认真负责、严格细致的工作态度。否则，一单之错，甚至一字之差，都可能给合同的履行造成障碍和困难，给国家和企业造成经济损失。

1.3 国际商务单证标准化

国际商务单证标准化主要指单证内容和格式的标准化。

1.3.1 国际商务单证标准化进程

国际商务单证标准化工作始于 20 世纪 60 年代初。1960 年，联合国欧洲经济委员会(UN/ECE)成立贸易程序简化工作组，开展国际商务单证标准化和简化贸易程序的工作。该组织同世界各有关组织合作，从 20 世纪 80 年代开始，陆续以联合国建议书的方式推出了 31 个联合国推荐标准。其中最重要的 8 项推荐标准被国际标准化组织(ISO)采纳为正式国际标准，在全世界推行。经过 20 多年的使用，全世界主要贸易国都在国际商务单证标准化工作中采纳了联合国推荐标准，并根据本国国情制定了相应的国家标准。

在世界科学技术与国际贸易高速发展的今天，标准已经成为世界贸易的基石。中国作为世界贸易大国中的一员，紧跟国际商务单证世界标准的潮流。商务部(外经贸部)同有关部门合作，从 20 世纪 90 年代初开始，等同和修改采用国际标准和制定相应的国家标准共 60 多项，建立了与世界标准相适应的中国国际商务单证标准体系。

国际商务单证标准化工作涉及四大要素：单证格式、贸易数据元、贸易数据元代码、标准 EDI 报文。只有这 4 个方面都做到规范化、科学化和标准化，才能全面实现国际商务单证标准化工作，使国际商务单证可以在世界各国畅通无阻，实现在计算机管理的基础上，应用现代通信和电子数据交换手段的电子制单、远程电子申领、电子数据自动交换、跨国核查等现代国际商务单证流程。这是国际贸易历史上的一次重大创新和变革，大大提高了国际商务单证的制单速度(从平均一套单证制单 36 小时缩短到 30 分钟)，大大提高了单证的准确性，从而提高了国际贸易的经济效率。

中国已经建立了完善的国际商务单证标准体系。特别是近年来，国家加强了标准的制定和修订力度，紧跟国际标准的更新工作。商务部、海关、外汇管理等12个部门加强了政府部门之间的电子检查和电子数据共享。从1999年实现金关工程要求的进出口许可证全国联网核查，到2008年7月成功实现出口收结汇联网检查，基本上实现了国家对金关工程的要求。如今，企业可以远程上网申领进出口许可证、配额证书等十几项商务部管理的事项。还可以通过电子口岸远程报关、远程报验、远程办理原产地证书、远程办理出口结汇、退税等其他各类事项。中国的进出口企业普遍在国际商务单证业务中采用了计算机管理、电子制单、电子数据传输等各项对外贸易业务。我国的单证标准化体系在发展中国家中处于领先地位，但是比起发达国家，特别是欧洲，在国际商务单证标准化工作上还有一定差距。

我国国际商务单证标准化工作由商务部主管。商务部的主要证明文件(如进出口许可证、纺织品配额许可证书等)全部实现证书格式化、标准化、数据元规范化、电子数据传输科学化和代码国际化，为其他部门起了榜样作用，也推动了进出口企业学习、贯彻、采用标准的工作。早在20世纪80年代中期，根据中国同欧盟、美国签订的纺织品输出欧盟、输出美国的配额协定，在欧美等国提供的样式基础上，商务部(外经贸部)和46个授权签证机构在签发对欧盟、对美国的纺织品出口许可证，输欧盟、输美原产地证书等12种纺织品配额证书，全部实现了规范化、科学化、标准化工作。由于受当时条件限制，国家金关工程尚未开展，该部还无法同海关联网检查。主管全国进出口许可证、配额许可证的该部许可证局建立了自己的全国计算机统计系统，同欧美各国开展了“中方主动控制，双方检查和双方交换信息”的跨国联网检查工作，保障了我国输出欧盟、美国纺织品20多年来以20%～30%的速度有序、高速发展。

由于历史原因，我国国际贸易商务单证滞后20年，给我国对外贸易造成了阻碍和损失。在国际商务单证师的培训工作中，必须以联合国和我国的国际商务单证标准为准，使我国的国际商务单证工作逐步实现规范化、科学化、标准化，赶上国际贸易的潮流。

1.3.2 我国国际商务单证主要标准

1. 单证格式标准

目前我国通用的单证格式标准有：《国际商务单证样式》(GB/T 14392—2009)(ISO 6422，UN推荐标准1)；《代码在国际商务单证中的位置》(GB/T 14393—2008)(ISO 8440，UN推荐标准2)；《中华人民共和国进口许可证格式》(GB/T 15311.1—2008)；《中华人民共和国出口许可证格式》(GB/T 15311.2—2008)；《中华人民共和国原产地证书》(GB/T 15310.4—2009)；《国际贸易出口单证格式：商业发票》(GB/T 15310.1—2009)；《国际贸易出口单证格式：装箱单》(GB/T 15310.2—2009)；《国际贸易出口单证格式：装运声明》(GB/T 15310.3—2009)。

2. 代码标准

目前我国通用的代码标准有：《国家和地区名称代码》(GB/T 2659—2000)(ISO

3166，UN 推荐标准 3)；《国际贸易方式代码》(GB/T 15421—2008)；《国际商务单证代码》(GB/T 15422—1994)；《国际贸易交货条款代码》(GB/T 15423—1994)(UN 推荐标准 5)；《中华人民共和国口岸及有关地点代码》(GB/T 15514—2008)(UN 推荐标准 16)；《国际贸易付款方式代码》(GB/T 26962—2009)(UN 推荐标准 17)；《国际贸易合同代码规范》(GB/T 16963—1997)；《国际贸易标准运输标志》(GB/T 18131—2000)(UN 推荐标准 15)；《国际贸易运输方式代码》(GB/T 6582—1997)(UN/ECE/TRADE138，1995)；《单证标准编制规则》(GB/T 17298—1998)；《货币字母代码》(GB/T 12406—2008)(ISO 4217，UN 推荐标准 9)；《日期、时间和时间期限的数字表示》(GB/T 7408—2005)(ISO 8610，UN 推荐标准 7)；《国际贸易计量单位代码》(GB/T 17295—2008)(ISO 1000，UN 推荐标准 20)；《货物、包装及包装类型代码》(GB/T 16472—2013)(UN 推荐标准 21)；《运费代码》(GB/T 17152—2008)(UN 推荐标准 23)；《运输工具类型代码》(GB/T 18804—2010)(UN 推荐标准 28)；《中国及世界主要海运贸易港口代码》(GB/T 7407—2008)。

1.3.3　国际商务单证样式

联合国《贸易单证样式》(*United Nations Layout Key for Trade Documents*，UNLK)是联合国第 1 项推荐标准(1981 年)，在 1985 年被 ISO 制定为世界标准 ISO 6422。

2000 年，UNLK 和第 2 项推荐标准《代码在国际贸易单证中的位置》(*Locations of Codes in Trade Documents*)合并成新的世界标准《国际商务单证样式》。这项标准是国际商务单证中最基础、也是最重要的一项标准。该标准不仅规定了国际商务单证的样式(采用 A4 标准尺寸，框式结构设计)，作为设计各类国际商务单证的基础；还规定了主要贸易数据元的位置(如发货人、收货人、交货地址、运输事项、日期和参考号、国家情况、交货和付款条款、运输标志和集装箱号、包装种类和数量、货物描述、商品编号、毛重、体积、净重、单价和总值、认证等)。通过与各有关世界组织的协商，对这些项目的位置进行了技术、法律、商业、行政及业务惯例各方面的充分考虑。在国际商务单证样式的较低位置设计了"自由处置区"，用于满足不同行业单证的应用需求。作为国际商务单证样式标准的一个重要原则，单证中所需的贸易数据元信息和代码应放置在对应的位置。有的单证中不用的特定贸易数据元位置，允许作自由处置区使用。

该标准的样式充分考虑了电子制单的要求，是十分科学的。标准样式以中线为对称，右上部是发货人(出口商)、收货人各为 5 行(每行 35 个字符)，收货人框同邮政开口信封大小一致；左上部是参考号和日期，接下来是涉及国家和交货、付款条款。国际商务单证样式中部依次是运输标志和集装箱号，包装种类和简述，货物名称和代码、数量、单价；右下角是单证认证或签章区。

我国根据联合国建议书的规定，在 1993 年依据联合国的推荐标准制定了我国自己的主要国际商务单证样式标准：《贸易单证样式》(GB/T 14393—1993)。该标准比国际标准更科学和规范，主要有3项变更：①明确规定国际商务单证名称在单证格式顶部，涉外单证可以中英文对照；②每个栏目加中文栏目名称，与英文对照，便于在国内外使用；③在单证中部商品信息框中，考虑毛重和体积在许多单证中使用较少，把这两项调整到下面，使单证样式更清晰、严谨。

1.3.4 国际商务单证常用代码

1. 国家和地区名称代码

国家和地区名称代码见《国家和地区名称代码》，规定名称采用两字母代码，如表1-1所示。

表1-1 国家和地区名称代码(部分)

中文名称	英文名称	代码	中文名称	英文名称	代码
中国	China	CN	韩国	Korea	KR
美国	United States of America	US	印度	India	IN
德国	Germany	DE	意大利	Italy	IT
法国	France	FR	巴西	Brazil	BR
英国	United Kingdom	GB	阿联酋	United Arab Emirates	AE
俄罗斯	Russia	RU	加拿大	Canada	CA
日本	Japan	JP	中国香港	Hong Kong	HK
澳大利亚	Australia	AU			

2. 中国口岸及相关地点代码

《联合国口岸及相关地点代码标准》(*Codes for Ports and other Locations*)是联合国第16项推荐标准，于1981年发布，分别在1996年和1998年发布第二版、第三版。该标准是5位字母代码，前2位为国家代码，后3位为地点代码。目前，联合国口岸及相关地点代码库里已经有世界各国3万多个地点代码，可以满足国际贸易有关地点的要求(如发运点、抵运点、目的地等)。该标准的"口岸"是指经国家批准对外开放，允许外国人员、货物和交通工具直接进入国境的港口、机场、车站、跨境通道等。在口岸设有海关、商检、边防等国家常驻监管机构。"相关地点"是指设有海关常驻监管机构、能够办理货物的通关手续的港口、国际货运场站、海关办事处和其他一些政府所要求的地点。该标准已广泛应用于全球国际贸易需要确认地点的国际商务单证之中。特别强调一点，由于国际航空协会(IATA)最先在全世界航空口岸采用3位字母代码，世界上已有1万多个机场采用IATA标准代码，各国在制定后3位地点代码时不允许同已有的IATA代码相重。

商务部(外经贸部)在20世纪90年代初根据国务院下达的金关工程的要求，首先提出制定《中华人民共和国口岸代码》。1994年联合国有关机构提出请求，由中国政府制定《联合国口岸及相关地点代码标准》中有关中国部分代码的标准。1995年我国制定的《中华人民共和国口岸及相关地点代码标准》收录了至1994年为止我国政府批准开放的

225 个国家一级口岸，该标准被联合国有关机构直接采用在 1996 年发布的第二版《联合国口岸及相关地点代码标准》中，成为我国第一个参与制定的国际标准。1998 年该标准推出第三版时，我国参与了更新。

2008 年，我国根据改革开放 30 年的形势发展的需要和国际标准惯例，对《中华人民共和国口岸及相关地点代码标准》升级换代。新标准增加了全部我国二类口岸及我国大部分设有常驻海关机构、能够办理货物的通关手续的地点。新标准共 526 个地点代码。该标准已经被联合国采用在了 2008 年 11 月 9 日发布的新版《联合国口岸及相关地点代码标准》中。这次修订该标准时，采用了国际标准惯例的主要口岸两层代码的做法。例如，美国纽约市 5 位标准代码是 USNYC。纽约市 3 位代码 NYC，但纽约市作为重要口岸，下面还有 2 个港口、4 个机场和 18 个火车站，所以纽约市下面共有 24 个地点代码，如曼哈顿港为 MNH，肯尼迪机场为 JHK。法国巴黎市 5 位标准代码是 FRPAR。巴黎市 3 位代码 PAR。巴黎市下面有 16 个地点代码，2 个机场（戴高乐机场 CDG，奥利机场 ORY）。伦敦市 3 位代码 LON。伦敦市下面有 14 个地点代码，其中伦敦港 CLG，希斯罗机场 LHR。日本东京市 5 位标准代码是 JPTYO。东京市 3 位代码 TYO，东京市下面有 32 个地点代码，其中有 22 个港口和 6 个机场。

由于历史原因，在先前的 3 位代码版本中，除了北京有 BJS 和 PEK 两个代码外，上海 SHA、天津 TSN、广州 CAN 等我国的主要口岸是 1 位代码。在使用中容易把城市代码、机场代码、港口代码混在一起使用。实际上这些 3 位代码是 IATA 机场代码：SHA 上海虹桥机场，TSN 天津滨海机场，CAN 广州白云机场。广大进出口企业、运输企业、航空、铁路以及国外用户，迫切希望按国际惯例制定准确的一对一的地点代码。上海是世界最大的港口，年吞吐量超过 5 亿吨，上海口岸年进出口货物 5000 亿美元，居世界第一位。2008 版新标准中，上海市共有 16 个地点代码。上海市 3 位代码是 SGH，上海港 SHG，上海火车站 SHZ，上海虹桥机场 SHA，上海浦东机场 PVG，外高桥 WGQ。北京口岸有 10 个地点代码，北京市 3 位代码 BJS，首都国际机场 PEK，北京火车站 BJZ，北京西站 BJX。天津有 10 个地点代码。天津市 TNJ，天津滨海机场 TSN，天津港 TNG，天津保税区 TBS。广州 3 位代码是 GGZ，广州港 GZG，广州白云机场 CAN，广州火车站 GUZ。深圳 3 位代码是 SNZ，深圳港 SZG，深圳宝安机场 SZX，深圳火车站 SZZ。

3. 国际贸易标准运输标志

国际贸易标准运输标志在《国际贸易标准运输标志》（*Standard Shipping Marks for International Trade*）中具体规定，是联合国 15 号推荐标准。

运输标志（shipping marks）是指国际运输中，标在单件货物和相关单证上的标志与编号。运输标志在国际商务单证上出现频率很高，在配额许可证、商检证书、报关单、商业发票以及各种运输单证上使用频繁。在国际商务单证标准化的进程中，联合国专门为运输标志制定一个世界标准，显然也是非常重视的。该标准适用于国际贸易中的各种运输方式，也适用于各种相关单证的缮制及电子数据交换。

在国际商务单证上使用的"标准运输标志"由收货人(买方)、参考号、目的地、件数编号4个数据元依次组成。分4行,每行限17个字母或数字,使用大写英文字母、数字。不允许使用几何图形或其他图案;不允许使用彩色编码作为运输标志。例如:

HUAWEI 华为电子设备技术有限公司

2016USHWJCK30568 合同号

CAN 广州白云机场

2/25 第2件/共25件

我国在1993年等同采用联合国15号推荐标准,2009年采用其第四版修订标准。《标准运输标志》的使用使国际商务单证的规范化、科学化、标准化程度前进了一大步,使电子数据传输"运输标志"成为可能。这项标准结束了历史上各类单证中运输标志五花八门,各种图形、各种颜色各自为政的混乱局面。

4. 货币字母代码

货币字母代码见《货币字母代码》,规定采用三字母代码,如表1-2所示。

表1-2 货币字母代码

国家/地区名称	货币名称	代码	国家/地区名称	货币名称	代码
中国	中国人民币元	CNY	中国澳门	澳门币	MOP
美国	美元	USD	瑞典	瑞典克朗	SEK
欧盟	欧元	EUR	加拿大	加拿大元	CAD
英国	英镑	GBP	新加坡	新加坡元	SGD
俄罗斯	卢布	RUR	泰国	泰铢	THB
日本	日元	JPY	越南	越南盾	VND
澳大利亚	澳大利亚元	AUD	瑞士	瑞士法郎	CHF
中国香港	港元	HKD			

5. 日期、时间和时间期限的数字表示

日期、时间和时间期限采用数字表示法。

常用日期表示方法举例:2016年9月16日可以表示为20160916。

常用时间表示方法举例:当地时间15时27分46秒可以表示为152746。

常用日期和该日的时间组合表示方法举例:2016年11月30日10时20分30秒可以表示为20161130T102030。

常用时间期限表示方法举例:自2015年5月15日23时30分30秒起至2016年5月14日23时30分止可以表示为20150515T233030/20160514T233000。

常用循环时间期限表示方法举例:2年零10个月15天10小时20分30秒的时间间隔循环15次可以表示为R15/P2Y10M15DT10H20M30S。

6. 国际贸易计量单位代码

国际贸易计量单位代码见《国际贸易计量单位代码》,如表1-3所示。

表 1-3 国际贸易计量单位代码

中文名称	英文名称	表示符号	通用代码
立方米	cubic metre	m^3	MTQ
立方英尺	cubic foot	ft^3	FTQ
平方米	square metre	m^2	MTK
平方英尺	square foot	ft^2	FTK
米	metre	m	MTR
英尺	foot	ft	FOT
千克	kilogram	kg	KGM
吨(米制吨)	tonne(metricton)	t	TNE
长吨	long ton	ton(UK)	LTN
短吨	short ton	ton(US)	STN
加仑(英)	gallon(UK)	gal(UK)	GLI
加仑(美)	gallon(US)	gal(US)	GLL
蒲式耳(英)	bushel(UK)	bushel(UK)	BUI
蒲式耳(美)	bushel(US)	bu(US)	BUA
纸板箱	carton		CT
金属桶	drum		DR
袋	bag		BG
包	bale		BL
捆	bundle		BE
打	dozen	doz	DZN

7. 中国及世界主要海运贸易港口代码

中国及世界主要海运贸易港口代码见《中国及世界主要海运贸易港口代码》,如表 1-4 所示。

表 1-4 中国及世界主要海运贸易港口代码

中文名称	英文名称	代码	中文名称	英文名称	代码
上海	Shanghai	CNSHA	洛杉矶	Los Angeles	USLAX
天津	Tianjin	CNTSN	新加坡	Singapore	SGSIN
深圳	Shenzhen	CNSZX	鹿特丹	Rotterdam	NLRTM
宁波	Ningbo	CNNGB	釜山	Busan	KRPUS
广州	Guangzhou	CNCAN	汉堡	Hamburg	DEHAM
青岛	Qingdao	CNTAO	迪拜	Dubai	AEDXB
香港	Hong Kong	HKHKG	巴生港	Port Kelang	MYPKG
高雄	Kaohsiung	TWKHH			

课堂巩固

一、单项选择题

1. URC 522 将单据分为金融单据和(　　)单据两大类。

A. 商业　　B. 运输　　C. 保险　　D. 官方

2. 国际商务单证常用代码中国家和地区名称采用两字母代码，其中 GB 表示(　　)。

A. 英国　　B. 德国　　C. 刚果　　D. 阿联酋

3. 根据 URC 522 的分类，(　　)不属于买方要求说明货物及相关情况的单据。

A. 品质证书　　B. 船龄证明　　C. 原产地证书　　D. 寄单证明

4. 我国法定的度量衡制度是(　　)。

A. 公制　　B. 国际单位制　　C. 英制　　D. 美制

5. 根据 UCP 600 将信用证项下的单据所做的分类，以下不包括的是(　　)。

A. 包装单据　　B. 保险单据　　C. 运输单据　　D. 商业发票

6. 按照单据形式，国际商务单证分为(　　)。

A. 金融单据和商业单据　　B. 纸面单证和电子单证

C. 基本单据和附属单据　　D. 保险单据和包装单据

二、判断题

1. 国际标准化组织推荐使用几何图形作为运输标志。(　　)

2. UN/EDIFACT 标准将国际商务单证分为三大类，分别是商业单证、运输单证和官方单证。(　　)

3. 根据《跟单信用证统一惯例》，海运提单属于运输单据。(　　)

课后实践

请根据本章内容，上网收集以下单证的电子版(Word 或 Excel)，保存备用。

1. 外贸合同；
2. 商业发票；
3. 装箱单；
4. 保险单；
5. 一般原产地证书；
6. 普惠制产地证；
7. 汇票。

第 2 章　国际贸易基础知识

2.1 国际贸易方式

2.1.1　经销

1. 经销的含义

经销(distributorship)是指出口企业与国外经销商达成书面协议,在约定的经销期限和范围内,利用国外经销商推销某种商品的一种方式。出口企业和国外经销商订立经销协议,确立了经销业务关系,就可以凭借双方的密切合作,达到推销约定商品的目的。

2. 经销的方式

经销可以分为一般经销和独家经销。在一般经销方式下,出口企业根据经销协议向国外经销商提供在一定地区、一定时期内经营某项商品的销售权。经销商有义务维护出口企业的利益,必要时,还要对经销商品组织技术服务、进行宣传推广,而出口企业也需向经销商提供种种帮助。经销商虽享有经销权,在购货上能得到一些优惠,但没有专营权利,出口企业可以在同一地区指定多个经销商。

独家经销是指出口企业与国外一个或几个客户组成的集团即独家经销商达成书面协议，由前者把某一种商品或某一类商品给予后者在约定地区和一定期限内独家经营的权利。独家经销方式可以说是承包方式，即由后者向前者承包商品在一定期限和地区内销售，所以，独家经销方式在我国又习称包销（exclusive sales）方式。独家经销商与出口企业之间的关系是买卖关系，独家经销商从出口企业购进货物后，自行销售，自负盈亏，承担货价跌落及库存积压的风险。

2.1.2 代理

1. 代理的含义

代理是许多国家的商人在从事进出口业务中采用的一种贸易方式。在国际贸易中的代理业务是以委托人为一方，独立的代理人为另一方，在约定的时间和地区内，代理人以委托人的名义与资金从事业务活动。

2. 代理的类型

国际货物买卖中的代理按委托人授权的大小可分为总代理、独家代理和一般代理。

1）总代理

总代理（general agency）是在指定地区委托人给予代理人的全权代理。他除了有权代理委托人进行签订买卖合同、处理货物等商务活动外，也可以进行一些非商业性的活动。他有权指派分代理并可分享代理的佣金。

2）独家代理

独家代理（exclusive agency/sole agency）是在指定地区和期限内，委托人给予代理人独家代理某项商品权利的方式。换言之，只要代理协议中规定，在一定时期和指定的地区内，代理人对限定商品享有独家专营权，这种代理就是独家代理。

独家代理在指定地区和期限内，享有代销指定商品的专营权。按惯例，在独家代理情况下，凡是委托人在约定地区发生的交易，只要是独家代理的商品，不论其是否通过该独家代理人，委托人都要向独家代理人支付约定比例的佣金。但独家代理与包销不同，他们的区别主要有以下几个方面。

（1）性质不同。代理人与委托人之间属于委托代理关系，而包销商与出口人之间的关系是买卖关系。

（2）风险不同。独家代理人不承担经营风险，而包销商要承担经营风险。

（3）目的不同。独家代理人赚取的是佣金，而包销商赚取的是商业利润。

（4）专营权不同。独家代理人在特定地区和期限内，享有代销指定商品的专营权，包销商拥有包销的专营权，包括专买权和专卖权。

3）一般代理

一般代理又称佣金代理（commission agency），是指在同一代理地区和期限内，委托人可同时委派几个代理人代表委托人行为，代理人不享有独家专营权。对于一般代理，代理人根据销售金额以及协议规定的办法和百分率向委托人计收佣金。

2.1.3　招标

1. 招标与投标的含义

招标是指招标人(买方)事先发出招标通告或招标单,提出在规定的时间、地点,准备购买的商品名称、品种、数量和有关的交易条件,邀请投标人(卖方)在规定的时间、地点,按照一定的程序进行投标的行为。

投标是指投标人(卖方)应招标通告的邀请,根据招标人规定的要求和条件,在规定的时间内向招标人发盘,争取中标的行为。投标是针对招标而来的后续行动,有招标才有投标,因此,招标与投标不是两种贸易方式,而是一种贸易方式的两个方面,属于竞卖方式。

2. 常用的招标方式

1) 公开招标

公开招标(open bidding)是指招标人在主要报刊上刊登招标广告,凡是对该项招标内容感兴趣的人均有机会购买招标资料,进行投标。政府采购物资,大部分采用公开招标方式。

2) 选择性招标

选择性招标(selected bidding)是指招标人不在报刊上刊登广告,而是根据自己具体的业务关系和情报资料,由招标人对客商进行邀请,进行资格预审后,再由他们进行投标。

3) 谈判招标

谈判招标(negotiated bidding)又叫议标,是指招标人邀请几家客商直接进行合同谈判,谈判成功交易达成。它是非公开的,是一种非竞争性的招标。

4) 两段招标

两段招标(two-stage bidding)是指无限竞争招标和有限竞争招标相结合的综合方式,采用此类方式时,先用公开招标,再用选择性招标,分两段进行。

2.1.4　拍卖

1. 拍卖的含义

拍卖是指由专营拍卖业务的拍卖行接受货主的委托,在规定的时间和场所,按照一定的章程和规则,以公开叫价的方式,把货物卖给出价最高的买主的一种贸易方式。

在国际贸易中,采用拍卖方式进行交易的商品,一般都是些品质不易标准化,或难以久存的,或习惯上采用拍卖销售的商品,主要有艺术品、茶叶、烟草、羊毛、毛皮、木材等。拍卖是一种典型的现货交易,它采用事先看货、当场叫价、落锤成交的方式。

2. 拍卖的特点

拍卖的特点主要表现在以下几个方面。

(1) 拍卖是一种公开竞买的现货交易。拍卖必须由两个以上的买主参加竞争。它实际上是由众多竞买人事先看货,然后在规定的时间和场所对拍卖标的进行公开竞价,最终由价高者获得,它并不经过"一对一"的谈判协商。

(2) 拍卖是在一定的机构内有组织地进行。拍卖是一种中介服务性质的交易方式。一般情况下,拍卖都是在拍卖行的统一组织下进行。也就是说,在拍卖活动中,委托人不是直接把拍卖标的转让给买受人,而是通过拍卖行的中介服务实现。

(3) 具有自己独特的法律和规章。拍卖不同于一般的进出口交易,拍卖除了受国家法律的规范外,其在交易磋商程序和方式以及最终合同的订立和履行上还受拍卖行自身特殊规定的约束。

2.1.5 寄售

1. 寄售的含义

寄售(consignment)是一种委托代售的贸易方式,它是指寄售人(consigner)先将准备销售的货物运往国外寄售地,委托当地代销人(consignee)按照寄售协议规定的条件,替寄售人进行销售,在货物出售后,再由代销人同寄售人结算货款的一种贸易方式。

2. 寄售的特点

寄售与正常的出口销售相比,具有以下几个特点。

(1) 寄售是凭实物进行买卖的现货交易。寄售人先将货物运至目的地市场,然后经代销人在寄售地向当地买主销售。因此,它是典型的凭实物进行买卖的现货交易。

(2) 寄售人与代销人之间属于委托代售关系,而非买卖关系。代销人只根据寄售人的指示代为处置货物,在委托人授权范围内可以以自己的名义出售货物、收取货款,并执行与买主订立的合同。

(3) 货物售出以前所有权属寄售人。在代销人未将货物售出前,商品的所有权仍属寄售人所有。如果代销人破产,寄售人可以收回寄售货物。因而,货物售出以前,所有的风险和费用都由寄售人自行承担,代销人只收取佣金作为报酬。

2.1.6 加工贸易

1. 加工资易的含义

加工贸易是指经营企业进口全部或者部分原材料、零部件、元器件、包装物料等,经加工或者装配后,将制成品复出口的经营活动。可见,加工贸易是以加工为特征、以商品为载体的再出口业务。

2. 加工贸易的种类

加工贸易的形式多种多样,目前常见的基本形式主要有进料加工和对外加工装配两种。

1）进料加工

进料加工(processing with imported materials)在我国曾被称为“以进养出”，是指本国经营企业与国外原材料、零部件供应商订立进口合同，以自有外汇购入国外的原材料、辅料、元器件或零部件，利用本国的技术、设备和劳动力，加工成成品后，再销往国外市场的经营活动。在进料加工业务中，本国的经营企业既要与国外客户签订购买原材料、零部件进口合同，又要与国外客户签订成品出口合同。两个合同均以货物所有权的转移为特征，是两笔不同的货物买卖。对于进料加工，本国经营企业必须自担风险，自负盈亏，通过进料加工获取商业利润。

2）对外加工装配

对外加工装配是来料加工和来件装配的总称，是一种委托加工的贸易方式。

(1) 来料加工。

来料加工(processing with customer's materials)是一种委托加工的贸易方式，是指国外客户作为委托方，提供原材料、辅料、包装物料等，委托本国生产企业即加工业务承接方生产加工，本国生产企业按委托方的要求加工成成品后运交委托方，由委托方在国外销售的经营活动。在来料加工业务中，委托方对其所提供的原材料、辅料、包装物料，以及加工的成品拥有所有权，承担原材料市场和成品销售市场的风险，承接方按约定收取工缴费(加工费)。来料加工业务体现了加工成本高昂的国家利用人工成本低廉国家的生产能力，以降低成本、提高利润为目的，为其商务经营活动服务的经营策略。

(2) 来件装配。

来件装配(assembling with customer's parts)是指国外委托方提供零部件、元器件，有的还提供包装材料，委托本国承接方按其工艺设计要求进行装配，成品交还委托方处置，承接方按约定收取工缴费(装配费)的经营活动。

2.1.7　对销贸易

1. 对销贸易的含义

对销贸易(counter trade)又称返销贸易、反向贸易或互抵贸易等。它是以货物或劳务、工业产权和专有技术等无形财产的进口与出口相结合并互为条件的贸易方式。

2. 对销贸易的种类

对销贸易的基本形式有易货贸易、互购贸易、补偿贸易等。

1）易货贸易

易货贸易(barter)是在买卖双方之间进行的货物或劳务等值或基本等值的直接交换，不涉及现金的收付。易货贸易的双方当事人以一份易货合同，确定交易商品的价值，以及作为交换的商品或劳务的种类、规格、数量等内容。

易货贸易可分为直接易货和综合易货(或称一揽子易货)。直接易货是指买卖双方各以一种能为对方所接受的货物直接进行交货，两种货物的交货时间相同，价值相等。综合易货是指交易双方都承诺购买对方等值商品，从而将进出口结合在一起的贸易方式。综合易货常用于企业间的大宗交易或政府间的易货行为，企业间的综合易货常以对开信用证方式对货款进行逐笔平衡，政府间的综合易货常以记账的方式结算。

2）互购贸易

互购贸易（counter purchase）也被称为对购（reciprocal trade）或平行交易（parallel trade），是指一方向另一方出口商品和（或）劳务的同时，承担以所得款项的一部分或全部向买方购买一定数量或金额的商品和（或）劳务的义务。采用互购贸易方式，交易双方一般要签订两份相互独立的合同，交易双方互为买主和卖主。

3）补偿贸易

补偿贸易（compensation trade）又称产品返销（product buyback），是指交易的一方在对方提供信贷的基础上，进口设备和技术，而用向对方返销进口设备和（或）技术所生产的直接产品或相关产品或其他产品或劳务所得的价款分期偿还进口价款。补偿贸易是我国改革开放以来使用较多的一种利用外资的方式。补偿贸易的补偿办法主要有 3 种形式。

(1) 直接产品补偿（又称返销）。它是补偿贸易最基本的方法，是指设备与技术的进口方以设备与技术直接生产出来的产品来偿还提供设备与技术的一方。

(2) 补偿（又称回购）。它是指设备与技术的进口方以其他产品来偿还提供设备与技术的一方。

(3) 混合抵偿。它是指设备与技术的进口方部分以设备与技术直接生产出来的产品来偿还，部分以其他产品来偿还提供设备与技术的一方。

2.2 进出口商品的品质、数量和包装

2.2.1 品质

商品的品质是报关人员对进出口货物、物品进行归类的基本依据，一般由品名和质量两部分构成。

品质条款是国际货物买卖合同中的主要条款之一。根据《联合国国际货物销售合同公约》（以下简称《合同公约》），卖方交货必须符合约定的质量。如果卖方交货不符合约定的品质条件，买方有权要求损害赔偿，在一定条件下要求修理、降低价格或者交付替代货物，直至拒收货物或解除合同。

1. 品名

品名即商品的名称，它在一定程度上体现了商品的自然属性、用途以及主要的性能特征，因而能使某种商品区别于其他商品。在实践中，商品的命名方法有很多，概括起来

主要以用途、主要原材料或成分、外观造型、制造工艺等命名。

2. 质量

1）质量的表示方法

在国际贸易中，表示货物质量的方法有多种，归纳起来有两大类：用文字说明表示和用样品表示。

(1) 用文字说明表示。

用文字说明表示商品的质量又称为"凭文字说明买卖"(sales by description)，其主要方式和示例见表 2-1。

表 2-1　用文字说明表示质量示例

方　式	示　例
凭规格买卖	Vital Wheat Gluten, Moisture Max 10%, Protein Min 75%, Ash Max 2%, Water Absorption Min 150% 活性小麦面筋，水分最高 10%，蛋白质最低 75%，灰色最高 2%，吸水最低 150%
凭等级买卖	Chinese Green Tea, Special Chunmee, Special Grade, Art No. 41022 中国绿茶，特珍眉，特级，货号 41022
凭标准买卖	Rifampicin, B. P. 1993 利福平，《英国药典》1993 年版
凭品牌或商标买卖	Golden Star Brand Color TV Set, Model: SC374 金星牌彩电，型号 SC374
凭产地名称买卖	China Northeast Rice 中国东北大米
凭说明书或图样买卖	Quality and Technical Data to be strictly in Conformity with the Description Submitted by the Seller 品质和技术数据必须与卖方所提供的产品说明书严格相符

在用文字说明表示商品质量的方式中，使用最广泛的就是用规格(spccification)来确定质量，如成分、含量、纯度、大小等，也可以通过规定商品的等级或标准来确定质量。

等级(grade)是指同一类商品，按其质地差异或尺寸、重量、成分、效能等的不同，用文字、数字或者符号所做的分类。标准(standard)是商品规格的固定化，一般由标准化组织、政府机关或者行业协会等制定并公布。我国有国家标准、行业标准、地方标准和企业标准 4 种。

在国际市场上买卖农副产品时，有一种常见的标准称为"良好平均品质"(Fair Average Quality，F. A. Q.)，它是由同业公会或者检验机构从一定时期或者季节、某地装船的各批货物中分别抽取少量实物加以混合拌制，并由该机构封存保管，以此实物所显示的平均品质水平作为该季节同类商品质量的比较标准。这种表示质量的方法非常笼统，实际上并不代表固定、具体的品质规格。我国出口的某些农产品也有使用 F. A. Q. 表示品质，习惯上称为"大路货"，其交货品质一般以我国产区当年生产该项农副产品的平均品质为依据确定。此外，还有"上好可销品质"(Good Merchantable Quality，G. M. Q.)

标准，是指卖方品质只需保证为上好的，适合于销售即可，一般仅仅适用于木材或者冷冻鱼等货物。

凭品牌或者商标买卖多用于在国际市场上信誉良好、质地稳定，且为买方所熟悉或喜爱的商品。凭产地名称买卖多用于受产地自然条件和传统加工技术影响较大的农副土特产品。凭说明书或图样买卖多用于机械、电器、仪表等结构复杂、型号繁多的工业制成品买卖。

(2) 用样品表示。

实物样品是从一批商品中抽出来或者由生产部门设计、加工出来的，并且能够反映和代表整批商品品质的少量实物。以样品所表示的商品品质作为交货的质量依据，即凭样品买卖，该样品称为“标准样品”(type sample)。在贸易实践中，有时买卖双方为了发展贸易关系而寄送样品供对方参考，即所谓“参考样品”(reference sample)，但这种样品不能作为交货的质量依据。

按照样品提供者的不同，样品可分为卖方样品、买方样品和对等样品。凭卖方样品买卖是指由卖方提供样品，买方加以确认并作为交货的品质依据。在向买方送交标准样品时，卖方应当留存一份或者数份同样的样品，即“复样”(duplicate sample)，以备日后交货或者处理争议时核对之用。凭买方样品买卖是指由买方提供样品，卖方加以确认并作为交货的品质依据。

在实际业务中，如卖方认为按买方来样供货没有切实把握，它可以根据买方来样加工出一个类似的样品交给买方确认，这种样品称“对等样品”(counter sample)，或称“回样”(return sample)、“确认样品”(confirming sample)。如买方同意凭对等样品洽谈交易，就等于把“凭买方样品买卖”变为“凭卖方样品买卖”，使得卖方处于较为有利的地位。

此外，除了凭文字说明买卖和凭样品买卖外，少数特种商品还采用看货买卖的方式，即买方或者其代理人先在卖方存放货物的场所验看货物，并就所验货物成交。

这种方法多用于寄售、拍卖或者展卖业务中，主要针对珠宝、首饰、工艺品等具有独特性质的商品。

2) 质量机动幅度条款和品质公差

(1) 质量机动幅度条款。

质量机动幅度条款是指为了避免因为质量条款的规定过于严格造成卖方交货困难的情况，在合同中规定对特定质量指标在一定幅度内可以机动。其具体方法大致有以下几种：①规定范围，如“棉布，阔度 39/40”；②规定极限，如“鱼粉，蛋白质 55%以上”；③规定上下差异，如“灰鸭毛，含绒最低 18%，允许上下 1%”。

(2) 品质公差。

在工业品生产过程中，对产品的质量指标产生一定误差有时难以避免，如对手表可以允许其有一定的走时误差。这种被国际同行业公认的允许产品品质出现的误差即为“品质公差”(quality tolerance)，交货质量在此范围内即可认为与合同相符。

一般来说，品质公差为国际同行业公认，因此无须在合同中明确规定。但如果国际同行业对特定指标并无公认的“公差”，或者双方对品质公差存在不同理解，应在合同中具体规定公差的内容。

卖方交货质量在机动幅度或品质公差的范围内，一般按照合同单价计价，但也可以在合同中规定按照品质不同增减价格的条款。

2.2.2　数量

1. 数量的计算

在国际贸易中，通常采用的数量计算方法有 6 种：按重量(weight)计量、按容积(capacity)计量、按个数(number)计量、按长度(length)计量、按面积(area)计量、按体积(volume)计量。

2. 数量机动幅度

在国际货物买卖中，有些商品受本身特性、生产、运输或包装等条件的限制，在实际交货时不易精确计算。为了便于合同的顺利履行，减少争议，买卖双方通常要在合同制定时规定数量机动幅度条款，这种条款又称为“溢短装条款”(more or less clause)。所谓溢短装条款，是指在规定具体数量的同时，再在合同中规定允许多装或少装的一定百分比。卖方交货的数量只要在允许增减的范围内即为符合合同有关交货数量的规定。例如，在合同中规定“装运数量允许有 5%的增减”(shipment quantity 5% more or less allowed)。

在采用溢短装条款时，具体伸缩量的掌握大多明确由卖方决定，在由买方负责装运时，也可由买方决定。在采用租船运输时，为了充分利用船舱容积，也可授权由承运人决定。此外，在少数场合，合同中也可采用“约量”(approximately or about)条款来表示实际交货数量可有一定幅度的伸缩。但由于“约”字在国际贸易中有不同的解释，因此双方应事先在合同中规定对“约”的理解。另外，根据 UCP 600 第 30 条规定，凡“约”或“大约”的词语用于涉及信用证规定的数量，应解释为允许有关数量可有 10%的增减幅度。

2.2.3　包装

包装条款也是国际货物买卖合同的重要条款之一，按照合同规定的包装要求提交货物是卖方的主要义务之一。包装条款一般包括包装的方式和包装的标志两方面的内容。

1. 运输包装

运输包装又称大包装或者外包装，主要作用在于保护货物在运输中不被损坏或散失，并且方便货物的搬运和储存。

1) 包装的方式

在进出口贸易中，根据货物种类和特点的不同，对包装方式的要求也不尽相同。通常有箱(case)、袋(bag)、包(bale)、桶(drum)、集装箱(container)、托盘(pallet)等。此外，对于可以自行成件的商品，如圆钢、钢板、木材，在运输过程中，只需加以捆扎即可的，即为裸装(nude pack)；对于大宗的液态或者成粉、粒、块状的商品，如煤炭、矿砂、粮食、石油等，可直接装入运输工具内运送的，即为散装(in bulk)。根据不同的包装方式，买卖双方还会对包装的材料作出规定。目前，进出口贸易中常用的包装材料一般分为纸包装、金属包装、塑料包装、木制品包装、玻璃制品包装、陶瓷制品包装和其他一些特殊材料包装等。

2）包装的标志

货物包装的标志是为了方便货物的识别、运输、仓储、检验和交接，防止错发、错运、错提货物，而在商品的外包装上标明或刷写的标志。按其作用的不同，可分为运输标志、指示性标志和警告性标志。

2. 销售包装

销售包装又称小包装、内包装，其作用除保护商品外，更重要的是美化商品，便于商家销售和消费者购买。

商品的销售包装上通常标明条形码。条形码是由一组粗细间隔不等的平行线条及其相应的数字组成的标记，通过计算机系统可以判断该商品的生产国别或地区、生产厂家、品种规格和价格等一系列有关该产品的信息。

3. 定牌和中性包装

1）定牌

定牌是指买方要求在出口商品和包装上使用买方指定的商标或者牌号。采用定牌是为了利用买方或者其品牌的声誉，扩大商品销路。采用定牌的中国出口商品，一般要标明“中国制造”。

2）中性包装

中性包装(neutral packing)是指在出口商品和内外包装上不注明生产国别的包装，主要是为了适应国外市场的特殊需要，如转口销售，或者为了打破某些进口国家的关税壁垒和非关税壁垒。中性包装又有定牌中性和无牌中性。定牌中性是指在商品和包装上使用买方指定的商标、牌号，但不注明生产国别。无牌中性是指商品和包装上均不使用任何商标、牌号，也不注明生产国别。

2.3 国际贸易术语

2.3.1 国际贸易术语概述

在国际货物买卖中，交易双方通过磋商就各项交易条件达成一致意见，并通过订立书面合同明确各自的责任与义务。作为卖方，其基本义务是交付货物，移交一切与货物有关的单据并转移货物所有权。由于从事国际贸易的买卖双方一般相距较远，通常情况下，不能当面交接货物和单据，这就需要双方通过一定的方式确定交货地点以及货物交接过程中有关风险、责任和费用的划分界限，通常将这些称作交货条件。买卖双方在磋商和签约时往往通过使用贸易术语来确定成交条件。

1. 贸易术语的含义与作用

众所周知，每一笔国际货物买卖都有其独特之处，也都有其共同之处。所谓共同之处，是指每一笔交易不论买卖什么、买卖多少都必然涉及的问题。这些问题包括：卖方交货的时间、地点和方式；买卖双方交接货物过程中风险转移的界限，即在货物由卖方交付给买方的过程中哪些风险由卖方承担，哪些风险由买方负责；相关进出口手续（通常包括取得进口或出口许可证、授权、安检通关、查对、包装、标记、货物检验、协助提供信息、缴纳进出口税费等）由谁负责办理，所涉及的费用由谁承担；相关货物运输合同及保险合同由谁负责；买卖双方需要交接哪些单据等。显而易见，如果买卖双方在进行每一笔交易时，都要对上述问题逐一进行磋商，必然耗时费力，不利于交易的达成。贸易术语正是为了解决这些问题，在长期的货物贸易实践中逐渐产生和发展起来的。

贸易术语（trade terms）又称为价格术语（price terms）。其表现形式为三字母英文代码，如 FOB 或英文短语，如 Free on Board（insert named port of shipment）。其含义是用来说明价格的构成，以及买卖双方在交接货物过程中各自承担的责任、风险、手续和费用的划分。

贸易术语的作用不仅体现在可以简化交易磋商的内容、节省交易时间和费用、便利贸易发展，而且贸易术语是买卖双方交易磋商的基础，履行合同义务及享受合同权利的依据，解决合同争议与纠纷的重要准则。

贸易术语规定了买卖双方在交接货物过程中责任、手续、费用和风险的划分，是构成国际货物买卖合同中价格条款的主要内容。因此，贸易术语自然而然地具有了合同的特征。一般情况下，贸易术语的性质与买卖合同的性质相吻合。所以在实际业务中，常常以贸易术语的名称来命名买卖合同。例如，以 FOB 成交的合同称为 FOB 合同、以 CIF 成交的合同称为 CIF 合同。值得注意的是，虽然贸易术语是确定买卖合同性质的一个重要因素，但它并不是确定合同性质的唯一因素，合同中其他条款的规定也会影响到合同性质。

2. 有关贸易术语的国际贸易惯例

为统一有关各方对贸易术语的理解，通常根据相关的国际贸易惯例规范特定贸易术语的名称和内容。与贸易术语相关的国际贸易惯例包括 3 种，分别是《华沙—牛津规则》《美国对外贸易定义》和《国际贸易术语解释通则》（INCOTERMS）。在国际贸易实践中，INCOTERMS 应用最为广泛，其他两种惯例较少使用。

1）《华沙—牛津规则》

《华沙—牛津规则》（*Warsaw-Oxford Rules*）由国际法协会（International Law Association）专门为解释 CIF 术语而制定。最早版本形成于 1928 年的华沙会议，称为

《1928 年华沙规则》,共有 22 条内容,主要是依据英国的贸易习惯和判例制定。其后在 1930 年的纽约会议、1931 年的巴黎会议和 1932 年的牛津会议上进行修订,修订后的内容为 21 条,并更名为《1932 年华沙—牛津规则》。该规则分别就 CIF 合同的性质和特点、CIF 交易中买卖双方的责任划分以及货物所有权转移的时间作了解释,其详细程度超过其他两个惯例对 CIF 的解释。但由于多年未作修订,该规则已难以适应国际贸易的发展,故在实际业务中很少应用。

2)《美国对外贸易定义》

1919 年,美国九大商业团体在纽约制定《美国出口报价及其缩写》(*The US Export Quotations and Abbreviations*),后因贸易习惯发生了很多变化,在 1940 年举行的美国第 27 届全国对外贸易会议上对其进行了修订,并于 1941 年经美国商会、美国进口商协会和美国全国对外贸易协会所组成的联合委员会通过,定名为《1941 年美国对外贸易定义修正本》。1990 年该惯例再次进行了修订,称为《1990 年美国对外贸易定义修正本》(*Revised American Foreign Trade Definitions 1990*)。

该惯例对 EXW、FAS、FOB、CFR、CIF 和 DEQ 共 6 种贸易术语作了解释,其中 FOB 贸易术语又细分为以下 6 种。

(1) FOB(named inland carrier at named inland point of departure)——在指定内陆发货地点的指定内陆运输工具上交货。

(2) FOB(named inland carrier at named inland point of departure)Freight Prepaid To(named point of exportation)——在指定内陆发货地点的指定内陆运输工具上交货,运费预付到指定出口地点。

(3) FOB(named inland carrier at named inland point of departure)Freight Allowed To(named point)——在指定内陆发货地点的指定内陆运输工具上交货,减除至指定地点的运费。

(4) FOB(named inland carrier at named point of exportation)——在指定出口地点的指定内陆运输工具上交货。

(5) FOB Vessel(named port of shipment)——在指定装运港的船上交货。

(6) FOB(named inland point in country of importation)——在指定进口国内陆地点交货。

因此,该惯例实际上有 11 种贸易术语。该惯例主要在美洲国家有较大影响,但与 INCOTERMS 的解释有较明显差异。

《1990 年美国对外贸易定义修正本》中的 FOB 术语实际上是 6 种 FOB 的总称,但是其中只有第五种与 INCOTERMS 的解释接近,其他有以下不同。

(1) 根据《美国对外贸易定义》,FOB 适用于各种运输方式,并非只适用于水上运输。如用于水上运输,则必须在 FOB 后加缀"Vessel"(船)字样,并列明装运港名称,才表明卖方在装运港船上交货;而 INCOTERMS 中的 FOB 本身就表示在装运港船上交货。

(2) 根据《美国对外贸易定义》,FOB Vessel 条件下,卖方所承担的风险和费用是在货物于装运港确实装上船舶时终止,而不是 INCOTERMS 2000 及其以前版本一直采用的以装运港船舷为界,但 INCOTERMS 2010 对此已经作出修订,改为以装运港船上作为风险与费用的划分界限。

(3) 对于出口税款及其他出口费用,FOB Vessel 规定由买方承担,而 INCOTERMS 中的 FOB 规定由卖方承担。

(4) 对于申领出口许可证的责任,FOB Vessel 规定由买方承担,只有在买方提出请求,并由买方负担费用的情况下,FOB Vessel 的卖方才有义务协助买方取得由出口国签发的为货物出口或在目的地进出口所需要的各种证件;而 INCOTERMS 中的 FOB 规定由卖方承担申请出口证的责任。

(5) FOB Vessel 多用于美国厂商向美国出口商报价,也就是说 FOB Vessel 既可以用于国际贸易,也可以用于国内贸易;而 INCOTERMS 中的 FOB 主要用于国际贸易。

3)《国际贸易术语解释通则》

国际商会自 20 世纪 20 年代初就开始对重要的贸易术语做统一解释的研究,在 1936 年提出了一套解释贸易术语的国际性的统一规则,定名为(INCOTERMS 1936),其副标题为 International Rules for the Interpretation of Trade Terms,译作《国际贸易术语解释通则》。随后,国际商会为适应国际贸易实践的不断发展,先后于 1953 年、1967 年、1976 年、1980 年、1990 年和 2000 年对 INCOTERMS 作了 6 次修订和补充。最新一次修订于 2010 年 9 月完成,《国际贸易术语解释通则 2010 》(INCOTERMS 2010)即国际商会第 715E 号出版物(ICC Publication No. 715E),于 2011 年 1 月 1 日起正式生效。

(1) INCOTERMS 的历次修订。

① INCOTERMS 2000。它包括 13 种贸易术语,与 1990 年版相比,只在 FAS 和 DEQ 贸易术语下关于清关和支付关税的义务以及在 FCA 贸易术语下关于装货和卸货的义务涉及内容上的实质作变更。INCOTERMS 2000 沿用了 INCOTERMS 1990 的分组方式。

E 组:启运术语,只包括 EXW 一种贸易术语。按此贸易术语,卖方在自己的处所将货物提供给买方。

F 组:主运费未付术语,包括 FCA、FAS 和 FOB 3 种贸易术语。使用 F 组贸易术语时,卖方必须按买方的指示交运货物,因为是由买方订立运输合同和指定承运人的。

C 组:主运费已付术语,包括 CFR、CIF、CPT 和 CIP 4 种贸易术语。使用 C 组贸易术语时,卖方必须按通常条件自费订立运输合同。在 CIF 和 CIP 贸易术语下,卖方还必须办理保险并支付保险费。

D 组:到达术语,包括 DAF、DES、DEQ、DDU 和 DDP 5 种贸易术语。使用 D 组贸易术语时,卖方必须负责将货物运送到约定的目的地或目的港,并负担货物交至该处为止的一切风险和费用。

因此，按D组术语订立的买卖合同属于"到货合同"。在D组术语下，除DDP外，卖方在边境或进口国交货时无须办理进口清关手续。

② INCOTERMS 2010。它包括11种贸易术语，即删掉2000年版中内容交叉重合的DAF、DES、DEQ和DDU 4种贸易贸易术语，经过整合后增加了DAT和DAP两个贸易术语。

INCOTERMS 2010将11种贸易术语按照适用范围分为两类：一类为适用于任何单一运输方式或多种运输方式的贸易术语，包括EXW、FCA、CPT、CIP、DAT、DAP和DDP；另一类为适用于海运和内河水运的贸易术语，包括FAS、FOB、CFR和CIF（见表2-2）。

表2-2　INCOTERMS 2010的11种贸易术语

适用范围	国际代码	中英文全称
任何单一运输方式或多种运输方式	EXW	Ex Works(insert named place of delivery) INCOTERMS① 工厂交货（插入指定交货地点）
	FCA	Free Carrier(insert named place of delivery) INCOTERMS 货交承运人（插入指定交货地点）
	CPT	Carriage Paid To(insert named place of destination) INCOTERMS 2010 运费付至（插入指定目的地）
	CIP	Carriage and Insurance Paid To (insert named place of destination) INCOTERMS 2010 运费和保险费付至（插入指定目的地）
	DAT	Delivered at Terminal(insert named terminal at port or place of destination) INCOTERMS 2010 运输终端交货（插入指定港口或目的地的运输终端）
	DAP	Delivered at Place(insert named place of destination) INCOTERMS 2010 目的地交货（插入指定目的地）
	DDP	Delivered Duty Paid(insert named place of destination) INCOTERMS 2010 完税后交货（插入指定目的地）
海运和内河水运	FAS	Free Alongside Ship(insert named port of shipment) INCOTERMS 2010 船边交货（插入指定装运港）
	FOB	Free on Board(insert named port of shipment) INCOTERMS 2010 装运港船上交货（插入指定装运港）
	CFR	Cost and Freight(insert named port of destination) INCOTERMS 2010 成本加运费（插入指定目的港）
	CIF	Cost Insurance and Freight(insert named port of destination) INCOTERMS 2010 成本、保险费加运费（插入指定目的港）

① 贸易术语的规范表述应包括术语、地点或地址：适用的INCOTERMS版本，例如FOB Tianjin INCOTERMS 2010。

（2）INCOTERMS 2010的主要变化。

① 新增了DAT和DAP。INCOTERMS 2010以DAT和DAP取代了DAF、DES、DEQ和DDU，贸易术语的总数由原来的13种减少为11种。使用DAT时，货物从到达

指定目的港或目的地的运输工具卸下后，交由买方处置（与 DEQ 相同）；使用 DAP 时，货物同样在指定目的港或目的地交由买方处置，但需由买方安排卸货（与 DAF、DES 和 DDU 相同）。这两种新增术语可适用于任何运输模式，均由卖方承担将货物交至指定目的地的所有费用和风险，但不包括可能涉及的与进口清关相关的费用。

② 简化了分类方式。INCOTERMS 2010 未沿用以往将术语按交货地点分类或按英文字头分组的方式，而是简单地将术语按适用范围分为两类：一类为适用于任何单一运输方式或多种运输方式的术语，包括 EXW、FCA、CPT、CIP、DAT、DAP 和 DDP，不论使用何种运输方式，不论使用一种还是多种运输方式，也不论运输过程中有没有海运还是船舶用于部分运输均可使用；另一类为适用于海运和内河水运的术语，包括 FAS、FOB、CFR 和 CIF，交货地点和将货物交至买方的地点都是港口。

③ 放弃了以船舷为交货点的表述。在 INCOTERMS 2010 之前的版本中，关于 FOB、CFR 和 CIF 3 种贸易术语的“交货”均表述为当货物在指定装运港越过船舷时，卖方完成交货。

INCOTERMS 2010 在 FOB、CFR 和 CIF 3 种贸易术语中改变了以“船舷”作为交货点的表述，代之以货物置于“船上”时构成交货，并在专用词解释中明确指出：INCOTERMS 2010 中的“交货”用来指明是在这里货物灭失或损坏的风险从卖方转移至买方。

④ 确认了相关术语可以用于国内货物买卖。国际贸易术语传统上用于国际货物买卖，但随着区域经济一体化的发展，像欧盟一样的贸易同盟已使不同成员国之间的国界在货物贸易中显得不再重要，成员国之间国际货物买卖的做法越来越接近于国内货物买卖的做法，因此 INCOTERMS 2010 正式确认相关术语既可以用于国际货物买卖，也可以用于国内货物买卖，只有在需要时才产生遵守进出口手续要求的义务。

⑤ 扩大了对电子信息效力的确认。INCOTERMS 1990 和 INCOTERMS 2000 确认了电子单证与纸质单证具有同等效力。INCOTERMS 2010 在双方约定或符合惯例的情况下，赋予任何电子记录或程序与纸质信息具有同等效力，并在专用词解释中明确指出，电子记录或程序是指由一条或多条电子信息组成的整套信息。

⑥ 考虑了《伦敦保险协会货物险条款》的最新修订。INCOTERMS 2010 考虑了《伦敦保险协会货物险条款》的最新修订，将与保险相关的信息义务从 INCOTERMS 2000 的 A10 和 B10 泛泛的条款中抽出，纳入涉及运输合同和保险合同的 A3 和 B3 条款。

⑦ 丰富了海关手续的内涵。INCOTERMS 2010 专用词解释中明确指出：海关手续是指为遵守任何适用的海关规定所需满足的要求，并可包括各类单证、安全、信息或实物检验的义务。由于人们对货物移动时的安全问题日益关注，INCOTERMS 2010 在 A2/B2 和 A10/B10 条款中，明确了买卖各方之间完成或协助完成安检通关的义务。

⑧ 明确了 THC 的分摊。THC(terminal handing charge)是指集装箱码头装卸作业费，在使用 CPT、CIP、CFR、CIF、DAT、DAP 和 DDP 贸易术语时，卖方支付的运费实际包含在买方支付的价款中，但其中是否包括在港口或集装箱码头设施内处理和移动货物的

费用一直未明确，而承运人往往向接收货物的买方索要，导致买方为同一服务支付了两次费用。为避免此类问题发生，INCOTERMS 2010 在 A6/B6 条款中明确了 THC 的分摊。

⑨ 澄清了链式销售中卖方的义务。在商品销售过程中，货物在运至销售链终端的过程中常常被多次转卖，而处于销售链始端和销售链终端的卖方义务并非完全相同，处在销售链终端的卖方实际上不需要运送货物，而是以“取得”货物的方式履行其对买方的义务，只有处在销售链始端的卖方才需要以运送货物的方式履行其对买方的义务，INCOTERMS 2010 对此进行了细分与澄清。

⑩ 解释了相关专用词。除上面提到的“交货”“电子记录或程序”“海关手续”等专用词外，INCOTERMS 2010 还解释了以下专用词：“承运人”是指与其签订运输合同的一方；“交货凭证”是指证明已经交货的凭证，它可以是运输凭证或对应的电子记录，也可能仅仅是一张收据，交货凭证除证明交货外，还可以有其他作用，如作为支付机制的构成部分；“包装”是指为满足买卖合同的要求或为适应运输需要对货物进行包装，不涉及在集装箱或其他运输工具中装载包装好的货物。

3. INCOTERMS 2010 概述

尽管 INCOTERMS 2010 已于 2011 年 1 月 1 日正式生效，但这并不意味着 INCOTERMS 之前各版本失效。从理论上来说，买卖双方在实际业务中经过协商一致，完全可以适用 INCOTERMS 2000 或更早的版本。如果买卖双方想在合同中适用 INCOTERMS 2010，则应在合同中作出明确表示，如 FCA 38 Cours Albert 1er, Paris, France INCOTERMS 2010。

尽管 INCOTERMS 2010 没有沿用 INCOTERMS 2000 的分类方式，只是简单地将 11 个贸易术语按照适用范围分为两类(见表 2-3)，但 INCOTERMS 2000 的分类与分组仍有重要意义。

表 2-3 INCOTERMS 2010 按交货地点分类与分组

<table>
<tr><th>按交货地点分类</th><th>组别</th><th>性 质</th><th>国际代码</th><th>交 货 地 点</th><th>适用范围</th></tr>
<tr><td rowspan="8">出口国境内</td><td>E 组</td><td>启运术语</td><td>EXW</td><td>商品所在地</td><td>全能</td></tr>
<tr><td rowspan="3">F 组</td><td rowspan="3">主运费未付术语</td><td>FCA</td><td>出口国指定地点</td><td>全能</td></tr>
<tr><td>FAS</td><td>装运港船边</td><td>水运</td></tr>
<tr><td>FOB</td><td>装运港船上</td><td>水运</td></tr>
<tr><td rowspan="4">C 组</td><td rowspan="4">主运费已付术语</td><td>CFR</td><td>装运港船上</td><td>水运</td></tr>
<tr><td>CIF</td><td>装运港船上</td><td>水运</td></tr>
<tr><td>CPT</td><td>出口国指定地点</td><td>全能</td></tr>
<tr><td>CIP</td><td>出口国指定地点</td><td>全能</td></tr>
<tr><td rowspan="3">进口国境内</td><td rowspan="3">D 组</td><td rowspan="3">到达术语</td><td>DAT</td><td>进口国指定地点</td><td>全能</td></tr>
<tr><td>DAP</td><td>进口国指定地点</td><td>全能</td></tr>
<tr><td>DDP</td><td>进口国指定地点</td><td>全能</td></tr>
</table>

1）卖方/买方一般义务

卖方一般义务包括交货和交单，即提供买卖合同约定的货物和商业发票，如需提供其他单据，买卖双方需要在合同中作出明确约定。

买方一般义务是按照买卖合同约定支付价款。

买卖双方一般义务中所指的任何单证在双方约定或符合惯例的情况下，可以是同等作用的电子记录或程序。

2）许可证、授权、安检通关和其他手续

在涉及该项义务的情况下，除 EXW 贸易术语外，卖方必须承担风险和费用，取得所需的出口许可或其他官方授权，办理货物出口所需的一切海关手续。

在涉及该项义务的情况下，除 DDP 贸易术语外，买方必须承担风险和费用，取得所需的进口许可或其他官方授权，办理货物进口所需的一切海关手续。

3）运输合同与保险合同

在 EXW 贸易术语下，卖方对买方无订立运输合同的义务，买方对卖方无订立运输合同的义务。

在 FCA、FAS 和 FOB 贸易术语下，买方必须自付费用签订运输合同。卖方对买方无订立运输合同的义务，但若买方提出要求或按商业习惯，卖方可以按照通常条件签订运输合同。但由买方承担风险和费用，卖方可以拒绝签订运输合同，如果卖方拒绝，卖方应立即通知买方。

在 CFR、CIF、CPT、CIP、DAT、DAP 和 DDP 贸易术语下，卖方必须自付费用签订运输合同，买方对卖方无订立运输合同的义务。

在 CIF 和 CIP 贸易术语下，卖方必须自付费用取得货物保险，买方对卖方无订立保险合同的义务。在 EXW、FCA、FAS、FOB、CFR、CPT、DAT、DAP 和 DDP 贸易术语下，卖方对买方无订立保险合同的义务，但应买方要求，卖方必须向买方提供取得保险所需信息；买方对卖方无订立保险合同的义务，但应卖方要求，买方必须向卖方提供取得保险所需信息。

4）交货/收取货物

在 EXW、FCA、CPT 和 CIP 贸易术语下，卖方可在合同约定日期或期限内，在出口国境内任何约定地点交货。

在 FAS、FOB、CFR 和 CIF 贸易术语下，卖方可在合同约定日期或期限内，在出口国境内指定装运港交货。

在 DAT、DAP 和 DDP 贸易术语下，卖方可在合同约定日期或期限内，在进口国境内指定目的港或目的地交货。

当卖方完成交货义务时，买方必须收取货物。

5）风险转移

通常情况下，卖方承担在完成交货义务之前货物损坏或灭失的一切风险，买方承担卖方完成交货义务之后货物损坏或灭失的一切风险。

6）通知买方/通知卖方

卖方必须就已完成或无法完成交货给予买方充分的通知，以便买方采取收取货物通常所需要的措施。

买方必须就相关事项给予卖方充分的通知，如买方有权决定在约定期限内的交货时间和（或）指定地点内的收取货物点、买方指定的承运人或船名等。

7）交货凭证/交货证据

在EXW贸易术语下，卖方对买方无义务提供交货凭证，买方有义务向卖方提供其已收取货物的相关凭证。

在FAS、FOB和FCA贸易术语下，卖方必须自付费用向买方提供完成交货的通常凭证，并应买方要求由其承担风险和费用，卖方必须协助买方取得运输凭证。

在CFR、CPT、CIF和CIP贸易术语下，卖方自付费用向买方提供运输凭证，该运输凭证必须载明合同中的货物，且其签发日期应在约定运输期限内，并能使买方在指定目的地向承运人索取货物，或能使买方在货物运输途中以向下家买方转让或通知承运人方式出售货物。当运输凭证以可转让形式签发且有数份正本时，卖方必须将整套正本提交给买方。当该运输凭证与合同相符时，买方必须接受。

在DAT、DAP和DDP贸易术语下，卖方必须自付费用向买方提供凭证，以确保买方能够收取货物，买方必须接受卖方提供的符合合同的交货凭证。

8）查对—包装—标记/货物检验

卖方必须支付交货所需的查对费用，如查对质量、丈量、过暗、点数的费用，以及出口国有关机构强制进行的装运前检验费用。在需要时卖方自付费用以适合货物运输的方式对货物进行包装，并作适当标记。

买方必须支付任何装运前必需的检验费用，但出口国有关机构强制进行的检验费用除外（不包括EXW和DDP贸易术语）。

9）协助提供信息及相关费用

买卖双方必须及时相互提供或协助对方取得其清关、过境所需要的任何单证和信息，包括安全信息，相关费用由对方承担。

4. 贸易术语的选择和使用

贸易术语的选用问题直接关系到买卖双方的经济利益。因此，在交易磋商时，贸易双方都从自身的利害得失角度考虑，都希望采用对自己有利的贸易术语。为了顺利执行合同和提高经济效益，根据经验教训，选用贸易术语时应注意考虑以下几个因素。

1）承运人风险控制

一般来说，在出口业务中，外贸企业应争取选用CIF（CIP）或CFR（CPT）贸易术语。在进口业务中，特别是对于大宗货物进口，外贸企业应争取选用FOB（FCA）贸易术语。这样做的主要目的是通过由我方指定承运人，可以选择资质和信誉都放心的承运人，避免对方借指定承运人之便与承运人联手欺诈。当然，在实际业务中，一切都应从实际出发，综合考虑，灵活选用贸易术语，在适当情况下，也可做一些让步。

2）货物特性及运输条件

国际贸易中的货物品种很多，不同类别的货物具有不同的特点，它们在运输方面各有不同要求，故安排运输的难易不同，运费开支大小也有差异。这是应用贸易术语应考虑的因素。此外，成交量的大小也直接涉及安排运输是否有困难和经济上是否合算。当成交量太小，又无班轮通航的情况下，负责安排运输的一方势必会增加运输成本，故选用贸易术语时也应予以考虑。例如，在大宗货物出口贸易中，如果我方组织船源有实际困难，而买方为了获取较低的运价和保险费用上的优惠，要求自行租船装运货物和办理保险，为了达成该笔交易，我方也可按 FOB 贸易术语与之成交。

3）考虑运价动态

运费是货价构成因素之一，在选用贸易术语时，应考虑货物经由路线的运费收取情况和运价变动趋势。一般来说，当运价看涨时，为了避免承担运价上涨的风险，可以选用由对方安排运输的贸易术语成交，如按 C 组术语进口，按 F 组术语出口。在运价看涨的情况下，如因某种原因不得不采用由自身安排运输的条件成交，则应将运价看涨的风险考虑到货价中，以免遭受运价变动的损失。

4）考虑运输方式

不同的贸易术语都有其所适用的运输方式，如 FOB、CFR、CIF 只适用于海运和内河航运，而 FCA、CPT 和 CIP 能适用各种运输方式。如果不顾贸易术语所适用的运输方式，而盲目地选用，则会给交货带来诸多不便，严重的可致使贸易的某一方陷入困境并遭受损失。

目前，由于集装箱运输和国际多式联运的广泛运用，贸易术语的选用由以前主要使用传统的 FOB、CFR 和 CIF 发展到现在越来越多地使用 FCA、CPT 和 CIP。原因之一是在出口业务中，前 3 种贸易术语把风险分界点由货交承运人延伸到在装运港越过船舷，增加了我方的风险、责任和费用；原因之二是推迟了运输单据的交单时间，因而延缓了我方交单收汇的时间，影响我方资金周转和造成利息损失。所以，在出口业务中，只要条件允许，应尽量使用后 3 种贸易术语。

5）考虑海上风险程度

在国际贸易中，交易的商品一般需要通过长途运输，货物在运输过程中可能遇到各种自然灾害、意外事故等风险，特别是当遇到战争或在正常的国际贸易容易遭到人为障碍与破坏的时期和地区，则运输途中的风险更大。因此，买卖双方洽商交易时，必须根据不同时期、不同地区、不同运输线路和运输方式的风险情况，并结合购销意图来选用适当的贸易术语。

6）考虑办理进出口货物结关手续的难易

在国际贸易中，关于进出口货物的结关手续，有些国家规定只能由结关所在国的当事人安排或代为办理，有些国家则无此项限制。因此，当某出口国政府当局规定，买方不能直接或间接办理出口结关手续，则不宜按 EXW 条件成交。若进口国当局规定，卖方不能直接或间接办理进口结关手续，此时则不宜采用 DDP，而应选用 DDU 或 DES 条件成交。

综上所述，选用贸易术语要考虑的因素是多方面的，应根据不同贸易对象、不同商品、不同贸易条件进行全面考虑，最终确定能维护企业和国家最大利益的贸易术语。

2.3.2 全能贸易术语

在实际业务中，买卖双方使用的贸易术语多选择适用国际商会《国际贸易术语解释通则》最新版本。本节所述“全能贸易术语”是指 INCOTERMS 2010 中适用于任何单一运输方式或多种运输方式的贸易术语，包括 EXW、FCA、CPT、CIP、DAT、DAP 和 DDP。

1. EXW

Ex Works(insert named place of delivery)是指工厂交货(插入指定交货地点)。EXW 虽然译为工厂交货，但实际上指定交货地点既可以是卖方所在地，如卖方工厂、仓库、车间等，也可以是其他指定地点，如卖方租用的公共仓库。EXW 是卖方承担责任最小的术语，适合国内贸易。

1）买卖双方基本义务

卖方在其所在地或其他指定地点将符合合同约定的货物交给买方处置时即完成交货；卖方必须给予买方收取货物所需的任何通知；卖方承担货物在交货地点交给买方处置之前的所有费用和风险；货物需要包装时，卖方必须自付费用包装货物，使之适合运输并作适当标记；卖方需提供商业发票或相等的电子信息。

买方承担自交货地点收取货物之后的所有费用和风险。当有权决定在约定期限内的时间和在指定地点内的接收点时，买方必须向卖方发出充分通知，否则买方必须从约定的交货日期或交货期届满之日起承担货物灭失或损坏的一切风险，但该项货物必须已清楚地确定为合同项下货物。如适用时，买方自付费用取得进出口许可或其他官方授权，负责办理货物进出口海关手续；买方按合同约定收取货物，提供已收取货物的相关凭证和支付价款。

2）使用 EXW 应注意的问题

(1) 在 EXW 贸易术语后面要尽可能清楚地写明指定交货地点内的交付点。如果没有约定特定的交付点，且有不止一个交付点可供使用时，卖方可以选择对其来说最方便的交付点。

(2) 卖方不需要将货物装上任何前来接收货物的运输工具。如果卖方更方便装货，应使用 FCA。

(3) 需要清关时，卖方无须办理出口清关手续。卖方只有在买方提出要求并承担风险和费用时才有义务协助买方办理出口手续。因此，在买方不能直接或间接地办理出口手续时，不应使用这一贸易术语，而应使用 FCA。

(4) 当买方提出要求并承担风险和费用时，卖方有义务及时向买方提供或协助买方取得货物进出口相关单证和信息，包括安全信息；而买方仅有限度地承担向卖方提供货物出口相关信息的责任。

2. FCA

Free Carrier(insert named place of delivery)是指货交承运人(插入指定交货地点)。

1) 买卖双方基本义务

卖方在其所在地或其他指定地点将符合合同约定的货物交给买方指定的承运人或其他人处置时即完成交货；卖方完成交货后必须及时通知买方；承担货交承运人之前的一切风险和费用；自负风险和费用取得出口所需的许可或其他官方授权，办理货物出口所需的一切海关手续；提供商业发票和通常的交货凭证或相等的电子信息，协助买方取得运输凭证。

买方必须自付费用签订自指定的交货地点起运输货物的运输合同，并给予卖方充分通知；承担货交承运人之后的一切风险和费用；自负风险和费用取得进口所需的许可或其他官方授权；办理货物进口和从他国过境运输所需的海关手续；按合同约定收取货物，接受交货凭证，支付价款。

2) 使用 FCA 应注意的问题

(1) 在 FCA 贸易术语后面要尽可能清楚地写明指定交货地点内的交付点。如果没有约定特定的交付点，且有不止一个交付点可供使用，卖方可以选择对其来说最方便的交付点。

(2) 根据 INCOTERMS 2010，在卖方所在地交货时，卖方要负责将货物装上买方提供的运输工具；在其他指定地点交货时，当货物在卖方的运输工具上可供卸载，并可由承运人或买方指定的其他人处置时，卖方完成交货，即卖方不负责卸货。

(3) 根据 INCOTERMS 2010，"承运人"是指与其签订运输合同的人。若买方指定承运人以外的其他人收取货物，则当卖方将货物交给此人时，即视为已履行了交货义务。

(4) 当买方提出要求并承担风险和费用时，卖方可以按通常条件签订运输合同，如果拒绝代为租用运输工具，卖方应立即通知买方。

(5) 为解决运输工具与货物的妥善衔接问题，买卖双方必须加强信息沟通，如买方必须通知卖方所指定的承运人或其他人的姓名、运输方式、约定交付期限内所选择的具体收货时间(如有)、指定交货地点内的交付点(如有)，如果买方未能给予卖方相应通知，或其指定的承运人或其他人未在约定时间接管货物，则风险自约定的交货日期或交货期限届满之日起转移给买方，但以该项货物已清楚地确定为合同项下之货物为限；卖方完成交货后必须及时通知买方，向其提供取得保险所需的信息。买方指定承运人或其他人未在约定时间内收取货物时，卖方也应通知买方。

3. CPT

Carriage Paid To(insert named place of destination)是指运费付至(插入指定目

的地)。

1) 买卖双方基本义务

卖方必须签订或取得运输合同,支付将货物运至指定目的地所需的运费;在双方约定日期或期限内,将符合合同约定的货物交给卖方指定的承运人或其他人处置时即完成交货;卖方完成交货后必须及时通知买方;承担货交承运人之前的一切风险和费用;自负风险和费用取得出口所需的许可或其他官方授权,办理货物出口和交货前从他国过境运输所需的一切海关手续;提供商业发票和运输凭证或相等的电子信息。

买方承担货交承运人之后的一切风险和费用;自负风险和费用取得进口所需的许可或其他官方授权,办理货物进口和从他国过境运输所需的海关手续;按合同约定收取货物,接受交货凭证,支付价款。

2) 使用 CPT 应注意的问题

(1) 买卖双方在合同中要尽可能清楚地确定交货地点,交货地点也是风险转移点。如果运输到约定目的地涉及多个承运人,且双方不能就交货地点达成一致时,当卖方在某个完全由其选择且买方不能控制的点将货物交付给第一个承运人时,风险转移至买方。

(2) 在 CPT 贸易术语后面要尽可能写明确切的指定目的地,便于卖方签订将货物运至该目的地的运输合同,准确核算并支付运费。

(3) 根据 INCOTERMS 2010,卸货费由买方支付,但卖方要注意运输合同与买卖合同的协调,如果卖方按照运输合同在指定目的地发生了卸货费用,除非双方另有约定,卖方无权向买方要求偿付。

(4) 卖方向买方提供的运输凭证必须载明合同中的货物,且其签发日期应在约定运输期限内,并能使买方在指定目的地向承运人索取货物,或能使买方在货物运输途中以向下家买方转让或通知承运人方式出售货物。当运输凭证以可转让形式签发且有数份正本时,卖方必须将整套正本提交给买方。

(5) 当买方有权决定在约定期限内的交货时间和(或)在指定目的地内的收货点时,买方必须向卖方发出充分通知,否则买方必须从约定的交货日期或交货期限届满之日起,承担货物损坏或灭失的一切风险,但该项货物必须已清楚地确定为合同项下货物。

4. CIP

Carriage and Insurance Paid To(insert named place of destination)是指运费和保险费付至(插入指定目的地)。

1) 买卖双方基本义务

卖方必须签订或取得运输合同,支付将货物运至指定目的地所需的运费;自付费用取得货物保险;在双方约定日期或期限内,将符合合同约定的货物交给卖方指定的承运人或其他人处置时即完成交货;卖方完成交货后必须及时通知买方,承担货交承运人之前的一切风险和费用;自负风险和费用取得出口所需的许可或其他官方授权;办理货物出口和交货前从他国过境运输所需的一切海关手续；提供商业发票、运输凭证、保险单或相等的电子信息。

买方承担货交承运人之后的一切风险和费用；自负风险和费用取得进口所需的许可证或其他官方授权，办理货物进口和从他国过境运输所需的一切海关手续；按合同约定收取货物，接受交货凭证，支付价款。

2）使用 CIP 应注意的问题

（1）买卖双方在合同中要尽可能清楚地确定交货地点，交货地点也是风险转移点。如果运输到约定目的地涉及多个承运人，且双方不能就交货地点达成一致时，当卖方在某个完全由其选择且买方不能控制的点将货物交付给第一个承运人时，风险转移至买方。

（2）在 CIP 贸易术语后面要尽可能写明确切的指定目的地，便于卖方签订将货物运至该目的地的运输合同，准确核算并支付运费。

（3）根据 INCOTERMS 2010，卸货费由买方支付，但卖方要注意运输合同与买卖合同的协调，如果卖方按照运输合同在指定目的地发生了卸货费用，除非双方另有约定，卖方无权向买方要求偿付。

（4）卖方向买方提供的运输凭证必须载明合同中的货物，且其签发日期应在约定运输期限内，并能使买方在指定目的地向承运人索取货物，或能使买方在货物运输途中以向下家买方转让或通知承运人方式出售货物。当运输凭证以可转让形式签发且有数份正本时，卖方必须将整套正本提交给买方。

（5）当买方有权决定在约定期限内的交货时间和（或）在指定目的地内的收货点时，买方必须向卖方发出充分通知，否则买方必须从约定的交货日期或交货期限届满之日起，承担货物损坏或灭失的一切风险，但该项货物必须已清楚地确定为合同项下货物。

（6）根据 INCOTERMS 2010，CIP 只要求卖方投保最低险别，即该保险需至少符合《协会货物运输保险条款》（ICC，LMA①/IUA②）（条款 C）或类似条款的最低险别（如我国海运货物保险条款中的平安险）；保险应与信誉良好的承保人或保险公司订立；应使买方或其他对货物具有可保利益者有权直接向保险人索赔；如果买方需要更多保护，则需与卖方明确就此达成协议，或自行作出额外的保险安排；保险金额最低为合同规定价格另加 10%，并采用合同货币；保险期间为自规定的交货点起至少到指定目的地止。

5. DAT

Delivered at Terminal（insert named terminal at port or place of destination）是指运输终端交货（插入指定港口或目的地的运输终端）。该术语是 INCOTERMS 2010 新增术语。

① The Lloyd's Market Association 的缩写。

② The International Underwriting Association of London 的缩写。

1）买卖双方基本义务

卖方必须签订运输合同，支付将货物运至指定港口或目的地的运输终端所发生的运费；在指定港口或目的地的运输终端将符合合同约定的货物从抵达的运输工具上卸下交给买方处置时即完成交货；卖方必须向买方发出所需通知；以便买方采取收取货物通常所需的措施；承担在运输终端交货之前的一切风险和费用；自负风险和费用取得出口所需的许可或其他官方授权，办理货物出口和交货前从他国过境运输所需的一切海关手续；提供商业发票及买方能够收取货物的凭证或相等的电子信息。

买方承担在运输终端交货之后的一切风险和费用；自负风险和费用取得进口所需的许可或其他官方授权，办理货物进口所需的一切海关手续；按合同约定收取货物，接受交货凭证，支付价款。

2）使用DAT应注意的问题

（1）DAT是INCOTERMS 2010新增术语，旨在替代INCOTERMS 2000中的DEQ贸易术语。"运输终端"意味着进口国境内任何地点，而不论该地点是否有遮盖，例如，码头、仓库、集装箱堆场或公路、铁路、空运货站。

（2）使用DAT贸易术语时，卖方在指定港口或目的地的运输终端交货，且卖方要负责将货物从到达的运输工具上卸下，这一点与INCOTERMS 2000中的DEQ类似。但DEQ术语是在目的港码头交货，卖方承担的责任仅限于将货物运至目的港并卸至码头，而不负责再将货物由码头搬运到其他地方。DAT的交货地点虽然不再受码头的限制，但卖方承担的责任仍只是将货物交到合同约定的运输终端。如果双方希望由卖方再将货物从运输终端搬运到另外的地点，并承担其间的风险和费用，则应当使用DAP或DDP贸易术语。

（3）卖方在签订运输合同时应注意运输合同与买卖合同相关交货地点的协调，如果卖方按照运输合同在指定目的地发生了卸货费用，除非双方另有约定，否则卖方无权向买方要求偿付。

（4）由于卖方承担在特定交货地点交货前的风险，买卖双方应尽可能确切地约定运输终端的地址，最好能具体到约定港口或目的地的运输终端内特定的点。如果没有约定特定的交货点或该交货点不能确定，卖方可以在指定港口或目的地的运输终端选择最适合其目的的交货点。

（5）卖方对买方没有订立保险合同的义务，但由于整个运输过程的风险要由卖方承担，卖方通常会通过投保规避货物运输风险。如果双方希望由卖方承担将货物由运输终端运输或搬运至另一地点的风险和费用，则应使用DAP或DDP贸易术语。

6. DAP

Delivered at Place(insert named place of destination)是指目的地交货（插入指定目的地）。该贸易术语是INCOTERMS 2010新增术语。

1）买卖双方基本义务

卖方必须签订运输合同，支付将货物运至指定目的地或指定目的地内的约定地点所发生的运费；在指定目的地将符合合同约定的货物放在已抵达的运输工具上交给买方处置时即完成交货；卖方必须向买方发出所需通知，以便买方采取收取货物通常所需的措施；承担在指定目的地运输工具上交货之前的一切风险和费用；自负风险和费用取得出口所需的许可或其他官方授权，办理货物出口和交货前从他国过境运输所需的一切海关手续；提供商业发票及买方能够收取货物的凭证或相等的电子信息。

买方承担在指定目的地运输工具上交货之后的一切风险和费用；自负风险和费用取得进口所需的许可或其他官方授权，办理货物进口所需的一切海关手续；按合同约定收取货物，接受交货凭证，支付价款。

2）使用 DAP 应注意的问题

（1）DAP 是 INCOTERMS 2010 新增术语，旨在替代 INCOTERMS 2000 中的 DAF、DES 和 DDU 术语。也就是说，DAP 的交货地点既可以是在两国边境的指定地点，也可以是在目的港船上，还可以是在进口国内陆的某一地点。

（2）卖方在指定目的地交货，但卖方不负责将货物从到达的运输工具上卸下，这一点与 INCOTERMS 2000 中的 DAF、DES 和 DDU 类似。买方负责在指定目的地将货物从到达的运输工具上卸下，但卖方要保证货物可供卸载。卖方在签订运输合同时应注意运输合同与买卖合同相关交货地点的协调，如果卖方按照运输合同在指定目的地发生了卸货费用，除非双方另有约定，否则卖方无权向买方要求偿付。

（3）由于卖方承担在特定交货地点交货前的风险，买卖双方应尽可能清楚地订明指定目的地的交货地址，最好能具体到指定目的地内特定的点。如果没有约定特定的交货点或该交货点不能确定，卖方可以在指定目的地选择最适合其目的的交货点。

（4）卖方对买方没有订立保险合同的义务，但由于整个运输过程的风险要由卖方承担，卖方通常会通过投保规避货物运输风险。

（5）如果买卖双方希望由卖方办理进口所需的许可或其他官方授权，以及货物进口所需的一切海关手续，包括支付所有进口关税，则应该使用 DDP 贸易术语。

7. DDP

Delivered Duty Paid(insert named place of destination)是指完税后交货(插入指定目的地)。DDP 是卖方承担责任最大的贸易术语。

1）买卖双方基本义务

卖方必须签订运输合同，支付将货物运至指定目的地或指定目的地内的约定地点所发生的运费；在指定目的地将符合合同约定的、已完成进口清关且可供卸载的货物交给买方处置时即完成交货；卖方必须向买方发出所需通知，以便买方采取收取货物通常所需的措施；承担在指定目的地运输工具上交货之前的一切风险和费用，包括出口和进口的关税；自负风险和费用取得出口和进口所需的许可或其他官方授权，办理货物出口、从他国过境运输和进口所需的一切海关手续；提供商业发票及买方能够收取货物的凭证或相等的电子信息。

买方承担在指定目的地运输工具上交货之后的一切风险和费用，按合同约定收取货物，接受交货凭证，支付价款。

2）使用DDP应注意的问题

（1）在DDP的交货条件下，卖方是在办理了进口结关手续后在指定目的地交货的，这实际上是卖方已将货物运进了进口方的国内市场。如果卖方直接办理进口手续有困难，也可要求买方协助办理。如果卖方不能直接或间接地取得进口许可或办理进口手续，则不应使用DDP术语。

（2）如果双方当事人愿从卖方的义务中排除货物进口时需支付的某些费用，如增值税，则应就此意思加注字句，如“完税后交货，增值税未付（插入指定目的地）”，以使之明确。

（3）买方负责在指定目的地将货物从到达的运输工具上卸下，但卖方要保证货物可供卸载。卖方在签订运输合同时应注意运输合同与买卖合同相关交货地点的协调，如果卖方按照运输合同在指定目的地发生了卸货费用，除非双方另有约定，卖方无权向买方要求偿付。

（4）由于卖方承担在特定交货地点交货前的风险，买卖双方应尽可能清楚地订明指定目的地的交货地址，最好能具体到指定目的地内特定的点。如果没有约定特定的交货点或该交货点不能确定，卖方可以在指定目的地选择最适合其目的的交货点。

（5）卖方对买方没有订立保险合同的义务，但由于整个运输过程的风险要由卖方承担，卖方通常会通过投保规避货物运输风险。

2.3.3 水运贸易术语

本节所述“水运贸易术语”是指INCOTERMS 2010中适用于海运和内河水运的贸易术语，包括FAS、FOB、CFR和CIF。

1. FAS

FAS即Free Alongside Ship（insert named port of shipment），是指船边交货（插入指定装运港）。

1）买卖双方基本义务

卖方在约定的日期或期限内，将符合合同规定的货物在指定装运港交到买方指定的船边或“取得”已经这样交运的货物即为完成交货，并及时通知买方；承担货交装运港船边之前的一切风险和费用；自负风险和费用取得出口所需的许可或其他官方授权；办理货物出口所需的一切海关手续；提供商业发票和通常的证明其完成交货义务的凭证或相等的电子信息。

买方自付费用订立从指定装运港到目的港的运输合同，并将船名、装船点和在需要时其在约定期限内选择的交货时间向卖方发出充分通知；负担货物在指定装运港交到船边之后的一切风险和费用；自付费用取得进口许可或其他官方授权，办理货物进口和从他国过境运输所需的一切海关手续;按合同约定收取货物,接受交货凭证,支付价款。

2）使用 FAS 应注意的问题

(1）在实际业务中,当买方指定的载货船舶能够直接靠岸时,“船边”指码头上装卸工具所及的范围。如果买方所派的船只不能靠岸,卖方则要负责用驳船把货物运至船边,完成船边交货。

(2）当使用集装箱运输货物时,卖方通常将货物在集装箱码头移交给承运人,而非交到船边,这时不宜使用 FAS 贸易术语,而应使用 FCA 贸易术语。

(3）由于卖方承担在特定地点交货前的风险和费用,而且这些费用和相关作业费可能因各港口惯例不同而变化,所以买卖双方应尽可能清楚地订明指定装运港内的交货点。如果没有约定特定的交货点或该交货点不能确定,卖方可以在指定装运港选择最适合其目的的交货点。

2. FOB

FOB 即 Free on Board(insert named port of shipment),是指装运港船上交货(插入指定装运港)。

1）买卖双方基本义务

卖方在指定装运港按合同规定日期或在规定期限内,将货物装到买方指定的船上或通过“取得”已交付至船上货物的方式交货,并及时通知买方;负担货物在指定装运港交到船上之前的一切风险和费用;自付费用取得出口许可或其他官方授权,货物出口的一切海关手续;提交商业发票以及证明已按本规则履行交货义务的交货凭证或相等的电子信息,协助买方取得运输凭证。

买方负责订立从指定装运港到目的港的运输合同,并将船名、装船点和在需要时其在约定期限内选择的交货时间向卖方发出充分通知;负担货物在指定装运港交到船上之后的一切风险和费用;自付费用取得进口许可或其他官方授权办理货物进口和从他国过境运输所需的一切海关手续;按合同约定收取货物,接受交货凭证,支付价款。

2）使用 FOB 应注意的问题

(1）使用 FOB 术语时,卖方在装运港将货物装上船时完成交货,而载货船舶由买方负责租船订舱,所以买卖双方必须注意船货衔接问题。为了避免发生买方船到而卖方货未备妥或卖方备妥货物而不见买方载货船舶的情况,买卖双方必须相互给予充分的通知。卖方应及时将备货进度告知买方,以便买方适时租船订舱。买方租船订舱后也应及时将船名、航次、预计到达装运港的时间通知卖方,以便卖方做好交货准备。

(2）当使用集装箱运输货物时,卖方通常将货物在集装箱码头移交给承运人,而不是交到船上。这时不宜使用 FOB 贸易术语,而应使用 FCA 贸易术语。

(3）卖方装船后,必须及时向买方发出装船通知,以便买方及时办理投保手续。

(4）FOB 贸易术语与 FCA 贸易术语的异同。FOB 贸易术语的价格构成模式与 FCA 贸易术语类似,均为运费在外价,二者的合同性质都属于装运合同。其主要不同点:

一是 FOB 以货物在装运港装上船为交货及风险分界点，而 FCA 以货物在指定地点交给承运人为交货及风险分界点；二是 FCA 贸易术语适用于任何运输方式，而 FOB 贸易术语仅适用于海洋或内河运输。

（5）根据 INCOTERMS 2010，FOB、CFR 和 CIF 贸易术语的风险划分界限由“船舷”改为“船上”，这种修改更符合业务实际操作情况。

3. CFR

CFR 即 Cost and Freight(insert named port of destination)，是指成本加运费（插入指定目的港）。

1）买卖双方基本义务

卖方必须签订或取得运输合同，支付将货物运至指定目的港所需的运费；在指定装运港按合同规定日期或在规定期限内，将货物装上船或通过“取得”已交付至船上货物的方式交货，并及时通知买方；负担货物在指定装运港交到船上之前的一切风险和费用；自付费用取得出口许可或其他官方授权；办理货物出口所需的一切海关手续；提交商业发票以及证明已按本规则履行交货义务的交货凭证或相等的电子信息。

买方负担货物在装运港交到船上之后的一切风险和费用；自付费用取得进口许可或其他官方授权，办理货物进口和从他国过境运输所需的一切海关手续；按合同约定收取货物，接受交货凭证，支付价款。

2）使用 CFR 应注意的问题

（1）虽然卖方必须签订运输合同，并支付将货物运至指定目的港的运费，但卖方完成交货是在装运港船上，风险也随着交货转移，所以买卖双方应在合同中尽可能准确地约定装运港。

（2）买方负担卸货费，但卖方应注意运输合同与买卖合同的协调，如果卖方按照运输合同在目的港发生了卸货费用，除非双方事先另有约定，卖方无权向买方要求补偿该项费用。

（3）买卖双方应在合同中尽可能准确地约定目的港的交付点，以便卖方准确核算应该支付的运费。

（4）在 CFR 合同中，卖方及时发出装船通知尤为重要，因为这关系到买方能否为进口货物及时办理保险的问题。有的国家的法律，如英国《1893 年货物买卖法》（1973 年修订本）规定：如卖方未向买方发出装船通知，导致买方对货物未及时办理保险，那么，货物在海运途中的风险应被视为由卖方负担。所以，在出口贸易中，作为 CFR 合同的卖方，一旦了解配载船名后，应该立即发出装船通知。

（5）CFR 贸易术语与 CPT 贸易术语的异同。CFR 贸易术语价格构成模式与 CPT 贸易术语类似，均为运费在内价，二者的合同性质都属于装运合同。其主要差别在于：一是 CFR 以货物在装运港装上船为交货及风险分界点，而 CPT 以货物在指定地点交给承运人为交货及风险分界点；二是 CPT 贸易术语适用于任何运输方式，而 CFR 贸易术语仅适用于海洋或内河运输。

(6) 当使用集装箱运输货物时，卖方通常将货物在集装箱码头移交给承运人，而不是交到船上，这时不宜使用 CFR 贸易术语，而应使用 CPT 贸易术语。

4. CIF

CIF 即 Cost Insurance and Freight(insert named port of destination)，是指成本、保险费加运费(插入指定目的港)。

1) 买卖双方基本义务

卖方必须签订或取得运输合同，支付将货物运至指定目的港所需的运费；在指定装运港按合同规定日期或在规定期限内，将货物装上船或通过"取得"已交付至船上货物的方式交货，并及时通知买方；负担货物在指定装运港交到船上之前的一切风险和费用；自付费用办理货物运输保险；自付费用取得出口许可或其他官方授权，货物出口所需的一切海关手续；提交商业发票、保险单以及证明已按本规则履行交货义务的交货凭证或相等的电子信息。

买方负担货物在装运港交到船上之后的一切风险和费用；自付费用取得进口许可或其他官方授权，办理货物进口和从他国过境运输所需的一切海关手续；按合同约定收取货物，接受交货凭证，支付价款。

2) 使用 CIF 应注意的问题

(1) 保险的性质、保险金额和保险险别问题。CIF 和 CFR 贸易术语的主要区别在于：CIF 贸易术语要由卖方办理保险，支付保险费，并需要向买方转让保险单；而 CFR 贸易术语则由买方自行办理投保并自付保险费。按照 CIF 贸易术语，卖方虽负责投保并付保险费，但自货物在装运港装上船起，风险就由卖方转移到买方承担，卖方对运输途中的货物已不再拥有可保权益，卖方实际上是为了买方的利益而投保。因此，投保什么险别和如何确定保险金额，应事先在合同中约定，否则容易在货物遭受损失时因得不到应有的赔偿而引起纠纷。在实际业务中，买卖双方如无特别约定，卖方按 CIF 货值的 110%投保最低险别即可。根据 INCOTERMS 2010，最低险别需至少符合《协会货物运输保险条款》ICC(C)条款或类似条款的最低险别(如我国海运货物保险条款中的平安险)。如买方需要更高的保险险别，则需要与卖方明确地达成协议，或者自行作出额外的保险安排。

(2) 象征性交货问题。按照 CIF 贸易术语的规定，卖方在规定日期或期限内，在装运港将货物装上船即已履行交货义务。卖方是凭单交货，即象征性交货，而不是实际交货。卖方只要提交和转让提单和保险单等单证给买方，即视为交货。另一方面只要单证不符，买方也可拒付货款，拒收货物。上述特点表明，CIF 合同不是到达合同，而是装运合同，因而把 CIF 贸易术语称作到岸价格是不确切的，容易引起争议。

在国际贸易中，确定合同的性质是至关重要的。贸易术语是影响合同性质的重要因素。因为贸易术语本身就规定了买卖双方的有关责任、费用和风险界限的划分。但若合同的其他条款又规定了与这种贸易术语完全不同或有抵触的条款，合同的性质可能改变。

(3) CIF 贸易术语与 CIP 贸易术语的异同。CIF 贸易术语价格构成模式与 CIP 贸易术语类似，均为运费、保险费在内价，二者的合同性质都属于装运合同。其主要差别：一是 CIF 以货物在装运港装上船为交货及风险分界点，而 CIP 以货物在指定地点交给承运人为交货及风险分界点；二是 CIP 贸易术语适用于任何运输方式，而 CIF 贸易术语仅适用于海运和内河水运；三是 CIP 贸易术语可能涉及海运、陆运、空运等多种保险，而 CIF 只涉及海运保险。

(4) 虽然卖方必须签订运输合同，并支付将货物运至指定目的港的运费，但卖方完成交货是在装运港船上，风险也随着交货转移，所以买卖双方应在合同中尽可能准确地约定装运港。

(5) 买方负担卸货费，但卖方应注意运输合同与买卖合同的协调，如果卖方按照运输合同在目的港发生了卸货费用，除非双方事先另有约定，卖方无权向买方要求补偿该项费用。

(6) 买卖双方应在合同中尽可能准确地约定目的港的交付点，以便卖方准确核算应该支付的运费。

(7) 当使用集装箱运输货物时，卖方通常将货物在集装箱码头移交给承运人，而不是交到船上，这时不宜使用 CIF 贸易术语，而应使用 CIP 贸易术语。

FOB、CFR、CIF 与 FAC、CPT、CIP 的异同见表 2-4。

表 2-4　FOB、CFR、CIF 与 FCA、CPT、CIP 的异同

比较项目	FOB、CFR、CIF	FCA、CPT、CIP
运输方式	海运和内河运输	各种运输方式
承运人	船公司	船公司、航空运输、陆路运输公司
交货地点	装运港船上	视不同运输方式而定
风险转移界限	装运港船舷	货交承运人监管后
装卸费用负担	FOB 的各种变形以明确装船费用由谁负担，CFR、CIF 的各种变形以明确卸货费由谁负担	FCA 卖方负担装船费，CPT、CIP 卖方负担卸货，不存在贸易术语变形
运输单据	已装船清洁提单	提单、海运单、内河运单、铁路运单、公路运单、航空运单或多式联运单据
后注地名	FOB 后加注装运港名称，CFR、CIF 后加注目的港名称	FCA 后加注装运地名称，CPT、CIP 后加注目的地名称

5. FOB、CFR 和 CIF 贸易术语常用变形

INCOTERMS 2010 并未禁止贸易术语的变形，但同时明确指出使用贸易术语的变形是有风险的。为避免不必要的误解与纠纷，买卖双方需要在合同中非常清晰地明确各自希望通过贸易术语的变形达到的效果，清楚地表明该贸易术语的变形是否只是改变买卖双方之间费用的划分，还是同时也改变了风险划分的界限。

1）FOB 贸易术语的常用变形

FOB 贸易术语的常用变形主要解决使用程租船运输时装货费的负担问题。

FOB 贸易术语下采用班轮运输时，货物从船边吊上船舶的装货费用（loading charge），以及货物在船舱内整理（stow）的费用（stowage）是包括在运费内，由负担运费的买方承担。但按 FOB 贸易术语成交大宗商品时，买方通常采用程租船运输，由于船方通常按"不负担装卸费用"（free in and out）条件出租船舶，装货费用及理舱费用不包括在运费中，买卖双方容易就装货费用及理舱费用、平舱费用由谁负担的问题产生异议。为了明确这些费用的划分，可以使用 FOB 贸易术语的变形，该变形在风险、责任划分上和正常的 FOB 贸易术语没有任何区别，只是在费用划分上有某些变化。

常用的 FOB 贸易术语变形有以下几种。

（1）FOB 班轮条件。

按照 FOB 班轮条件（FOB liner terms），装卸费用包含在运费中，即在装运港装船、在目的港卸货及装船后平舱、理舱费用均包含在程租船运费中，由支付运费的一方——买方负担。

（2）FOB 吊钩下交货。

FOB 吊钩下交货（FOB under tackle）是指卖方承担的费用截至买方指定船只的吊钩所及之处，包括装运港驳船费在内，有关装船的各项费用一概由买方负担。

（3）船上交货并理舱。

船上交货并理舱（FOB stowed 或 FOBS）是指卖方负责将货物装上船，并支付包括理舱费在内的装货费用。这一贸易术语多用于包装货。

（4）船主交货并平舱。

船主交货并平舱（FOB trimmed 或 FOBT）是指卖方负责将货物装入船舱，并支付包括平舱费在内的装货费用。这一贸易术语多用于散装货。若买方租用自动平舱船时，卖方应退回平舱费用。

（5）船上交货包括理舱和平舱

船上交货包括理舱和平舱（FOB stowed and trimmed 或 FOBST）是指卖方负责将货物装上船，并支付包括理舱费和平舱费在内的装船费用。这一贸易术语多用于一部分是包装货、另一部分是散装货的情况。

2）CFR 和 CIF 贸易术语的常用变形

CFR 和 CIF 贸易术语的常用变形主要解决使用程租船运输时卸货费用的负担问题。

CFR 和 CIF 贸易术语下采用班轮运输时，卸货费用是包括在运费内，由负担运费的卖方承担。但按 CFR 和 CIF 贸易术语成交大宗商品时，卖方通常采用程租船运输，由于船方通常按"不负担装卸费用"（free in and out）条件出租船舶，卸货费用不包括在运费中，买卖双方容易就卸货费用由谁负担的问题产生异议。为了明确卸货费用的划分，可以使用 CFR 和 CIF 贸易术语的变形，该变形在风险、责任划分上和正常的 CFR 和 CIF

贸易术语没有任何区别，只是在费用划分上有某些变化。

常用的CFR和CIF贸易术语变形有以下几种。

(1) CFR/CIF班轮条件。

CFR/CIF班轮条件(CFR/CIF liner terms)是指卸货费按班轮的办法处理，即由支付运费的卖方负担，买方不予负担。

(2) CFR/CIF卸到岸上。

CFR/CIF卸到岸上(CFR/CIF landed)是指由卖方负担将货物由载货船舶上卸到目的港船上的卸货费，包括从轮船到码头转运时可能发生的驳船费和码头捐税。

(3) CFR/CIF吊钩下交接。

CFR/CIF吊钩下交接(CFR/CIF ex tackle)是指卖方负担货物从舱底吊至船边卸离吊钩为止的费用，不包括从轮船到码头转运时可能发生的驳船费和码头捐税。

(4) CFR/CIF舱底交接。

CFR/CIF舱底交接(CFR/CIF ex ship's hold)是指卖方不负担卸货费用，由买方负担将货物从目的港船舶舱底起吊并卸到码头的费用。

2.4 国际贸易主要运输方式及运输保险

2.4.1 水路运输

水路运输是指以船舶为主要运输工具，以港口或港站为运输基地，以水域(海洋、河、湖等)为运输活动范围的一种货物运输方式。

1. 水路运输的特点

在国际货物运输中，使用最广泛的是水路运输(waterway transport)。水路运输包括海洋运输和内河运输。目前，其货运量在国际货物运输总量中占80%以上。其中，海洋运输之所以被如此广泛运用，是因为它与其他国际货物运输方式相比，主要有下列明显的优点。

(1) 通过能力大。海洋运输可以利用四通八达的天然航道，它不像火车、汽车受轨道和道路的限制，故其通过能力很大。

(2) 运量大。海洋运输船舶的运载能力，远远大于铁路和公路车辆，如一艘万吨船舶的载重量一般相当于250～300个车皮的载重量。

(3) 运费低。按照规模经济的观点，因为运量大，行程远，分摊于每吨货的运输成本就低，因此运价相对低廉。

水路运输虽有上述优点，但也存在一些缺点。

(1) 水路货物运输的运输速度较其他运输方式要慢。

(2) 水路货物运输的外界营运条件复杂且变化无常。

(3) 水路货物运输在整个综合运输系统中通常是一个中间运输环节，它在两端港口必须依赖于其他运输方式的衔接和配合，为其聚焦和疏运货物。

2. 水路运输的分类

(1) 按贸易分类：外贸运输、内贸运输。

(2) 按航行区域：远洋运输、沿海运输、内河运输、湖泊(水库)运输。

(3) 按船舶营运组织形式：定期船运输(班轮运输)、不定期船运输、专用船运输。

3. 水路运输的业务流程

(1) 承运人主动揽货或托运人向承运人订舱，承运人根据托运人的要求及运输货物的性质、包装以及自身条件等，帮助托运人选择合适的营运方式。

(2) 双方签订水路运输合同并填写水路货物运单，承运人予以承运，即表明承托双方建立关系。

(3) 托运人根据运单结算运费，收款人在运单上盖章。

(4) 货物装船及运输，承运人保证货物运输的安全性和及时性。

(5) 货物运达目的港，承运人在卸货港的代理人根据船舶发的到港电报，一方面准备卸货；另一方面还要把船舶预定到港的时间通知收货人。

(6) 收货人凭有效证件在指定卸货港提取货物。

4. 海上航线

1) 海上航线的形成

世界各地水域，在港湾、潮流、风向、水深及地球球面距离等自然条件限制下，可供船舶航行的一定路径称作航路。海上航运承运人在许多不同的航路中，为达到最大的经济效益所选定的营运航路称为航线。航线的行程取决于以下几方面因素。

(1) 安全因素。

安全因素是指船舶航行的路线须考虑自然界的种种现象，如风向、波浪、潮汐、水流、暗礁等。

(2) 货运因素。

货运因素是指该航线沿途货运量的多寡。货运量多，航行的船舶多，必定是繁忙的航线。

(3) 港口因素。

港口因素是指船舶途经和停靠的港口水深是否适宜、气候是否良好、航道是否宽阔、有无较好的存储装卸设备、有无便利的内陆交通条件、有无充分的燃料供应。

(4) 技术因素。

技术因素是指船舶航行时从技术上考虑选择最经济和最快速的航线航行。

2) 海上航线的分类

海上航线按照船舶经营方式可分为定期航线和不定期航线两种。定期航线的经营以航线上各港口能有持续和比较稳定的往返货源为先决条件，所以又称班轮航线。不定期航线是临时根据货运的需要而选择的航线。

海上航线按照航程远近可分为远洋航线、近洋航线和沿海航线 3 种。远洋航线是指使用船舶跨越大洋的运输航线。近洋航线是指本国各港口至邻近国家港口间的海上运输线。我国习惯上指由我国各港东至日本海,西至马六甲海峡,南至印度尼西亚沿海,北至鄂霍次克海各港口间的航线。沿海航线是指本国沿海各港口之间的海上运输线。国际货物运输主要是通过远洋航线完成。

2.4.2 陆路运输

1. 铁路运输

1) 国际铁路运输的特点与形式

在国际货物运输中,铁路运输(railway transport)是一种仅次于海洋运输的主要方式,海洋运输的进出口货物也大多是靠铁路运输进行货物集中和分散的。

铁路运输有许多优点:一般不受气候条件的影响,可保障全年的货物运输,而且运量较大,速度较快,有高度的连续性,运转过程中可能遭受的风险也较小。办理铁路货运手续比海洋运输简单,而且发货人和收货人可以在就近的始发站(装运站)和目的站办理托运和提货手续。

根据承运人托运货物的数量、体积、形状等条件,结合铁路车辆和设备等状况,铁路运输的形式可分为整车、零担和集装箱 3 种。

2) 国际铁路货物联运

国际铁路货物联运是指使用一份统一的国际联运单据,由铁路部门负责经过两国或者两国以上铁路的全程运送,并且由一国铁路当局向另一国移交货物时,不需发货人和收货人参与。国际铁路货物联运通常是基于《国际铁路货物运送公约》或《国际铁路货物联运协定》进行的。我国对朝鲜、俄罗斯的大部分进出口货物都是采用国际铁路货物联运的方式运送的。国际铁路货物联运的单据主要是铁路运单正本和副本。

在国际铁路货物联运方式下,发送国铁路的运送费用,按发送国铁路的国内运价计算;到达国铁路的运送费用,按到达国铁路的国内运价计算;过境国铁路的运送费用,按《国际铁路货物联运协定》统一过境运价规程(统一货价)的规定计算。

2. 公路运输

公路运输又称汽车运输,是一种现代化的运输方式。它不仅可以直接跨国运输货物,而且也是车站、港口和机场集散进出口货物的重要手段。公路运输具有机动灵活、速度快和方便等特点,利于实现"门到门"运输。在我国与周边接壤国家的对外贸易中,公路运输占有重要地位。

2.4.3 航空运输

航空运输具有运送速度快、运输安全、准时的特点。小件货物、鲜活商品、季节性商品和贵重商品适宜采用航空运输。

航空运输的方式主要有班机运输、包机运输、集中托运和航空快递(见表 2-5)。

表 2-5　航空运输的方式

运输方式	含　义	特　点	适　用
班机运输	由具有固定开航时间、航线和停靠航站的飞机承担运输	运量较小,运价较贵,航期固定	鲜活商品或急需商品
包机运输	航空公司按照约定的条件和费率,将整架飞机租给一个或若干个包机人(包机人指发货人或航空货运代理公司),从一个或几个航空站装运货物至指定目的地	费率低,运量较大,但运送时间比班机长	货量较大的商品
集中托运	航空货运代理公司将若干批单独发运的货物集中成一批向航空公司办理托运,填写一份总运单送至同一目的地,然后由其委托当地的代理人负责分发给实际收货人	运费低,是航空货运代理的主要业务之一	一般商品
航空快递	快递公司与航空公司合作,由快递公司派专人从发货人处提取货物后以最快航班将货物发运;飞抵目的地后,由专人接机提货,办妥进关手续后直接送达收货人	最为快捷、方便的运输方式,又称"桌到桌"运输	各种急需物品和文件资料

2.4.4　集装箱运输与国际多式联运

国际多式联运又称国际联合运输,是在集装箱运输的基础上产生和发展起来的、有机结合海、陆、空各种单一运输方式的一种国际性的连贯运输方式。

1. 集装箱运输

集装箱运输即以集装箱作为运输单位进行货物运输,适用于公路、铁路、海洋、航空等多种运输方式。

1) 集装箱运输的特点

(1) 在全程运输中,可以将集装箱从一种运输工具直接方便地换装到另一种运输工具,而无须接触或移动箱内所装货物。

(2) 货物从发货人的工厂或仓库装箱后,可经由海、陆、空不同运输方式一直运至收货人的工厂或仓库,实现"门到门"运输而中途无须开箱倒载和检验。

(3) 集装箱由专门的设备和运输工具装运,装卸快,效率高,质量有保证,在现代运输中被广泛使用。

2) 集装箱运输货物的交接

集装箱货物的装箱方式有两种:整箱货(Full Container Load,FCL)和拼箱货(Less Container Load,LCL)。整箱货一般由发货人在工厂或者仓库进行装箱,并直接运交集装箱堆场(Container Yard,CY)等待装运,货到目的地后,收货人可以直接到目的地集装箱堆场接货,这种交接方式称为"堆场到堆场"(CY—CY)。拼箱货是指货量不足一个整箱,一般需要由承运人在集装箱货运站(Container Freight Station,CFS)负责将不同发货人的货物拼装在一个集装箱内,货到目的地后,承运人在目的地集装箱货运站拆箱将货物分拨,收货人就此提货,这种交接方式称为"货运站到货运站"(CFS—CFS)。此外,集装箱运物也可以实现"门到门",即由承运人在发货人工厂或者仓库接货,在收货人工厂或者仓库交货。

3) 集装箱运输的主要单证

集装箱运输单证不同于传统的货运单证,主要有场站收据(Dock Receipt,D/R)、集装箱装箱单(Container Load Plan,CLP)、提单(Bill of Lading)、集装箱联运提单(Combined Transport B/L,CTB/L)、多式运输单据(Multi-modal Transport Document,MTD),以及设备交接单(Equipment Receipt,E/R)、收(交)货记录(Delivery Record)等。

2. 国际多式联运

随着集装箱运输软硬件成套技术臻于成熟,到20世纪80年代集装箱运输已进入国际多式联运时代。国际多式联运利用集装箱通过采用海、陆、空等两种或两种以上的运输手段,完成国际间的连贯货物运输。开展国际多式联运是实现"门到门"运输的有效途径。

1) 国际多式联运的特征

国际多式联运是指按照多式联运合同,以至少两种不同的运输方式,由多式联运经营人将货物从一国境内接管货物的地点运至另一国境内指定地点交付的货物运输。

根据上述定义,国际多式联运应具备以下特征。

(1) 必须具有一份多式联运合同。该运输合同是多式联运经营人与托运人之间权利、义务、责任与豁免的合同关系和运输性质的确定依据,也是区别多式联运与一般货物运输方式的主要依据。

(2) 必须使用一份全程多式联运单据,根据托运人的要求,它可以制作成可转让的,也可以制作成不可转让的。

(3) 必须是两种或两种以上不同运输方式的连续运输。

(4) 必须是国际间的货物运输。

(5) 必须由一个多式联运经营人对货物运输全程负责。多式联运经营人是指其本人或者通过其代表订立多式联运合同的人,负有履行联运合同的义务。它不是托运人的代理,也不是实际承担运输方的代理。它可以是实际承运人,办理全部或者部分运输,也可以是无船承运人,将全程运输交由各运输段实际承运人来完成。

(6) 必须是全程单一的运费费率。

2) 国际多式联运的优点

(1) 手续简便,责任统一。托运人只需办理一次托运,订立一份运输合同,一次性支付费用,办理一次保险,所有一切运输事项均由多式联运经营人负责,简化了托运、结算及理赔手续，节省人力、物力和有关费用。

(2) 缩短时间，增强效率。各个运输环节和各种运输工具之间配合密切，缩短货物运输时间，减少库存，减少货损货差事故。

(3) 提高了运输组织水平。由不同的经营人共同参与多式联运，最大限度地发挥其现有设备作用，选择最佳运输线路，提高运输管理水平，实现运输合理化。

表 2-6 为世界重要港口和航线一览表。

表 2-6　世界重要港口和航线

港口名称	中文译名	所属国家	所属航线
Buenos Aires	布宜诺斯艾利斯	阿根廷	中南美
Melbourne	墨尔本	澳大利亚	澳新
Sydney	悉尼		
Rio de Janeiro	里约热内卢	巴西	中南美
Antwerp	安特卫普	比利时	西北欧
Copenhagen	哥本哈根	丹麦	西北欧
Bremen	不来梅	德国	西北欧
Hamburg	汉堡		
St. Peterburg	圣彼得堡	俄罗斯	西北欧
Veracruz	韦拉克鲁斯	墨西哥	中美
Durban	德班	南非	东非
Oslo	奥斯陆	挪威	西北欧
Lisbon	里斯本	葡萄牙	西北欧
Kobe	神户	日本	日本
Osaka	大阪		
Tokyo	东京		
Yokahama	横滨		
Nagoya	名古屋		
Nakhodka	纳霍德卡	俄罗斯	远东线
Marseilles	马赛	法国	地中海
Le Havre	勒阿弗尔		西北欧
Manila	马尼拉	菲律宾	菲律宾
Helsinki	赫尔辛基	芬兰	西北欧
Inchon	仁川	韩国	韩国
Pusan	釜山		
Montreal	蒙特利尔	加拿大	加拿大东岸
Toronto	多伦多		
Amsterdam	阿姆斯特丹	荷兰	西北欧
Rotterdam	鹿特丹		

续表

港口名称	中文译名	所属国家	所属航线
Houston	休斯敦	美国	美国东岸
Los Angeles	洛杉矶		美国西岸
New York	纽约		美国东岸
Damman	达曼	沙特阿拉伯	波斯湾
Bangkok	曼谷	泰国	暹罗湾
La Guaira	拉瓜伊拉	委内瑞拉	中南美
Barcelona	巴塞罗那	西班牙	地中海
Singapore	新加坡	新加坡	新马
Kingston	金斯顿	牙买加	中南美
Abadan	阿巴丹	伊朗	波斯湾
Naples	那不勒斯	意大利	地中海
Calcutta	加尔各答	印度	孟加拉湾
Bombay	孟买		波斯湾
Jakarta	雅加达	印尼	印尼
Southampton	南安普敦	英国	西北欧
London	伦敦		
Hong Kong	香港	中国	港澳

2.4.5 国际货物运输保险

1. 货物运输保险的含义

货物运输保险就是被保险人或投保人在货物装运前,估定一定的投保金额向保险人即保险公司投保货物运输险。被保险人按投保金额、投保险别及保险费率,向保险人支付保险费并取得保险单据。被保险货物若在运输过程中遭受保险事故造成损失,则保险人负责对保险险别责任范围内的损失,按保险金额及损失程度赔偿保险单据的持有人。

2. 海运货物保险

由于国际贸易以海洋运输为主要的运输手段,因此海运货物保险在国际货物运输保险中占有特别重要的地位。

1) 基本险

货物运输保险的险别,按照能否单独投保,可以分为基本险和附加险。基本险可以单独投保,附加险不能单独投保,只有在投保某一种基本险的基础上才能加保附加险。

(1) 平安险、水渍险和一切险。

按照中国人民保险公司《海洋运输货物保险条款》的规定,海洋运输货物保险的基本险别分为平安险(Free from Particular Average, F. P. A.)、水渍险(With Average or With Particular Average, W. A. 或 W. P. A.)和一切险(All Risks, A. R.)3种。

险别不同，保险范围的责任也不同。水渍险的责任范围等于平安险的责任范围加上自然灾害的部分损失，而一切险的责任范围等于水渍险的责任范围再加上一般外来风险造成的全部或部分损失。由于一切险的保险范围和责任比平安险、水渍险大，保险费率也相应较高。

此外，《中国保险条款》还包括了海洋运输散装桐油保险条款和海洋运输冷藏货物保险条款两个专门险别，它们本质上也属于基本险。

(2) ICC(A)、ICC(B)、ICC(C)险。

由于英国在保险业的历史影响，《伦敦保险业协会海运货物保险条款》是国际货物保险中运用最广泛的条款。该条款共有 6 种险别：ICC(A)、ICC(B)、ICC(C)、战争险、罢工险和恶意损害险。其中，ICC(A)险的承保责任范围最为广泛，类似于我国的一切险；ICC(B)险的承保责任范围小于 ICC(A)险；ICC(C)险的承保责任范围最小，类似于我国的平安险。

根据《2000 年国际贸易术语解释通则》，如果采用 CIF、CIP 等应由卖方投保的贸易术语，“卖方必须与信誉良好的保险人或者保险公司订立保险合同，如果没有相反的明示协议，按照《伦敦保险业协会海运货物保险条款》或其他类似的保险条款中最低责任的保险险别投保”。ICC(C)险和我国的平安险都是此处所指的最低责任的保险险别。

2) 附加险

《中国保险条款》中的附加险有一般附加险和特殊附加险两大类。《伦敦保险业协会海运货物保险条款》中的恶意损害险属于附加险，战争险和罢工险可以作为附加险，在需要时也可以作为独立险别投保。

(1) 一般附加险。

一般附加险所承保的是由于一般外来风险所造成的全部或者部分损失，共有 11 个险别：偷窃、提货不着险，淡水雨淋险，短量险，渗漏险，混杂、沾污险，碰损、破碎险，串味险，受潮受热险，钩损险，包装破裂险，锈损险。

(2) 特殊附加险。

特殊附加险承保特殊外来风险所造成的全部或者部分损失，共有 8 个险别：罢工险、海运战争险、交货不到险、进口关税险、舱面险、拒收险、黄曲霉素险、卖方利益险。被保险人不论已经投保何种基本险别，均可以另行加保有关的特殊附加险险别。根据《2000 年国际贸易术语解释通则》的规定，在 CIP 和 CIF 项下，如果买方要求并负担费用，卖方应当在可能的情况下加投战争、罢工、暴乱和民变险。

2.5 常用国际贸易结算方式

国际贸易结算的基本方式有汇付、托收和跟单信用证 3 种。

2.5.1 汇付

汇付是最简单的一种国际付款方式，近年来它的使用有增多的趋势。

1. 汇付的含义

汇付(remittance)又称汇款，是指订立商务合同后，进口人(汇款人)通过银行向出口人(收款人)汇寄款项的做法。

2. 汇付的当事人

汇付方式涉及4个当事人：汇款人、汇出行、汇入行和收款人。

汇款人(remitter)即付款人，国际贸易实务中，汇款人通常是合同买方或其他经贸往来中的债务人。

汇出行(remitting bank)是接受汇款人的委托或申请汇出款项的银行，通常是汇款人所在地的银行。

汇入行(receiving bank)又称解付行(paying bank)，是接受汇出行的委托解付款项的银行，通常是汇出行在收款人所在地的代理行。

收款人(payee)通常是出口人、合同卖方或其他经贸往来中的债权人。

3. 汇付的种类及其业务程序

汇付方式项下，汇款人委托汇出行办理汇款时，通常先开具汇款申请书，写明收款人的名称和地址、汇款金额、汇款方式等内容。汇出行接受委托后，即有义务按照申请书的指示，通知汇入行将款项付给收款人。

汇付有电汇、信汇和票汇3种方式。从具体流程和应用上来看，每一种方式各有其特点。

1) 电汇

在电汇(telegraphic transfer，T/T)业务中，汇款人将款项和电汇申请书交汇出行，请其以电报、电传或SWIFT方式通知汇入行解付一定金额的款项给收款人。汇入行收到电汇委托书并经审核无误后，据以缮制取款通知书通知收款人取款。之后，汇入行向汇出行发出付讫通知。

2) 信汇

信汇(mail transfer，M/T)是指汇款人把款项交给银行时，在信汇申请书中，申请银行用信函格式开立汇款委托书并航寄(by airmail)给汇入行的方式。

3) 票汇

在票汇(remittance by bank's demand draft，D/D)业务中，汇款人填写票汇申请书，将款项和手续费交予汇出行，汇出行依照要求开立银行汇票(或银行本票)后将票据交汇款人，由其自行或通过邮局将票据交给收款人。同时，汇出行将票汇通知书寄给汇入行。待收款人(或持票人)凭票据到汇入行取款时，汇入行经核对无误后，即解付票款并通知汇出行。

在票汇实务中，汇款人可申请银行出具汇票或本票，也可自行出具支票或商业本票。如票据上指定的付款行不在收款人所在地，收款人须将收到的票据交给一家当地银行，委托该银行代为收款。

无论采用电汇、信汇还是票汇，所使用的结算工具(汇款委托书或票汇通知书)的传送方向与资金的流动方向相同，均属顺汇。但 3 种汇款方式也有不同之处：在付款速度上，电汇最快，最受收款人欢迎；从操作手续看，票汇相对简单，最受银行欢迎；信汇因速度较慢，操作手续多，目前已极少使用。

4. 汇付的应用

按照支付时间的不同，汇付有预付货款和货到付款之分。

1) 预付货款

预付货款(payment in advance)是指在进口人先行支付全部或部分货款，允许出口人收款后交货的做法，包括全额预付和部分预付两种：①全额预付即出口人发货前，进口人先行预付全部货款；②部分预付即进口人先行支付相当于买卖合同总金额一定比例的订金或在交货前分期分批预付货款，即使进口人违约，出口人已先行获得损失补偿。

2) 货到付款

货到付款(payment after arrival of the goods)也称"赊账交易"(open account transaction，O/A)，是指在签订合同后，出口人先行发货，进口人收到货物或单据后立即或在约定的一段时间后付款。

5. 汇付的特点

汇付方式用于国际贸易结算中，具有以下特点。

1) 商业信用

银行仅凭汇款人的指示转移相关款项，不负责传递单据，更不承担任何付款或担保责任。预付货款项下，出口人是否及时交货、所交货物是否符合合同的约定、进口人是否全额、及时付款，全凭买卖双方的商业信用，因此存在商业信用风险。如采用该付款方式，应事先调查对方资信。

2) 资金负担不平衡

预付项下，卖方可利用预付款备货、装货，减轻自行付资金的负担。货到付款项下，进口人可收货后甚至可在出售货物后支付货款。

3) 手续简便、费用低廉

汇付方式因方便快捷而受到相互信任的贸易方或跨国公司内部母、子公司交易者的青睐。此外，在支付小额交易的货款、订金及一些贸易从属费用(包括货款尾数、佣金、运费、保险费、样品费等)时也常使用该方式。

面对日趋明显的买方市场特征，出口人为扩大出口，占领海外市场，除强化品质、价格、售后服务竞争外，越来越多地采用货到付款等有利于进口人的支付方式，以吸引订单。

2.5.2　托收

在国际贸易中，托收(collection)是较常用的付款方式。

1. 托收的含义

《托收统一规则》(国际商会第522号出版物)第二条规定：托收意指银行根据所收到的指示处理金融单据和(或)商业单据，以便取得付款或承兑，或者凭付款和(或)承兑交付单据，或者按其他条款和条件交单。根据该定义，托收是银行根据债权人的指示向债务人取得付款和(或)承兑，或者在取得付款和(或)承兑(或其他条件)时交付单据的付款方式。

2. 托收的当事人

托收涉及4个主要当事人：委托人、付款人、托收行和代收行。

委托人(principal consignor)是委托银行办理托收业务的一方。在国际贸易实务中，出口人开具汇票，委托银行向国外进口人(债务人)收款。

付款人(payer, drawee)是银行根据托收指示书的指示提示单据的对象。托收业务中的付款人，即商务合同中的买方或债务人。

托收行(remitting bank)又称寄单行，指受委托人的委托办理托收的银行，通常为出口人所在地的银行。

代收行(collecting bank)是指接受托收行委托，向付款人收款的银行，通常是托收行在付款人所在地的联行或代理行。

必要时，托收业务中还可能出现"提示行"和"需要时的代理"。提示行(presenting bank)又称交单银行，指向付款人提示单据的银行，一般情况下由代收行兼任。但若代收行与付款人素无业务往来，可主动或应付款人的请求，委托与代收行和付款人均有业务往来关系的银行充当提示行。

需要时代理(principal's representative in case of need)是委托人为防止付款人拒付，在目的地事先指定的代理人，委托其在付款人拒付时处理相关货物。如果委托人在托收指示书中明确"需要时代理"，则应同时明确且完整地注明该代理人的权限。如无注明，银行将不接受该代理人的任何指示。如果该代理发出超越其规定权限的指示，银行也将不予接受。

3. 托收的业务流程

托收的业务流程因托收种类的不同而有所差异。

(1) 买卖双方在国际货物买卖合同中明确规定以托收方式支付货款。

(2) 卖方按合同规定备货、装运，然后制作汇票，备妥有关单据。

(3) 卖方填写托收申请书，连同货运单据、汇票等送交托收行，委托其向买方收款。

(4) 托收行审查托收申请书及所附单据，以确定申请书内容是否明确，项目是否齐全，单据的种类和份数是否与申请书所列的相符。审核无误后，托收行出具回单(acknowledgement)给卖方，作为托收行接受委托的凭证及收妥托收单据的收据。

(5) 托收行选择卖方应买方请求而提名的银行作为代收行。如卖方未提名，托收行可视具体情况选择付款人所在国的银行为代收行。

(6) 托收行根据托收申请书填制托收委托书,然后将托收委托书连同卖方递交的汇票和所附单据一次或分次寄往代收行请其代为收款。

(7) 代收行核对单据无误、审查托收委托书并愿意接受后,发回单给托收行,作为代收行接受委托的凭证。

(8) 代收行填制代收通知书,通知买方并向其提示票据和(或)单据,要求其验单付款或承兑。

(9) 买方接到通知后到银行审核单据。如单据不符合同规定,买方可表示拒付,并说明拒付的理由,列明单据不符点,以便代收行及时通过托收行转告委托人,等待委托人作出进一步的指示;如单据合格,则买方应向代收行付款或承兑,代收行依托收委托书的指示将单据交给买方。

(10) 代收行收款后,按托收委托书的指示将相关款项划拨托收行账户,并通知托收行款已收妥。

(11) 托收行收款后,按托收申请书的指示贷记卖方账户,并通知卖方。

(12) 买方提货后,如发现货物不符,可凭有关单据向相关责任方索赔:若归咎于承运人的失误,可凭运输单据向承运人索赔;若属保险公司的承保责任,可凭保险单向保险公司索赔;若系包装不良,卖方难辞其咎,可凭到货检验证书和买卖合同向卖方索赔。

4. 托收的种类

根据《托收统一规则》第二条b款,委托人通过银行向付款人提示要求其付款的单据可以分为金融单据(financial documents)和商业单据(commercial documents)两大类:金融单据是指汇票、本票、支票或其他用于取得付款的类似凭证;商业单据是指发票、运输单据、物权单据或其他类似票据,或者一切不属于金融单据的其他单据。在此基础上,国际商会把托收分为光票托收和跟单托收。

1) 光票托收

光票托收(clean collection)是指不附有商业单据的金融单据的托收。实务中的金融单据可包括银行汇票、本票、私人支票和商业汇票等。票汇业务中,收款人拿到银行汇票、本票或私人支票时,往往委托当地银行通过付款人所在地的代理行收款;卖方收取货款金额或贸易从属费用(保险费、运费、样品费等)时,也可采用光票托收方式。

2) 跟单托收

跟单托收(documentary collection)有两种情形:附有商业单据的金融单据托收和不附有金融单据的商业单据托收。实务中前种方式较多采用。

(1) 跟单托收的交单方式。

依银行向付款人交单条件的不同,跟单托收有付款交单和承兑交单之分。付款交单(documents against payment,D/P)是指代收行俟买方付款后将单据交予买方的方式。按付款时间的不同,付款交单又可分为即期付款交单(D/P at sight)和远期付款交单(D/P at … days after sight)。付款交单是指代收行在收到托收行的单据和托收委托书后立即直接或通过提示行向买方提示单据，如单据合格，买方立即付款，代收行收款后交单；远期付款交单是指代收行收到单据后立即向进口人提示汇票和单据，如果单据合格，进口人应立即承兑汇票，并在付款到期日向代收行付款，代收行在收妥票款后向进口人交单。

承兑交单(documents against acceptance，D/A)是指凭远期汇票收款时，代收行或提示行向买方提示汇票和单据，若单据合格，买方对汇票加以承兑，银行凭买方承兑即向买方交付单据。俟汇票到期，买方再向代收行付款。

(2) 跟单托收中的融资。

跟单托收中，卖方可出口押汇，买方可凭信托收据借单，以获得银行的资金融通。所谓托收出口押汇，是指卖方以商业单据为抵押，从托收行获得的资金融通。具体做法是：委托人将托收申请书连同托收单据一起交给托收行要求收取货款时，托收行经过审单，若认为单据合格且付款人信用可靠，即以单据为抵押买入委托人的汇票，按照汇票的票面金额扣除垫付日当天与付款日之间的利息后将余款支付给委托人。该方式下，托收行因垫付资金而承担买方拒付的风险。虽然托收行可向卖方行使追索权，或凭商业单据提取并处理货物，但往往存在诸多麻烦，会遭受一定的损失。因此，只有对资信好的委托人和付款人并在即期付款交单方式下，银行才愿意这样做，而且一般不会全额垫付。

凭信托收据借单(trust receipt，T/P)是指远期付款交单业务中，买方承兑汇票后，可凭信托收据向代收行借出单据，凭单提取并处理货物，在付款到期日将货款交付给银行，收回自己的信托收据。该做法通常被称为"付款交单凭信托收据借单"(D/P. T/R)。该方式项下，买方能否获得资金融通，通常由代收行自行决定，即代收行通过审查买方的资信，认为其可靠或要求其提供担保、抵押品后，自行同意买方凭其信托收据借单。如货物被提走而到期买方拒付货款，则所有后果由代收行承担。实务中也有由卖方指示银行向买方 T/R 借单的做法，即卖方在托收申请书中授权托收行转告代收行并通知买方，买方在承兑汇票后可凭自己出具的信托收据向代收行借单，在付款前先行处理货物，到期再行付款。此时，代收行可以在买方承兑汇票后，直接凭买方的信托收据放单，而无须要求买方提供担保或抵押品。如买方到时拒付，一切后果由卖方自负。

5. 托收的特点及应用注意事项

托收的基本特点是商业信用，其可靠性一般低于银行信用，实务中往往需有条件地使用。

1) 卖方风险大

托收业务中，银行仅提供服务，不提供任何信用和担保。银行在传递单据、收取款项的过程中，既不保证付款人一定付款，也不负责审查单据的合规性。货抵目的地后，如遇进口人拒绝付款赎单、无人提货等情形，除非事先征得银行同意，银行不负照管货物之责。托收项下，卖方须承担较大的风险。

2) 卖方资金负担大

跟单托收项下，卖方需垫付资金备货、装运，然后通过银行收款，能否收回货款全凭买方的信用。承兑交单项下，买方只需作出承兑即可获得单据并凭以提货，以售货所得款项向银行付款，等于获得了卖方给予的全额资金融通。

虽然托收费用相对汇付高、手续也更烦琐，但受到进口人的欢迎，容易调动进口人的经营积极性、提高出口竞争能力。因此，托收常被看成是一种非价格的竞争手段，但使用时应严格注意风险防范：①调查进口人的资信和经营作风；②了解商品在进口国的市场动态，熟悉进口国的贸易管制和外汇管制情况；③了解进口国的商业习惯；④健全财务管理制度；⑤严格按合同的规定交货、制单；⑥力争自办货运保险，即争取以 CIF 或 CIP 条件成交，如需由进口人办理保险，出口人应另行加保卖方利益险，以防货物遇险而进口人拒不付款赎单时，可由出口人自行向保险公司索赔。

6.《托收统一规则》

托收业务中，由于各当事人对权利、义务和责任的解释不一致，不同银行的习惯做法也有差异，银行与委托人之间、托收行与代收行之间容易因理解分歧产生纠纷和争议。为统一各国做法，国际商会先后于 1958 年、1967 年、1978 年和 1995 年公布了有关托收的惯例。现行的托收惯例为《托收统一规则》(*Uniform Rules for Collection*)，是国际商会第 522 号出版物(ICC Publication No. 522)，以下简称 URC 522，于 1995 年 4 月公布、1996 年 1 月 1 日起正式实施。URC 522 全文共有 26 条，分为总则、托收的形式及结构、提示方式、义务和责任、付款、利息、手续费及其他费用、其他规定共 8 个部分，其主要内容如下。

(1) URC 522 的适用：如交易双方明确同意并在托收指示书上注明按 URC 522 处理，则有关各方须受 URC 522 约束。

(2) 银行在托收业务中的责任：银行办理业务应遵守善意和合理的谨慎原则。银行的义务是严格按托收指示书及 URC 522 行事。在其不能做到或无法处理时，应毫不延迟地通知委托人并要求进一步指示。

(3) 银行对单据的责任与免责：银行必须确定所收到的单据与托收指示书中所列的完全一致。对于单据缺少或发现与托收指示书中所列的单据有不一致时，必须毫不延迟地以电信方式(如电信方式不可能时，则以其他快捷方式)通知发出托收指示书的一方。

(4) 银行对货物的免责：除非事先征得银行同意，货物不能直接运交银行，也不应以银行或其指定人为收货人。否则，即使货物已发运至银行或者以银行或其指定人为收货人，银行也无提货的责任，货物的风险和责任由委托人负担。对于托收项下的货物，即使托收指示书作了规定，银行亦无义务采取任何行动。

(5) 银行的其他免责：当银行为了执行委托人的指示而使用另一家银行或其他银行的服务时，其风险由委托人承担。银行对任何通知、信件或者单据在寄送途中的延误和(或)丢失所引起的后果，对任何电信工具在传递中的延误、残缺或其他错误，对专门术语在翻译或解释上的错误，对其收到的需要进一步澄清的指示而引起的延误，对由于自然灾害、暴动、内乱、叛乱、战争或其本身无法控制的任何其他原因所造成的后果，不承担责任。

(6) 交单方式：在远期付款的情况下，托收指示书中必须证明是"凭承兑交付商业单据"还是"凭付款交付商业单据"，否则银行将按"凭付款交付商业单据"的方式办。但是，URC 522 又特别指出："托收不应含有凭付款交付商业单据指示的远期汇票。"据此，国际商会不赞成并劝阻远期付款交单的做法。实务中，如委托人仍然使用远期付款交单方式，则因此而引起的任何纠纷及后果由其自负。

(7) 拒付的处理：付款人拒付时，除非托收指示书特别证明，代收行无须做拒绝证书，但它应尽力确定拒绝付款或拒绝承兑的理由，并毫不延迟地相应通知托收行转告委托人，以便及时采取措施。在收到此项通知后，托收行应在单据处理方面给以相应的指示。如在发出拒付通知后的 60 天内未接到任何指示，代收行可将单据退回托收行以注销此笔托收业务，而不负任何责任。

(8) 银行费用：托收业务中的银行费用，包括银行为执行委托人的指示而使用另一家银行或其他银行的服务时的有关费用，一般由委托人承担。所以，代收行可凭付款人的付款或承兑向付款人放单，而将其银行费用从汇给委托人的货款中扣除。如果委托人有意让付款人承担付款人所在地的银行费用，则应在托收申请书中特别证明："代收手续费由付款人承担，不得放弃。"此时，代收行必须要求付款人承担银行费用，并在付款人付清所有款项(包括货款与银行费用)后，才能向付款人交单。对因付款人不愿承担银行费用而引起延迟交单所造成的任何后果，银行不负责任。当代收手续费和(或)费用被拒付时，代收行必须毫不延迟地以电信方式，如不可能时，则以其他快捷方式，通知托收行。

2.5.3 跟单信用证

跟单信用证是国际贸易中重要的结算方式之一。

1. 跟单信用证的含义

根据《跟单信用证统一惯例》(国际商会第 600 号出版物)(*Uniform Customs and Practice for Documentary Credits*，ICC Publications No. 600)(以下简称 UCP 600)第二条，信用证(letter of credit，L/C)是指一项不可撤销的安排，无论其名称或描述如何，该项安排构成开证行对相符交单予以承付的确定承诺。本书认为，信用证是开证行根据开证申请人的要求和指示或为其自身业务需要，向受益人开立的在一定条件下保证付款的凭证。这里所说的一定条件，是受益人提交符合信用证条款规定的单据。付款人可以是开证行本人，也可以是开证行指定的其他银行；收款人可以是受益人本人，也可以是其指定人，如议付行或其往来银行。

2. 跟单信用证的当事人

跟单信用证涉及的主要当事人有 4 个：开证申请人、开证行、通知行和受益人。

开证申请人(applicant)是指要求开立信用证的一方，通常是进口人，也就是买卖合同的买方。开证申请人依据合同向其往来银行申请开证，如开证行接受申请，愿意为其开出信用证，开证申请人就要承担开证行为，执行其指示所产生的一切费用和凭与信用证条款相符的单据进行付款的义务，开证申请人为信用证业务的发起人。

开证行(opening bank，issuing bank)是指应申请人要求或者代表自己开出信用证的银行，一般是进口地银行。开证申请人与开证行的权利和义务以开证申请书为依据。开证申请人通过开证申请书要求开证行向受益人提供信用，同时代为行使根据买卖合同应由开证申请人享有的要求受益人交付单据的权利。按信用证条款的规定，开证行负有到期付款的责任。

通知行(advising bank，notifying bank)是指应开证行的要求通知信用证的银行。通知行一般是开证行在出口人所在地的代理行。通知行除应合理审慎地鉴别信用证及其修改书的表面真实性并及时、准确地通知受益人以外，无须承担其他义务。

受益人(beneficiary)是指接受信用证并享受其利益的一方，一般为出口人，也就是买卖合同的卖方。受益人通常也是信用证的收件人(addressee)、货运单据的发货人(shipper)、汇票的出票人(drawer)与发票和装箱单的制作人(maker)。只要履行了按信用证条款发货制单的义务，就有向信用证开证行或其指定银行提交单据收取价款的权利。可转让信用证的受益人通常为中间商，其转让信用证时就成为可转让信用证的转让人或称第一受益人，供货方为受让人或第二受益人。

除主要当事人以外，信用证通常还需要议付行、付款行、保兑行、偿付行等当事人的配合和协作。

议付行(negotiating bank)，又称押汇银行，是根据开证行的授权买入或贴现受益人开立和提交的符合信用证条款规定的汇票及(或)单据的银行。在信用证业务中，议付行通常又是以受益人的指定人和汇票的善意持票人(bona fide holder)的身份出现。

付款行(paying bank)通常是开证行自身或开证行指定的担任信用证项下付款义务或充当汇票付款人的银行，是承担信用证最终付款责任的银行。由于付款行通常是信用证业务中汇票的受票人，故亦称受票银行(drawee bank)。信用证规定由开证行自己付款时，开证行就兼为付款行，因为开证行自开立信用证之时起即不可撤销地承担付款责任。指定付款行要负责审查单据，在确认无误后，才根据表面上符合信用证条款的单据付款，随后再要求开证行予以偿付。指定银行承付相符单据并将单据转给开证行之后，开证行即承担偿付该指定银行的责任。

保兑行(confirming bank)是指根据开证行的授权或要对信用证加具保兑，在开证行承诺之外作出承付或议付相符交单的确定承诺的银行，保兑行具有与开证行相同的责任和地位。保兑行自对信用证加具保兑之时起，即不可撤销地对受益人承担承付或议付的责任。

偿付行(reimbursement bank)是指受开证行的委托或授权，对有关指定银行(索偿行)予以偿付的银行。偿付行是开证行的偿付代理人，有开证行的存款账户。偿付行接受开证行的委托或授权，凭指定银行的索偿指示进行偿付，但此偿付不视作开证行的终局性付款,因为偿付行并不审查单据,不负单据不符之责。开证行在见单后发现单据不符时,可直接向索偿行追回业已付讫的款项。

3. 跟单信用证的基本内容

迄今为止,信用证的格式还不能完全统一,但是信用证的基本内容大致相同。简而言之,信用证的内容就是买卖合同的各项条款和要求受益人提交的单据以及银行保证。具体来说,信用证中通常包括以下项目。

(1) 总的说明:如信用证的编号、开证日期和开证地点、到期日和到期地点、交单期限等。

(2) 信用证的种类:根据可否转让、是否经另一银行保兑等分类。

(3) 信用证的当事人:开证申请人、开证行、受益人、通知行等。

(4) 汇票条款:凡使用汇票的信用证,通常规定汇票的出票人、受票人、付款期限、出票条款及出票日期等,凡不需汇票的信用证则无此项内容。

(5) 兑付方式:包括即期付款、延期付款、承兑、议付等兑付方式,应在信用证中载明。

(6) 货物条款:包括品名、规格、数量、包装等。

(7) 价格条款:单价和总价以及使用的贸易术语。

(8) 货币和信用证金额:包括币别和总额。信用证金额是开证行所承担的付款责任的最高数额,有的信用证视交易需要会规定有一定比例的上下浮动幅度。

(9) 装运与保险条款:如装运港或启运地、卸货港或目的地、装运期、可否分批装运、可否转运等。以 CIF 或 CIP 贸易术语达成的交易,有的还规定有险别、投保金额以及适用的保险条款等。

(10) 单据条款:通常涵盖对要求提交的商业发票、运输单据和保险单据、包装单据、产地证、检验证书等的条款规定。

(11) 特殊条款:视具体交易的需要而定,常见的有限装某船或不许装某船;不准在某港停靠或者不准在某条航线行驶;具备某条件信用证方可生效等。

此外,还有开证行对通知行的指示(如要求其加具保兑)、偿付指示、开证行的责任条款等内容,但如在信用证中明确按《跟单信用证统一惯例》开立,因该惯例中对开证行已有明确规定,则开证行的责任条款可不用再单列。

4. 跟单信用证的业务流程

跟单信用证的业务流程因信用证的类型不同而异,但基本环节大体相同,现扼要介绍即期跟单议付信用证的业务流程。

下面就各环节的具体做法分别予以说明。

(1) 开证申请人和受益人(即进口人和出口人)就货物的交易条件进行磋商,达成协议后订立国际货物买卖合同。在合同中明确规定进口人以开立跟单信用证方式支付货款。

(2) 进口人作为开证申请人，在合同规定的时限内向其所在地银行申请开立信用证。进口人申请开证时须递交开证申请书，内容包括：①根据合同规定，指示开证行在信用证中应列明的条款。这些条款也是开证行凭以向受益人或其指定人付款的依据。②开证申请人向开证行的保证和声明。如保证向开证行支付该信用证项下的货款、手续费、利息及其他为执行其指示所产生的一切费用；若单据表面符合信用证条款规定，保证在规定期限内付款赎单。

开证申请人申请开证时，还应向开证行缴纳全部或部分保证金，并支付开证费及相关手续费。

(3) 开证行按开证申请书规定的内容和方式向指定的受益人开立信用证，并将信用证通过通知行通知受益人。实务中，信用证大多通过 SWIFT 系统开立和传递。开证行接受了开证申请并据以开立信用证后，就在法律上与开证申请人构成了有关该项信用证的权利和义务关系。

(4) 通知行收到信用证后，应立即核实信用证的表面真实性。经证实无误后，应准确地将信用证通知受益人。

(5) 受益人收到并审核信用证。审查内容包括：政策性条款、开证行资信情况、信用证是否已经失效、信用证的类别、到期日和到期地点、单据条款、特殊条款等。如发现有与买卖合同不符且受益人不能接受的条款，应立即通知开证申请人提请开证行修改。修改无误后方可发货。货物发运完毕后，缮制并取得信用证所规定的全部单据，开立汇票，连同信用证正本，在信用证规定的交单期和有效期内，送交指定的议付行，或者送交在自由议付信用证项下受益人自己选择的议付行。

(6) 议付行对受益人送交的单据进行审核，在确认单据无误后进行议付。

(7) 议付行根据信用证规定，将单据连同汇票以航邮方式寄给开证行，同时向开证行或偿付行发出索偿指示请求偿付。

(8) 开证行或其指定的偿付行向议付行偿付。

(9) 开证行履行付款责任后向开证申请人提示单据。开证申请人核验单据无误后，应立即付款。如申请开证时，开证申请人曾向开证行交付押金，则付款时可予以扣减。

(10) 开证申请人付款后，即可从开证行处取得全套单据。如货已到达，可凭运输单据立即提货。如货物尚未到达，应先查询到货日期，俟到货时凭单提货。如发现货物的质量、数量或包装等与买卖合同或信用证的规定不符，可针对不同情况向相关责任方，如受益人(出口人)、承运人或保险公司交涉索赔，必要时提请仲裁或向法院起诉。

5. 跟单信用证的种类

根据跟单信用证性质、兑现方式的不同，跟单信用证有不同分类方法。

1) 保兑信用证和未保兑信用证

按信用证是否有保兑行参与，可分为保兑信用证和未保兑信用证。

(1) 保兑信用证。

保兑信用证(confirmed L/C)是指除开证行以外，还有另一家银行参加负责、保证兑付的信用证。这家参加负责、保证兑付的银行被称为保兑行(confirming bank)。保兑行通常是通知行，也可能是通知行以外的另一家银行。

受益人如不了解或不信任开证行的资信，或对进口国家的政治或经济有顾虑时，可要求保兑。如开证行担心其开出的信用证不被受益人接受或难以被其他银行议付，也可主动要求另一家银行对信用证加具保兑。

信用证一经保兑，即构成保兑行在开证行承诺以外的一项确定的承诺，保兑行以独立"本人"的身份对受益人承担付款的责任。保兑信用证有开证行和保兑行两家银行对受益人负责，有利于安全收汇。

根据 UCP 600 第八条，保兑行自对信用证加具保兑之时起即不可撤销地承担承付的责任。其他指定银行承付或议付相符交单并将单据转往保兑行之后，保兑行即承担偿付该指定银行的责任。保兑行偿付指定银行责任独立于保兑行对受益人的责任。

(2) 未保兑信用证。

未保兑信用证(unconfirmed L/C)又称不保兑信用证或非保兑信用证，是指不存在保兑行的信用证，由开证行单独承担凭符合信用证条款的单据付款的责任。

2) 即期付款信用证、延期付款信用证、承兑信用证和议付信用证

UCP 600 的第六条规定，信用证必须规定其是以即期付款、延期付款、承兑还是议付的方式兑付。

(1) 即期付款信用证。

即期付款信用证(sight payment L/C)是指开证行或指定付款行收到与信用证条款相符的单据后立即履行付款义务的信用证。该类信用证有时不需要汇票，只凭货运单据付款。证中通常列有"当受益人提交规定单据时即行付款"的保证文句，其到期日以受益人向付款行交单要求付款的日期为准，到期地点为付款行所在地。付款行一经付款，对受益人无追索权。因此，凡指定出口地银行为付款行的即期付款信用证，对受益人来说交单、取款极为方便，而且可以放心地使用资金。

(2) 延期付款信用证。

延期付款信用证(deferred payment L/C)又称迟期付款信用证，是一种不用汇票的远期信用证，其远期付款日期的计算方法有"自运输单据出单日期后若干天"和"自单据到达开证行之日起若干天"两种。这类信用证因无汇票，所以无承兑行为，不具备贴现条件，风险较一般的承兑信用证大。如开证行资信不足，可要求加具保兑。

(3) 承兑信用证。

承兑信用证(acceptance L/C)是一种要求提供汇票的远期信用证。付款人在收到符合信用证规定的远期汇票和单据时，先在汇票上履行承兑手续，俟汇票到期日再行付款。

有时，进口商为融资便利，或为利用银行承兑汇票以取得比银行贷款利率更低的优

惠贴现率，在与出口商达成即期付款的交易后，要求开证行开立承兑信用证，证中规定"远期汇票可即期付款，所有贴现和承兑费用由买方承担"(the usance draft is payable on a sight basis, discount charges and acceptance commission are for buyer's account)。由于这种信用证的贴现和承兑费用由买方承担，因此又称为"买方远期信用证"(buyer's usance L/C)，习惯上称为"假远期信用证"(usance L/C payable at sight)。一般的承兑信用证为"卖方远期信用证"(seller's usance L/C)，俗称"真远期信用证"。该类信用证远期收付的利息、贴现利息和手续费均由卖方承担。

(4) 议付信用证。

根据 UCP 600，议付是指指定银行在相符交单下，在其应获偿付的银行工作日当天或之前向受益人购买汇票及/或单据的行为。议付信用证(negotiation L/C)是指开证行在信用证中邀请其他银行买入汇票及/或单据，即允许受益人向某一指定银行或任何银行交单议付的信用证。议付信用证一般都注明"议付兑现"(available by negotiation)字样。

议付信用证按是否限定议付行分为公开议付信用证和限制议付信用证两种。凡是任何银行均可按信用证条款进行议付的信用证为公开议付信用证(open negotiation L/C)或称自由议付信用证(freely negotiation L/C)。凡只能由开证行指定的银行进行议付的信用证称为限制议付信用证(restrict negotiation L/C)。实务中大都使用公开议付信用证。议付信用证到期日的计算多以受益人向议付行交单议付的日期为准，到期地点多在议付行所在地，但也会出现到期日期和到期地点均规定在进口国或第三国的情况。

3) 可转让信用证、循环信用证、对开信用证和对背信用证

因用途和运用方式不同，信用证有可转让信用证、循环信用证、对开信用证和对背信用证。

(1) 可转让信用证。

根据 UCP 600，可转让信用证(transferable L/C)是指特别注明"可转让(transferable)"字样、受益人(第一受益人)可将信用证的全部或部分金额转给另一受益人(第二受益人)的信用证。

UCP 600 第三十八条规定，转让行系指办理信用证转让的指定银行，或当信用证规定可在任一银行兑用时，指开证行特别授权并实际办理转让的银行。开证行也可担任转让行。

可转让信用证只能转让一次，第二受益人不能再将信用证转让给他人，但第二受益人可将信用证重新转让给第一受益人。

已转让信用证(以下简称子证)须准确转载原证条款，但信用证金额、单价、到期日、最迟交单日、最迟发运日期等项目可以减少或缩短；投保的加成比例可以增加，以达到原证规定的保险金额。为保守商业机密，允许用第一受益人的名称替换原证中的开证申请人名称。如果原证特别要求开证申请人名称应在除发票以外的任何单据中出现时，子证

必须反映该项要求。

第一受益人有权以按原证缮制的发票和汇票替换第二受益人的发票和汇票，以获得两个发票之间的差价。但如果第一受益人未能及时更换发票或汇票，或因第一受益人换单导致第二受益人交单形成不符点，且第一受益人未能在第一次要求时修正，转让行有权将第二受益人交付的单据交开证行，并不再对第一受益人承担责任。

要求开立可转让信用证的第一受益人通常是中间商，它将信用证转让给实际供货人，由后者办理装运手续，从中赚取差额利润。

应注意的是，凡信用证上未注明"可转让"字样的，就是不可转让信用证。

(2) 循环信用证。

循环信用证(revolving L/C)是指信用证金额被全部或部分使用后，仍可恢复原金额再行使用。它与一般信用证的根本区别在于：一般信用证在金额使用后即告失效，而循环信用证可多次循环使用，直到规定的循环次数届满或规定的总金额用完为止。

进出口商之间订立的买卖合同，如果需要在较长时间内分批分期履行，采用循环信用证可节省手续费和开证押金。

循环信用证有按时间循环和按金额循环两种。前者指信用证金额在一定时期内可循环使用。如上次未用完的额度可移至下次一并使用，称为积累循环信用证(cumulative revolving credit)；如不能移到下次一并使用，称为非积累循环信用证(non-cumulative revolving credit)。后者指信用证金额在使用完毕后，可恢复到原金额再度使用。根据循环的方式，可分为自动式循环使用、非自动式循环使用和半自动式循环使用 3 种。自动式循环使用是指受益人在 L/C 项下议付后，L/C 可自动恢复到原金额再度使用。非自动式循环使用是指原证议付后，须俟开证行通知，受益人方可再度使用原证金额。半自动式循环使用是指每次议付后一定时期内若开证行未提出停止循环使用的通知，L/C 再度恢复原金额使用。

(3) 对开信用证。

对开信用证(reciprocal L/C)是指易货交易中通过相互向对方开出信用证进行结算。其特点是：第一张信用证的受益人就是第二张信用证的受益人。两张信用证的金额可以相等或大体相等，也可以有较大出入；可以分别生效，即先开先生效，也可以同时生效，即第一张信用证暂不生效，俟对方开来第二张回头证并经受益人接受认可后，再通知对方银行两证同时生效。因此，对开信用证是彼此开出的两张相互联系、互为条件的信用证。

对开信用证多用于来料加工和来件装配业务中。具体做法是：进口料件时要求开立远期付款信用证。我方在承兑对方汇票后先行取得进口原材料、配件和设备。出口成品时采用即期付款信用证，以即期收汇并偿付进料所需支付的到期票款。该结算方式有利于节约外汇，但要求在付款期限的安排上必须与加工装配的生产周期紧密配合并留有适当余地，以防出现回头证项下成品因不能及时出口和收汇而无法如期偿付进口票款的情况。

(4) 对背信用证。

对背信用证(bank to bank L/C)又称背对背信用证、桥式信用证(bridge L/C)、从属信用证(subsidiary L/C,ancillary L/C,secondary L/C)或补偿信用证(compensation L/C),指中间商收到进口商开来的信用证后,要求原通知行或其他银行以原证为基础,另外开立一张内容相似的新证(对背信用证)给另一受益人。

对背信用证虽以原证为基础,但某些条款可以与原证不同,如装运期和交单期可较原证提前,以便中间商能及时换单;单价可较原证低,以保证中间商有利可图。

6. 跟单信用证的特点

信用证付款方式的基本特点表现为 3 方面。

(1) 开证行负首要付款责任(primary liabilities of payment)。信用证是开证行以自己的名义作出的付款承诺,属银行信用,开证行承担第一性的付款责任。

(2) 信用证是纯单据业务(deal with documents only)。信用证项下,各当事人处理的是单据,而不是有关的货物、服务或履约行为。在信用证业务中,只要受益人或其指定人提交符合信用证规定的单据,开证行就应承担付款、承兑或议付的责任;只要单据符合开证申请书的规定,开证申请人就有义务接受单据并对已付款的银行进行偿付。但如果开证申请人对合格单据付款后,发现货物与单据不一致,开证申请人只能根据买卖合同和收到的相关单据与受益人或有关责任方交涉,与银行无关。相反,即使货物合格,但提交的单据与信用证规定不符,银行和开证申请人也有权拒付。

(3) 信用证是一项自足文件(self-sufficient instrument)。信用证虽以买卖合同为基础,但一经开立就成为独立的法律文件。买卖合同是进出口人之间的契约,只对买卖双方有约束力;信用证是开证行与受益人(合同卖方)之间的契约,开证行、受益人、参与信用证业务的其他银行均受信用证的约束。

UCP 600 第四条 a 款规定:“就其性质而言,信用证与可能作为其廾立基础的销售合同或其他合同是相互独立的,即使信用证中含有对此类合同的任何援引,银行也与该合同无关,且不受其约束。因此,银行关于承付、议付或履行信用证项下其他义务的承诺,不受开证申请人基于其与开证行或与受益人之间的关系而产生的任何请求或抗辩的影响。”所以,信用证是一项自足文件,开证行只对信用证负责,并只凭符合信用证条款的单据付款。参与信用证业务的其他银行也完全按信用证的规定办事。

7.《跟单信用证统一惯例》

信用证在很大程度上缓解了买卖双方互不信任的矛盾、满足了进出口商加速资金周转的愿望,故自 19 世纪 80 年代第一份银行信用证在英国伦敦出现以后,很快在全世界得到推广。到 20 世纪初叶,跟单信用证在国际贸易中已被广泛应用并具有相当规模。

但是,不同国家和地区的法律规则和业务操作习惯不同,使用的语言各异,国际上对跟单信用证有关当事人的权利、责任以及所用条款、术语的含义等缺乏统一的解释和公认的准则,信用证的争执和纠纷经常发生。制定一套能约束信用证各方共同遵守的统

一、明确的规则是非常必要的。在此背景下,国际商会先后于1929年、1933年、1951年、1962年、1975年、1983年、1993年分别公布了第74号、82号、151号、222号、290号、400号、500号出版物。在UCP 500实施的10多年间,国际贸易和电子信息技术迅猛发展,国际商会制定并公布了很多新的规则或文件以适应运输、保险、质检、物流等方面的新做法和新变化。2006年10月,在国际商会银行技术与惯例委员会的秋季年会上,通过了《跟单信用证统一惯例》(国际商会第600号出版物,以下简称UCP 600),并于2007年7月1日开始实施。

UCP 600将UCP 500的49个条款调整和增删成39个条款,删除了部分过时或超出UCP范围的内容,在结构、措辞以及内容方面作了许多重要修改:在第二条和第三条中汇总了概念与某些词语在本惯例下的特定解释,把原本散落在各个条款中的解释定义归集在一起,使全文变得清晰;在条文编排上参照了ISP 98的模式,按照业务过程对条款进行归结,把通知、修改、审单、偿付、拒付等环节涉及的条款集中,对每一问题的规定更加明确和系统化;在措辞方面,尽量使用通俗、准确的语言;在内容上,UCP 600的修改之处主要体现在以下几个方面。

(1) 引入了"honor"(兑付)的概念,意在表明无论哪一种信用证,银行在信用证下的义务是同一性质的。

(2) 改进了"negotiation"(议付)的定义,明确议付是对票据及单据的一种买入行为,是对受益人的融资。

(3) 确立了银行审单的5天规则,避免了UCP 500规定的不确定性给银行带来的困扰,同时审单时限缩短,对受益人更为有利。

(4) 对拒付后的单据处理方式,增加了"开证行留存单据直到其从申请人处接到放弃不符点的通知并同意接受该放弃,或者其同意接受对不符点的放弃之前从交单人处收到其进一步指示"和"银行将按之前从交单人处获得的指示处理"两个选项,更加符合现实业务的发展。

(5) 在转让信用证项下,强调第二受益人的交单必须经转让行,保证第一受益人提交的单据与信用证出现不符时,如在第一次被要求时不能作出修改的,转让行有权直接将第二受益人提交的单据寄开证行,以保护正当发货制单的第二受益人的利益。

(6) 明确单据遗失时的责任:如果指定银行确定交单相符并将单据发往开证行或保兑行,无论指定银行是否已经承付或议付,开证行或保兑行必须承付或议付或偿付指定银行,即使单据在指定银行送往开证行或保兑行的途中,或保兑行送往开证行的途中丢失。

作为信用证领域最权威、影响最广泛的国际惯例,UCP 600比以往任何版本都更加清晰和简洁,而且既确保了自身条款的严谨和准确,也促进了在实践中的使用便利。UCP 600更加坚定了信用证的独立性及不可撤销性,明晰了各当事人的权利及义务,从而维护了信用证作为付款及融资工具的主导地位,促进了整个国际经济的发展。

《跟单信用证统一惯例》已为世界上绝大多数国家和地区的银行所接受，成为处理信用证业务的惯例。但它毕竟不是各国共同制定的法律，只有在信用证上注明"根据该惯例开立"的文字后对有关当事人才具有约束力。UCP 600 第一条明确规定："《跟单信用证统一惯例》乃一套规则，适用于所有在其文中明确表明受本惯例约束的跟单信用证(包括在其适用范围内的备用信用证)。"实务中，如发生信用证业务的纠纷和争议，均按此惯例进行处理。

近年来，随着电子商务的迅猛发展，继以电子方式开立、通知信用证之后，使用电子单据、电子交单等新业务也开始出现。为保证这种新的电子信用证业务健康有序地发展，国际商会银行委员会在 2001 年年底投票表决通过了由其专家小组起草的《跟单信用证统一惯例电子交单增补规则》(*UCP Supplement for Electronic Presentation*，e UCP)(1.0 版)，该规则已于 2002 年 4 月 1 日起正式生效。在 UCP 600 的修订过程中，ICC 和 e UCP 也作了相应的修改，更新为 1.1 版，并把 e UCP(1.1 版)作为 UCP 600 的附则公布于世。

8. 跟单信用证相关业务操作

1) 信用证的审核

为保护自身权益，受益人收到信用证后应对其进行全面审查，以及时发现问题，为顺利出口和安全及时收汇铺平道路。

(1) 通知行审核信用证。按照 UCP 600 规定，通知行只负责鉴别信用证的表面真实性并及时将信用证通知给受益人，并无审核信用证条款和内容的义务。但为了受益人的利益，通知行仍会在信用证上作相应批注。

(2) 受益人审核信用证。受益人收到信用证后，应对照买卖合同逐条审核信用证和信用证修改书，以确保信用证与合同的一致性、信用证条款的可操作性和可接受性，保障安全收汇、掌握货权控制的主动权。如信用证与合同不符，应争取修改。如有受益人办不到的或损害受益人利益的条款，应要求修改或取消。

2) 信用证的软条款

信用证项下，只要"单单相符、单证相符"，受益人就能安全收汇。为掌握单据上的主动权，卖方往往会开立带有软条款的信用证，在证中加入一些受益人难以掌握主动权的条款。常见的软条款类型有以下几种。

(1) 暂不生效条款：如规定"只能待收到申请人指定船名的装运通知后才能装运，该装运通知由开证行随后以信用证修改书的方式发出，受益人应提交该修改书申请议付"，修改书能否在规定的装运期限内到达，卖方难以控制。

(2) 开证行免去其第一性的付款责任的条款：如中东某银行的来证规定，"开证行的付款以收到买方关于货已抵港、货物及数量与合同一致、授权开证行付款的确认通知为条件"。

(3) 信用证不完整：如来证规定，提单的通知方在以后的修改书中告知。

(4) 不平等条款：要求受益人承担信用证项下的一切风险、责任、费用和赔偿。如欧洲某银行来证中规定,“货抵目的港后,如买方未能获得进口海关颁发的进口许可证,买方将保留撤销与本信用证有关交易的权利。受益人应承担因运送货物和撤销信用证所引起的一切费用。如果买方延误获得进口许可证,受益人应支付期间的仓储费及其他类似的费用”。

(5) 以本国法律干预信用证业务的条款:如来证声明,“本证接受《跟单信用证统一惯例》的约束外,本国法律同样适用”。

软条款直接影响了受益人的收汇安全,应引起充分重视。

2.5.4 结算方式的选择

1. 选择结算方式应考虑的因素

1) 客户资信

选择结算方式时,安全是首要考虑的问题。须事先做好对客户的信用调查,根据客户的资信灵活选用结算方式,既争取订单,又有效控制风险。

2) 经营意图

选择结算方式,应结合企业的经营意图。对畅销货,可适当抬价,并选择最有利的出口结算方式;对滞销货或竞争激烈的商品,则不仅需低价竞销,还需在结算方式上作出必要让步,以争取订单。

3) 贸易术语

贸易术语不同,意味着货物的交接方式、运输方式均有差别。象征性交货(symbolic delivery)术语项下,以单据买卖为特征。如需依托银行信用,可选择跟单信用证付款;如买方资信可靠,可采用跟单托收。但在实际性交货(actual delivery)术语项下,卖方无法通过控制单据来控制物权,除非能有效控制货物,否则不宜使用托收和信用证方式。

4) 运输单据

海运提单是物权凭证,在信用证和托收项下,卖方可以通过控制全套正本海运提单控制货物。但航空运单、铁路运单、邮包收据、不可转让的海运单都不是货权凭证,这意味着当采用航空、铁路或邮政运输方式时,或当海运业务中要求凭不可转让海运单结汇时,卖方无法通过控制运输单据控制货物,结算方式不宜做托收。

2. 不同结算方式的结合使用

国际贸易中,一笔交易通常只选用一种结算方式。但有时,同一笔交易会使用两种甚至两种以上不同的结算方式,以取长补短、相辅相成,达到在加快资金周转、确保收汇付汇安全的同时扩大贸易的目的。

1) 信用证与汇付相结合

信用证与汇付相结合是指部分货款采用信用证、余额采用汇付的方式。

2) 信用证与托收相结合

信用证与托收相结合是指信用证与付款交单两种结算方式的结合,又称“部分信用证”“部分托收”。实务做法是：出口商出货后，签发两张汇票，一张用于光票信用证项下的货款支付(相当于预付款)，另一张随附全额货运单据，按即期或远期付款交单托收。

3）托收与预收押金相结合

托收与预收押金(down payment)相结合是指采用跟单托收并由进口商预付部分货款或一定比率的押金作为抵押担保。出口商在收到部分预付款或押金后装运货物，并从全部货款中扣除已收部分，委托托收行收款。

2.6 常用国际贸易结算票据

2.6.1 国际贸易结算票据概述

1. 国际贸易结算票据的定义和种类

国际贸易结算票据是以支付金钱为目的的特种证券，是由出票人签名、约定由自己或另一人无条件支付确定金额的、可流通转让的证券。

国际贸易结算票据可分为汇票、本票和支票 3 种。凡约定由出票人本人付款的称为本票，约定由另一人付款的则称为汇票或支票。在国际贸易结算中，主要使用汇票，有时也使用本票和支票。

2. 票据法

为便于票据的流通、保障有关当事人的权益、促进结算的顺利进行，各国制定专项法律票据法，即关于票据的种类、形式、内容，票据行为，以及有关当事人权利义务的法律规范。如英国于 1882 年颁布实施的《英国票据法》、国际联盟特别委员会于 1931 年通过的《日内瓦统一法》。

全球范围内尚无统一的票据法。为促进各国票据法的协调统一，联合国曾试图统一票据法，于 1987 年 8 月在国际贸易法委员会第二十届会议上正式通过《联合国国际汇票和国际本票公约(草案)》，但因参加国太少，至今未能生效。

我国借鉴国际上的习惯做法和立法经验，于 1995 年 5 月 10 日在第八届全国人民代表大会常务委员会第十三次会议上通过了《中华人民共和国票据法》。之后，根据 2004 年 8 月 28 日第十届全国人民代表大会常务委员会第十一次会议《关于修改〈中华人民共和国票据法〉的决定》，调整了条款顺序，删去第七十五条，全文共分 7 章 111 条。

2.6.2 汇票的定义与内容

汇票(bill of exchange)简称 draft 或 bill，是国际贸易结算中使用最广泛的票据。

1. 汇票的定义

根据《中华人民共和国票据法》第十九条，汇票是出票人签发的，委托付款人在见票时或者在指定日期无条件支付确定的金额给收款人或者持票人的票据。

根据《英国票据法》的定义，汇票是“由一人签发给另一人的无条件的书面命令，要求受票人见票时或于未来某一规定的或可以确定的时间，将一定金额的款项支付给某一特定的人或其指定人或持票人”(A bill of exchange is an unconditional order in writing, addressed by one person to another, signed by the person...to whom it is addressed to pay on demand or at a fixed or determinable future time, a sum certain in money to or to the order of a specified person, or to bearer)。

汇票有 3 个基本当事人，即出票人、付款人和收款人。

出票人(drawer)指写成汇票并将汇票交付给收款人的当事人。出票人以签发汇票的形式创设了一种债权并将其赋予收款人。根据《票据法》的一般规则，在汇票上签字的人是汇票的债务人，承担付款或担保的责任。出票人因出票签章而成为汇票的主债务人。

付款人(drawer,payer)是出票人在汇票中指定的、在收到汇票提示时进行付款的当事人。它可以自行决定付款与否，因此它只是接受汇票提示的受票人(addressee)。但如果付款人在汇票上签名，则成为汇票的主债务人，必须承担汇票的到期付款责任。因此，付款人承兑前，出票人为汇票的主债务人；付款人承兑后，付款人成为汇票的主债务人，而出票人降为汇票的从债务人。

收款人(payee)是从出票人手中获得汇票的当事人，也是基本当事人中唯一的债权人。收款的人的权利包括：付款请求权、转让权和追索权。汇票的收款人可以是记名的特定的人或其指定人，也可以是无记名的任一持票人。

汇票在转让时，一般要经持票人(转让人)背书后交付给受让人，从而出现汇票的背书人和被背书人。

2. 汇票的内容

汇票是一种要式证券。只有具备法定的形式要件、载明法定事项的汇票，才具有法律效力。这里所说的法定事项包括以下几方面的内容。

1) 票据名称

我国《票据法》和《日内瓦统一法》都规定，汇票上必须标明“汇票”字样，以区别于本票和支票，明确各当事人的权利和责任。《英国票据法》无此要求，但结算汇票大都有“汇票”字样。

2) 无条件支付命令

汇票是出票人给付款人的无条件支付命令。这里所说的“无条件支付命令”，是指汇票上载有无条件支付委托的文句，该委托不受任何限制，不能将其他行为的履行或事件的发生作为其先决条件。如果汇票上有“于货物抵达目的地后付款”“从出售某批货物所得价款中支付某人××万元”等附加条件或限制，则该汇票无效。但在汇票上加注出票条款(drawn clause)以表明出售依据，如“按××号信用证开立”“按××合同装运某货物”等，则不在此列。支付委托书应当是书面的，可以手写、打字或印刷，但不能用铅笔书写。

3）确定的金额

汇票的支付标的必须是金钱，且数额必须确定，即按照票据文义，任何人计算的应付金额都能得到同样的结果，不会产生歧义。如有利息条款，须明确利率和计息天数。

汇票金额同时以文字和数字表示的，两者应一致。如有差异，按照《英国票据法》和《日内瓦统一法》的规定，应以文字表达为准。但我国《票据法》第八条规定："票据金额以中文大写和数码同时记载的，两者必须一致。两者不一致的，票据无效。"

4）付款人名称

各国票据法都要求汇票必须载明付款人的姓名或商号。付款人的名称和地址应表达清楚，以便持票人提示承兑或提示付款。

5）收款人名称

根据《英国票据法》，汇票可以指定收款人，也可以不指定收款人，而仅写付给持票人。但我国《票据法》和《日内瓦统一法》规定，汇票必须记载收款人名称。

我国《票据法》第二十二条规定，汇票必须记载收款人名称，未记载收款人名称的汇票无效。该规定表明我国的汇票必须是记名汇票。这主要从票据使用的安全性考虑。因为不记名汇票仅凭交付转让，持票人无须背书。汇票上既没有转让人的签章，也没有受让人的名称，票据转让的真实情况无从反映。转让人不在汇票上签字，就无从追究票据责任，这不利于保护持票人的票据权利。记名汇票则不同，持票人必须经过背书才可转让汇票。我国《票据法》规定，汇票的转让必须经过记名背书，以便于认定汇票的转让关系。背书人在汇票上签字，意味着背书人须对持票人承担票据责任，以增强票据的信用度，保护持票人的票据权利。

汇票的收款人，俗称"抬头"，具体写法有3种。

(1) 限制性抬头。如"仅付给A公司"(pay to A CO. only)或"付给A公司，不准转让"(pay to A CO., not transfcrablc)。该类汇票不能转让。

(2) 指示式抬头。如"付给甲公司或其指定人"(pay to A CO. or order; pay to the order of A CO.)。这类汇票可背书转让。

(3) 来人抬头。根据《英国票据法》，汇票可做成来人抬头，即不明确收款人，只写明"付给持票人"(pay to holder)或"付给来人"(pay to bearer)字样。该类汇票仅凭交付转让，无须背书。

6）出票日期

我国《票据法》和《日内瓦统一法》规定，汇票应当记载出票日期，否则汇票无效。《英国票据法》则认为出票日期不是汇票必须记载的事项。如果汇票未填写出票日期，持票人可以将自己认为正确的日期填入。

汇票记载出票日期的作用有3个。

(1) 决定票据的有效期。按票据法的一般规则，票据均有一定的有效期，持票人必须在有效期内向付款人提示要求付款或承兑。我国《票据法》规定，即期汇票的有效期为自出票日起的 1 个月。

(2) 决定付款到期日。以汇票出票日期推算付款到期日(Payable at ... days after sight)的远期汇票,必须明示出票日期。

(3) 判定出票人的行为能力。如出票人在出票时已宣告破产、清理,则可判定出票人在出票时已丧失行为能力,该汇票应认定为无效。

7) 付款到期日

汇票的付款到期日(tenor)就是汇票所载金额的支付日期。按《英国票据法》,到期日不是汇票的必备项目,未载明到期日的汇票按见票即付处理。《日内瓦统一法》虽然规定汇票应载明付款时间,但允许有例外,对未载明付款时间的汇票视为见票即付。我国《票据法》则规定,汇票上记载付款日期应当清楚、明确,未记载付款日期的视为见票即付。

在实际业务中,汇票付款日期的记载形式有 4 种。

(1) 见票即付(at sight 或 on demand)。收款人向付款人提示汇票的当天,即为付款到期日。

(2) 定日付款(at a fixed date)。如"于 2016 年 11 月 15 日付款"(on NOV. 15, 2016)。

(3) 出票日后定期付款(at a determinable date after the date of drawing a draft)。指自出票日期起算确定付款日期。如"汇票出票日后 30 天后付款"(at 30 days after the date of the draft)。

(4) 见票日后定期付款(at a determinable date after sight)。指自收款人向付款人提示并经承兑之日起推算确定付款日期。如"见票后 30 天付款"(at 30 days after sight)。实践中还有"运输单据出单日期后定期付款"的做法,如"提单日后 30 天付交"(at 30 days after date of bill of lading)。

各国票据法对计算到期日方法的规定大致相同。

① 算尾不算头。如见票日为 3 月 15 日,付款期限为见票日后 30 天,则应从 3 月 16 日起算 30 天,到期日为 4 月 14 日。

② 节假日顺延。上例中,如果 4 月 14 日为银行节假日,则付款期限应延至下一个银行营业日。

③ "月"为日历月,以月为单位计算付款期限的,指日历上的月份,不考虑每月的具体天数,一律以相应月份的同一天为到期日,若当月无对应日期,则以该月的最后一天代替。如见票日为 1 月 31 日,见票后 1 个月、2 个月、3 个月付款,则到期日分别为 2 月 28 日(如遇闰年,为 29 日)、3 月 31 日、4 月 30 日。

8) 出票地点和付款地点

出票地点和付款地点的记载对涉外汇票具有重要意义,因为按照国际惯例,汇票所适用的法律多采用行为地法律的原则。《日内瓦统一法》明确规定,汇票应当记载出票地点和付款地点。未载明出票地点的,以出票人的营业场所、住所或居住地作为出票地点。

我国《票据法》虽未将出票地点和付款地点列为必要项目，但在第二十三条中也明确规定，汇票上记载的付款地点、出票地点等事项，应当明确清楚；汇票上未记载付款地点的，以付款人的营业场所、住所或者经常居住地为付款地点；汇票上未记载出票地点的，以出票人的营业场所、住所或经常居住地为出票地点。

9）出票人签章

各国票据法都规定，汇票必须有出票人签章才能生效。我国《票据法》第二十二条也把“出票人签章”作为汇票必须记载的事项之一。

除上述项目外，汇票还可以有一些票据法允许记载的其他内容，如利息和利率、付一不付二、禁止转让、免做拒绝证明、汇票编号、出票条款等。

2.6.3 汇票的种类

汇票可从不同的角度进行分类。

1. 银行汇票和商业汇票

按出票人不同，汇票可分为银行汇票（banker's draft）和商业汇票（commercial draft）。银行汇票是指由银行签发的汇票，其付款人也是银行，通常用于资金转移（如汇款）业务。商业汇票是指由工商企业或个人签发的汇票，付款人可以是工商企业或个人，也可以是银行，广泛用于各类经济交易中。

2. 即期汇票和远期汇票

按付款时间不同，汇票可分为即期汇票（sight draft；demand draft）和远期汇票（time draft）。

凡采用见票即付形式记载付款日期的汇票称为即期汇票。当即期汇票的持票人向付款人提示，付款人应见票即付。凡采用定日付款、出票后定期付款、运输单据出单日期后定期付款、见票后定期付款等形式记载付款日期的汇票，均为远期汇票。远期汇票的收款人一般需先行向付款人提示承兑以明确付款人的付款责任，在见票后定期付款的情况下，还需按承兑日期确定付款日期。

3. 光票和跟单汇票

按是否随附货运单据，汇票可分为光票（clean draft）和跟单汇票（documentary draft）。

光票是指不附带货运单据的汇票。光票的出票人和付款人既可以是工商企业或个人，也可以是银行。光票的流通依赖于出票人、付款人或转让人（背书人）的信用。在国际贸易结算中，一般仅限于贸易从属费用、尾款、佣金等的收付。

跟单汇票是指附有货运单据的汇票。跟单汇票的付款以交付单据（如提单、发票、保险单）为条件。跟单汇票体现了钱款与单据对流的原则，为进出口双方提供了一定的安全保障，是较多采用的贸易结算工具。

4. 商业承兑汇票和银行承兑汇票

按承兑人不同,远期商业汇票可分为商业承兑汇票(commercial acceptance draft)和银行承兑汇票(banker's acceptance draft)。商业承兑汇票是由工商企业或个人承兑的远期汇票,以商业信用为基础。银行承兑汇票是由银行承兑的远期汇票,以银行信用为基础,银行承兑汇票的信用等级较高,更易于在金融市场上流通。

2.6.4 汇票的票据行为

票据行为是指在票据的流通过程中,依票据上规定的权利和义务所确立的法律行为。根据票据法的一般规则,每个票据行为不因其他票据行为的缺陷而受到影响。

汇票的票据行为包括出票、提示、承兑、付款、背书、拒付、追索等。其中,出票为主票据行为,其他票据行为都以出票所设立的票据为基础,统称为票据行为。

1. 出票

出票(drawer)即汇票的签发,是指出票人写成汇票经签字后交付给收款人的票据行为。出票行为由两个动作组成:一是由出票人写成汇票并在汇票上签字;二是由出票人将汇票交付给收款人。由于出票是设立债权债务的行为,只有经过支付,汇票才能生效。

出票人签发汇票后,即承担保证该汇票必然会被承兑和(或)付款的责任。在汇票得不到承兑或付款时,出票人应当向持票人清偿被拒付的汇票金额和自到期日或提示付款日起至清偿日止的利息,以及取得拒绝证书和发出拒付通知等的费用。

2. 提示

收款人或持票人将汇票提交付款人要求其付款或承兑的行为,叫作提示(presentation)。付款人看到汇票,即为见票。提示可分为两种:①提示承兑(presentation of acceptance):是指远期汇票的持票人向付款人出示汇票,要求付款人承诺到期付款的行为;②提示付款(presentation of payment):是指汇票的持票人向付款人或承兑人出示汇票要求付款的行为。

提示承兑和提示付款均应在法定期限内进行。但是,各国的票据法对此规定不一。《英国票据法》规定应在合理时间内进行,《日内瓦统一法》则规定为自出票日起算1年内作出提示。我国《票据法》规定,见票即付和见票后定期付款的汇票自出票日后1个月内作出提示,定日付款或出票日后定期付款的汇票应在汇票到期日前向付款人提示承兑。至于已经承兑的远期汇票的提示付款期限,《英国票据法》规定在付款到期日;《日内瓦统一法》则规定在到期日或其后两个营业日内做提示付款;我国《票据法》规定为自到期日起10天内。

3. 承兑

承兑(acceptance)是指汇票付款人承诺在汇票到期日支付汇票金额的票据行为,承兑也由写成和交付两个动作组成。

承兑的具体做法是由付款人在汇票正面写上"已承兑"(accepted)字样,注明承兑的日期，并由承兑人签名，交还收款人或其他持票人。按票据法的一般规则，仅由承兑人签名而未写“已承兑”字样的，也构成承兑。我国《票据法》第四十二条规定，未写明承兑日期的，以付款人自收到提示承兑的汇票之日起的第三天为承兑日期。承兑的交付通常有两种做法。

(1) 付款人在承兑后将汇票交还给持票人。这种做法称为实际交付(actual delivery)。

(2) 付款人签发记载有承兑日期的承兑通知书给持票人。这种做法称为推定支付(constructive delivery)。

银行实务中后一种做法较多。承兑日即见票日，见票后定期付款的汇票即由此推算出到期日。

对付款人而言，承兑就是承诺按票据文义付款。我国《票据法》第四十四条明确规定，付款人承兑汇票后，应当承担到期付款的责任。可见，汇票一经承兑，承兑人(acceptor)就成为主债务人，出票人成为从债务人。

付款人承兑汇票应当是无条件的。但实际业务中付款人可能在承兑汇票时附加一定的保留条件，常见的有以下几种。

(1) 完成某项条件才付款。如凭交付提单付款。

(2) 仅对票面金额的一部分承兑和支付。如汇票的金额为 10 000 美元，仅承兑 8 000 美元。

(3) 限定支付地点。

(4) 改变付款时间。如汇票原规定见票后 60 天付款，承兑时注明见票后 180 天付款。对于这些载有限制、保留或改变票据文义的承兑，统称为限制承兑(qualified acceptance)，又称保留承兑或有条件承兑(conditional acceptance)。按票据法的一般规则，对于这种承兑，应视作拒绝承兑。我国《票据法》第四十三条明确规定，承兑附有条件的，视为拒绝承兑。

4. 付款

付款(payment)是指付款人向持票人按汇票金额支付票款的行为。付款人的责任有两个。

(1) 正当付款。首先，付款必须出于善意，即付款人不知道持票人的票据权利有缺陷。实务中如无反证，均可视作善意。其次，付款人必须鉴定背书是否连续。对经过多次背书转让的远期汇票，只有连续背书才能证明持票人获得票据权利的合法性。最后，付款人必须在到期日付款。

(2) 必须支付金钱。票据权利是一种金钱权利，所以付款人必须支付金钱，而不能用其他物品代替。支付的货币应与汇票所载的币种一致。如果载明的是外国货币，付款人一般有权按当地金融管制法令折成本国货币支付。

付款人足额付款后，汇票上的一切债权债务关系即告结束，汇票也因此而注销。

5. 背书

汇票可通过背书或仅凭交付进行转让。背书(endorsement),指收款人或持票人在汇票的背面或粘单上记载有关事项并签章的行为。即使不加文字说明,而仅在汇票的背面签字,也视为背书。背书也包括两个动作:一是持票人在汇票背面签名或再加上受让人的名称;二是交付给受让人。汇票经背书后,收款的权利就转让给了受让人(即被背书人)。

背书的方式主要有以下3种。

(1) 限制性背书(restrictive endorsement),即不可转让背书,是指背书人对支付给被背书人的指示带有限制性的词语。如仅付××公司(pay to ×× CO. only);付给××公司,不可转让(pay to ×× CO., not transferable);付给××银行,不可流通(Pay to ×× bank, not negotiable)。按《英国票据法》,凡做成限制性背书的汇票,只能由指定的被背书人凭票取款,而不能把汇票再行转让或流通。我国《票据法》第三十四条规定,背书人在汇票上记载了“不得转让”字样后,其后手再背书转让的,原背书人对后手的被背书人不承担保证责任。《日内瓦统一法》有相同的规定。实务中,限制性背书使用较少。

(2) 特别背书(special endorsement),又称记名背书、正式背书或完全背书。记名背书时,背书人须记载被背书人并签章。如付交××公司或其指定人(pay to the order of ×× CO.)。

(3) 空白背书(endorsement in black),又称无记名背书或不记名背书。空白背书的背书人只需在票据背面签字即可进行交付转让,而不记载被背书人名称。空白背书的汇票可以自由流通,无须再背书转让。

出于票据使用的安全性考虑,我国《票据法》第三十条规定,汇票以背书转让或以背书将一定的汇票权利授予他人行使时,必须记载背书人名称。我国法律不允许持票人采用空白背书的方式转让票据权利。

6. 拒付

拒付(dishonor)又称退票,包括拒绝付款(dishonor by non-payment)和拒绝承兑(dishonor by non-acceptance)。其基本含义有二:持票人向付款人作提示承兑时,被拒绝或未能获得承兑;无须承兑或已获承兑的汇票在持票人向付款人作提示付款时,未获得付款。

根据票据法的一般规则,拒绝承兑或拒绝付款,可以在承兑人或者付款人明确表示拒绝时成立,也可在发生下列情况时成立:①承兑人或者付款人已死亡或逃匿或避而不见,持票人经过合理努力仍未找到的;②承兑人或者付款人被依法宣告破产或者因违法被责令终止业务活动的;③付款人是虚构人物或是根本没有资格支付汇票的人,以及经过合理努力后,都无法作出提示的。

7. 追索

追索(recourse)是指汇票被拒付后,持票人要求其前手背书人、出票人、承兑人清偿汇票金额及有关费用的行为。追索的金额为票据的加利息和做成拒绝证书等费用。我国《票据法》第七十条规定，追索金额可包括：①被拒付的汇票金额；②汇票金额自到期日或提示付款日起至清偿日止的利息；③取得有关拒绝证明和发出通知书的费用。

持票人的这种权利被称为追索权(right of recourse)。应当指出，追索权虽然也是一种票据权利，但这种权利是一种有条件的票据权利。换言之，持票人要对其前手行使追索权，必须满足一定条件，即持票人按期向付款人提示；在遭拒付后按期向前手发出拒付通知书，按期做成拒绝证明。

追索权的行使应在法定时间内进行，逾期追索无效。我国《票据法》规定，持票人对出票人和承兑人的权利，应在票据到期日起两年内行使；即期汇票应自出票日起两年内行使；持票人对前手的追索权时效为自被拒绝承兑或被拒绝付款之日起 6 个月；持票人对前手的再追索权是自其清偿之日或者被提起诉讼之日起 3 个月内行使。《英国票据法》规定，自债权成立之日起 6 年内行使追索权。《日内瓦统一法》则规定，从拒绝证书做成之日起算 1 年内行使追索权；在免做拒绝证书时，从到期日起算 1 年内行使追索权；背书人向前手再追索的时效是从他作清偿之日起算 6 个月。承兑人作为票据的主债务人，其票据责任是从汇票到期日起算 3 年。

2.6.5　汇票、本票、支票的比较

在国际贸易结算中使用的票据除汇票外，有时也使用本票和支票。支票常被作为一种支付工具代替现钞使用。

1. 本票和支票的定义比较

根据《中华人民共和国票据法》第七十三条，本票(promissory note)是出票人签发的，承诺自己在见票时无条件支付确定的金额给收款人或持票人的票据。第八十一条规定："支票是出票人签发的，委托办理支票存款业务的银行或者其他金融机构在见票时无条件支付确定金额给收款人或持票人的票据。"

可见，本票是出票人向收款人签发的书面承诺，本票的基本当事人只有两个，即出票人和收款人，本票的付款人就是出票人本人。本票的出票人在任何情况下都是主债务人。我国《票据法》规定，在持票人提示见票时，本票的出票人必须承担付款责任。支票和汇票一样，有 3 个基本当事人：出票人、付款人和收款人。但支票的出票人为在银行设有存款账户的开户人；付款人是该存户设有户头的开户银行。支票与汇票、本票相同，付款都是无条件的。但是，如果载明要将金额记入出票人作为借方的账户，则仍是有效的支票。

本票可以由两个或更多的出票人签发，各出票人自行签名，共同或单独对本票负责，如记载：我们承诺支付(We promise to pay)；我们共同和分别承诺支付(We jointly and separately promise to pay)；我承诺支付(I promise to pay)等字样。

支票的出票人所签发的支票金额不得超过其付款时在付款人处实有的存款金额，否则就是空头支票。各国法律一般都禁止签发空头支票。

2. 本票和支票的内容比较

对本票应当具备的内容，各国票据法的规定大同小异。我国《票据法》第七十五条和第八十四条对本票和支票必须记载下列事项有相似的规定。

(1) 标明“本票”或“支票”字样。

(2) 无条件支付的承诺或委托。未记载以上事项之一的，本票或支票无效。

而按照《日内瓦统一法》，本票须载明付款地点和出票地点。未载明付款地点的，出票地点就是付款地点；未载明出票地点的，出票人地址就视为出票地点。我国《票据法》虽未把付款地点和出票地点作为本票必须记载的内容，但也要求“本票上记载付款地点、出票地点等事项应当清楚、明确”。如未记载付款地点、出票地点的，出票人的营业场所为付款地点与出票地点。

我国《票据法》规定，支票上的金额可以由出票人授权补记，未补记前的支票不得使用；支票上未记载收款人名称的，经出票人授权也可以补记；支票上未记载付款地点的，付款人的营业场所为付款地点；未记载出票地点的，出票人的营业场所、住所或经常居住地为出票地点。出票人的签章应当与其在付款人处所预留的签名式样或印鉴相符。而《日内瓦统一法》规定，支票须记载收款人名称或加上“或其指定人”或“持票人”字样以及付款地点、出票地点。

3. 本票和支票的种类比较

1) 本票的种类

根据《日内瓦统一法》和《英国票据法》，按出票人的不同，本票可分为一般本票和银行本票。一般本票(general promissory note)的出票人是工商企业或个人，又称商业本票。银行本票(banker's promissory note; cashier's order)的出票人是银行或其他金融机构。根据付款时间的不同，一般本票又可分为即期本票和远期本票两种。即期本票项下见票即付，远期本票是承诺在未来某一规定的或可以确定的日期支付票款的本票。银行本票都是即期的。按我国《票据法》，本票仅限于银行本票，工商企业和个人不能签发本票。

2) 支票的种类

支票都是即期的。我国《票据法》第九十条明确，支票限于见票即付，不得另行记载付款日期。另行记载付款日期的，该记载无效。

我国《票据法》第八十三条规定：“支票可以支取现金，也可以转账。在用于转账时，应当在支票正面注明。支票中专门用于支取现金的，可以另行制作现金支票，现金支票只能用于支取现金，支票中专门用于转账的，可以另行制作转账支票，转账支票只能用于转账，不得支取现金。”据此，支票按用途可分为普通支票、现金支票和转账支票。

按有无收款人姓名记载，国际支票可分为以下两种。

(1) 记名支票(check payable to ××)和不记名支票(check payable to bearer)。记名支票在收款人栏中记载收款人的名称，如付交亚细亚公司(pay to Asia CO.)。持记名支票取款时，须由指定收款人在背面签章。

(2) 不记名支票又称来人支票或空白抬头支票，不记载收款人的名称，只写明“付交来人”(pay to bearer)。支款时无须收款人签章，持票人仅凭交付转让支票权利。

按是否有平行横线，国际支票可分为画线支票(crossed check)和未画线支票(uncrossed check)。画线支票在支票正面划两道平行横线，表明持票人只能委托银行转账，不能提现。其目的是防止在票据遗失时被人冒领。即使被冒领，也可能通过银行收款线索追回款项。根据画线方式的不同，画线支票又可分普通画线支票(general crossing cheque)和特别画线支票(special crossing cheque)。前者仅在支票正面(左上角)画上两道平行线。有的使用印戳盖上画线，表明持票人可委托任何一家银行代收款项。后者须在两条平行线间注上具体银行的名称，表明只能委托该银行代收款。未画线支票既可委托银行收款，也可凭以提现。支票的画线人可以是出票人，也可以是持票人或代收银行。代收银行可以通过特别画线方式注明自己为收款人。

4. 本票和支票的票据行为比较

本票和支票对于出票、背书、保证、付款行为和追索权的行使，均适用《票据法》中对于汇票的相应行为和权利行使的规定，如有特定规定则除外。例如，按我国《票据法》，本票只能由银行或其他金融机构签发；出票人必须具有支付本票金额的可靠资金来源保证支付；本票自出票之日起，付款期限最长不得超过 2 个月；本票持票人未按规定期限提示见票的，丧失对出票人以外的前手的追索权。

5. 本票和汇票的比较

本票和汇票的区别体现在以下 5 个方面。

(1) 本质不同。本票是允诺式票据，而汇票是委托式票据。

(2) 基本当事人不同。本票的基本当事人只有两个，即出票人和收款人。汇票有 3 个基本当事人，即出票人、收款人和付款人。

(3) 是否需要承兑不同。远期本票的付款人即是出票人本身，签发本票就等于承诺在持票人提示付款时付款，因此无须承兑。远期汇票须经付款人承兑。

(4) 主债务人不同。本票的主债务人始终是出票人；而远期汇票的主债务人在付款人承兑前是出票人，承兑后承兑人为主债务人，出票人退居为从债务人。

(5) 份数不同。本票只能一式一份，而汇票通常签发一式两份或多份(银行汇票除外)。

6. 汇票和支票的比较

支票和汇票同时是委托式票据，都有 3 个基本当事人，但支票必须以银行为付款人，而汇票的付款人不一定是银行。除此之外，汇票和支票还有以下 4 点不同。

(1) 用途不同。汇票既可作为结算和押汇工具，也可作为信贷工具；而支票只能用作结算。

(2) 付款期限不同。汇票有即期和远期之分，远期汇票需经承兑；而支票为即期，无须承兑。

(3) 提示期限不同。支票须在短期内使用,而汇票可在较长时期内流通。

(4) 可否止付不同。即期汇票见票即付;远期汇票在承兑后即不可撤销,承兑人必须到期付款,因此不存在止付问题。但支票可以止付。

2.7 国际贸易常用计算

2.7.1 佣金和折扣

佣金和折扣是国际贸易价格的构成因素之一。二者在概念上不同,但又有一定的关系。佣金(commission)是代理人或经纪人、中间商因介绍交易或代买代卖所获得的报酬。佣金有明佣、暗佣之分。明佣是在买卖合同或发票等有关单证上公开表明的佣金,通常表示在贸易术语后,例如 CIF C 3%。暗佣对实际买方保密,由卖方暗中支付给中间人,不在发票等有关单证上显示。

折扣(discount)是卖方在一定条件下给予买方的价格减让。一般是以原价格为基础,扣除一定的百分比来算出实际应付价款,折扣只有明扣而无暗扣。

在办理保险时,投保金额按理应以减除折扣后的净价为计算基数,但实际做法都以信用证条款为准。佣金则不管明佣或暗佣,一般均以含佣价为投保基数。

1. 佣金的计算

佣金的计算大致有以下几种方式。

1) 按成交价的百分率计算

例如,CIF 价每吨 2 000 美元,佣金率 1.5%,则有

$$佣金=成交价\times佣金率=2\,000\times1.5\%=30(美元)$$

2) 按成交数量支付一定金额的佣金

例如,某货 5 000 打,每打佣金 10 美分,则有

$$佣金=交货数量\times数量单位付佣额=5\,000\times0.10=500(美元)$$

3) 以 FOB 或 FCA 价的净价为基数计算(运费和保险费不付佣)

例如,成交为 CIF 价,付佣时需把 I 和 F 减除,因为保险费和运费都非卖方收益。这种计算方式道理上似乎讲得过去,但实际上手续很麻烦。因不同商品、不同包装、不同目的地运费、保费的计算方法往往不尽相同。为简化手续,也可经过与佣金商协商采取估算法,估算一个运费、保费在 CIF 或 CIP 总值中的百分比值,按此计算 FOB 或 FCA 价。其计算公式为

$$佣金=\text{CIF/CIP}\ 含佣价\times(1-运费率-保费率)\times佣金率$$

例如,某公司出口一批货物,假设采用 CIF 条件成交,出口金额为 70 万元人民币,运费占发票金额的 20%,保险费占发票金额的 3%,佣金率为 4% ,求以 FOB 净价为基数的

佣金。

$$佣金=70\times(1-20\%-3\%)\times4\%$$
$$=70\times77\%\times4\%=2.156(万元人民币)$$

4）含佣价与净价之间的换算

在实际业务中，经常会遇到外商要求我方在报净价的基础上，改报含佣价。此时的计算公式为

$$含佣价=净价\div(1-佣金率)$$

例如，我方对外报价 CIF London GBP 100/002，对方要求改报为 CIF C 5%价格，求在保证我方原收益不变的条件下，应报价多少？

$$含佣价\ \text{CIF C 5\%}=100\div(1-5\%)=105.26(英镑)$$

2. 折扣的计算

折扣是卖方给予买方在价格上的一定比例的减让，习惯上以百分率表示。其计算公式为

$$折实售价=原价\times(1-折扣率)$$
$$折扣金额=原价\times折扣率$$

例如，某商品出口价格为 CIF 香港每吨 2 500 美元，折扣 2 %，可写成 CIF HONGKONG USD 2 500 Per M/T less 2% Discount，则有

$$折实售价=2\ 500\times(1-2\%)=2\ 450(美元/吨)$$

3. 常见的佣金条款

信用证中常见的佣金条款如：

Commission at 3% of the invoice value to be deducted at the time of negotiation and remitted to us for payment to the openers and the negotiating Bank's relative covering schedule to so evidence.

5% commission on C&F invoice to be paid by the negotiating Bank in China to M/S, ... Amman by separate draft when negotiation the documents.

2.7.2 运费

运费是承运人对所承运货物收取的报酬。运价是根据运输契约订立的或者是由船公司、承运单位以运价表的形式公布的单位收费标准。运价与商品的贸易价格有密切关系，它直接影响到进出口商品的成本核算和经济效益。因此，正确掌握运价知识，对提高外贸企业的经济效益，具有重要的意义。

1. 班轮运费的计算

海运运价大体可分租船运价和班轮运价两大类。租船运价的高低取决于当时国际租船市场上的船、货供求情况，由船租双方在租船合同中确定。它的波动幅度较大，在实际工作中只适宜于大宗商品的出口，诸如大米、砂糖、钢材、矿砂、饲料等出口货物。班轮

运价则比较固定,由班轮公司以运价表的形式公布。班轮运价通常包括货物从起运港至目的港的运费和装卸费用。通常,零星杂货和集装箱整箱货、拼箱货的出口均按班轮运价支付运费。

班轮运费包括基本运费和附加费两个部分。

1) 基本运费的计算标准

基本运费的计算标准主要有以下 6 种。

(1) 重量法。

按照货物毛重计算的称为重量法。费率表上标注"W"(weight),以每公吨或每长吨(即重量吨)作为运费计算单位,每重量吨以下到小数点后 3 位。

(2) 体积法。

按照货物体积计算的称为体积法。费率表上标注"M"(measurement),以每立方米作为运费计算单位,立方米以下到小数点后 3 位。例如,食品罐头一批共 150 箱,每箱体积为 40cm×30cm×32cm,该批罐头的尺码吨(立方米)的计算公式为

$$\text{体积}(m^3)=\text{长}(m)\times\text{宽}(m)\times\text{高}(m)\times\text{包装件数}$$
$$=0.4\times0.3\times0.32\times150=5.76(m^3)$$

(3) 从价法。

按照货物的 FOB 价值作为运费计算标准的称为从价法。费率表上标注"Ad. Val."(Ad. Valorem)。

(4) 选择法。

有以下 4 种选择方法。

① W/M 表示在重量法和体积法两者中选择。

② W OR Ad. Val. 表示在重量法和从价法两者中选择。

③ M OR Ad. Val. 表示在体积法和从价法两者中选择。

④ W/M OR Ad. Val. 表示在重量法、体积法和从价法三者中选择。

上述 4 种方法,根据不同货物,由承运人择高选用。

(5) 综合法。

采用综合法计费的货物,除按重量吨或尺码吨计收运费外,还要加收从价运费。如 W & Ad. Val. 表示按重量吨计费并加上从价运费;M & Ad. Val. 表示按体积(尺码吨)计费并加上从价运费。

(6) 按件法。

有些货物无法衡量其重量或测量其体积,又非贵重物品,如活牲畜、汽车等,均按件(只、头、辆)为单位计算运费。

在以上 6 种方法中,食品、纺织品、土畜产出品多以体积法为计算标准,也有一小部分按重量或重量/体积选择法为计算标准。

2）班轮运费的附加费

运价表中的运价是基本费率，一般不常变动。由于构成运费的各种因素经常发生变化，船公司采取征收各种附加费的办法以维持其营运成本，附加费率视客观情况随时浮动。

附加费主要有以下 6 种。

（1）燃油附加费（bunker adjustment factor，BAF）。它是因油价上涨，船公司营运成本增加，为转嫁额外负担而加收的费用。燃油附加费有的航线按基本费率的百分比加收，有的航线按运费吨加收一定金额。

（2）货币附加费（currency adjustment factor，CAF）。它是由于船方用以收取运费的货币贬值，实际收到的运费低于货币贬值前应收的等额价值，使纯收入降低，船方为弥补这部分损失而加收的费用。

（3）港口拥挤费（port congestion surcharge）。它是由于装卸港港口拥挤堵塞，抵港船舶不能很快进行装卸作业，造成船舶延长停泊时间，增加了船期成本；船公司视港口情况的好坏，在不同时期按基本费率加收不同百分比的费用。

（4）转船附加费（transshipment surcharge）。它是运往非基本港口的货物，在运输途中经转船后再运至目的港，因此而加收的费用。

（5）直航附加费（direct additional）。非基本港货物每港每航次货量达到或超过 1 000 运费吨时，不论船舶直航与否，均按直航计收运费，另加收直航附加费，不再加收转船附加费。

（6）港口附加费（port surcharge）。它是由于卸货港港口费用太高或港口卸货效率低、速度慢，影响船期所造成的损失而向货主加收的费用。

此外，还有超重附加费（heavy-lift additional，每件货物的毛重超过 5t 者为超重货）、起长附加费（long length additional，每件货物长度超过 9m 时为超长货）、洗舱费（cleaning charge，主要适用于散装油舱）、熏蒸费（fumigation charge）、选择港附加费（optional charge）、更改卸港附加费（alteration charge）等。

【例 2-1】 自上海装运食品罐头一批，1 000 箱，计 $38m^3$，目的港为中国香港，设该货的基本运价为 USD 17.80/m^3，则

$$运费=USD\ 17.80\times 38m^3=USD\ 676.40$$

【例 2-2】 中远班轮直挂的以 CY—CY 为交货条件的，按 1～7 级、8～10 级、11～15 级、16～20 级 4 个级别计收包箱费。已知以 10 个 20 英寸集装箱装运罐头 500 箱，总毛重 180 000kg，总尺码 255 英寸，目的港为阿联酋的迪拜（DUBAI）。经查询中远运价表，显示该港的运价为 USD 1 960。则

$$运费=USD\ 1\ 960\times 10=USD\ 19\ 600$$

【例 2-3】 已知以 3 个 20 英寸集装箱装运罐头 2 430 箱，毛重 54 000kg，尺码 $74.5m^3$，目的港为瑞典的哥德堡港（GOTHENBURG）。经查询中远运价表，该港口为非

基本港，应附加转船费，一个 20 英寸柜的基本运价为 USD 1 850，转船费为 USD 685，则

运费＝(USD 1 850＋USD 685)×3＝USD 7 605

【例 2-4】 出口棉织品一批，计 100 箱，每箱重 50kg，每箱体积为 0.060m³，由天津装船去伦敦、鹿特丹、汉堡港口。经查询，该货为 12 级，计费标准为 W/M，基本费率为 100 港元/运费吨。另有燃油附加费 20%，选港附加费每运费吨 15 港元，港口附加费 10%。求该批货物的运费。

因为 W＝100×0.05＝5 公吨＜M＝100×0.06＝6m³，所以以 M(体积吨)作为运费吨的计算标准。

运费＝基本运费＋附加费

＝100×6×(1＋20%＋10%)＋15×6

＝780＋90

＝870(港元)

2. 航空运费的计算

1) 计费重量

飞机装载的货物受舱门、地板承受力和货舱容积的限制。每票货物的航空运费根据其适用运价和货物的计费重量计算而得，计算公式为

航空运费＝运价×计费重量

(1) 计费重量。

计费重量是指用以计算货物航空运费的重量。货物的计费重量在货物总的实际毛重与总的体积重量中择高计算。一般来说，对高密度货物(俗称重货)，计费重量为实际毛重；对低密度货物(俗称轻泡货)，计费重量为体积重量；如果按较高重量分界点的重量和适用运价计算的运费更为合理，则较高重量点的重量也可称为计费重量。

(2) 体积重量。

根据国际航协的规定，将货物的体积按一定比例折合成的重量，称为体积重量。计算时以 0.006m³ 作为 1kg，相关计算公式为

体积重量(kg)＝货物体积(m³)÷0.006(m³/kg)

(3) 普通货物航空运费的计算方法。

不同航空公司空运运费的计算方法有所差别。国际航空运价主要有普通货物运价、等级货物运价、指定货物运价和租集装箱货物运价 4 类。国际贸运业务以普货运输为主，为简单起见，这里主要介绍普通货物航空运费的计算原则：①先求出货物的体积，除以 0.006 折合成体积重量；②体积重量与实际毛重比较，择其高者作为计费重量；③利用公式“航空运费＝计费重量×运价”计算运费；④按较高重量分界点的较低运价计算运费，比较后选取运费较低者。

【例 2-5】 某企业出口货物一批，毛重 2 300kg，体积 16.7m³，自中国上海空运至日

本东京，运价每千克人民币 13.58 元(100kg 起算)，试计算空运运费。

(1) 体积重量＝16.7(m^3)÷0.006(m^3/kg)＝2 783.33(kg)

(2) 体积重量＞实际毛重，所以按体积重量计算，即计费重量＝2 783.33(kg)

(3) 航空运费＝2 783.33(kg)×13.58(元/kg)＝37 797.62(元)

所以，实际航空运费为 37 797.62 元人民币。

2) 级差掌握

航空运费按计费重量大小，分为若干个重量等级分界点运价。例如，代号"M"(minimum charge，起码运费)表示一票货物自始发地机场至目的地机场航空运费的最低限额。货物按其适用的航空运价与其计费重量计算所得的航空运费，应不低于该最低运价。代号"N"(normal general cargo rate)表示 45kg 以下的普通货物运价；代号"Q"表示 45kg 或 45kg 以上的普通货物运价，一般进一步分为"Q 45""Q 100""Q 300""Q 500"等。这里"Q 45"表示 45kg 或 45kg 以上的普通货物运价，"Q 100"表示 100kg 或 100kg 以上的普通货物运价，以此类推。计费重量越大，运价越低。

不同地区，重量分界点划分不同，分界点运价也不同。例如，运往日本东京(TYO)的货物，按现行运价分 3 个等级，即 M 230.00 元、N 30.22 元、Q 45 22.71 元；运往美国西雅图(SEA)的运价有 6 个级次，即 M 420.00 元、N 51.58 元、Q 45 38.70 元、Q 100 36.13 元、Q 300 33.54 元、Q 500 30.97 元。

由于级次越高，费率越低，在某种情况下，需要进一步按较高重量分界点的较低运价计算运费，然后与按实际计费重量计算的运费相比较，一般航空公司同意从两者中择低计收运费。例如，有 40kg 重的一批货物运往日本，按 N 级运价计算，每千克 CNY 26.11 元，其运费为 CNY 1 044.40 元；按 45kg 重、每千克 CNY 19.61 元计算，运费 CNY 882.45 元。显然 45kg 运费 CNY 882.45 低于 40kg 运费 CNY 1 044.40。在该情况下，航空公司可同意按 45kg 托运和计收运费。

3) 拼装或混载货物

航空运输以一张运单作为计算运费单位，如果有 3 批各为 35kg 计费重量的货物，运往西雅图，分制 3 张运单，则每批都按 N 级运价 49.12 元计费。若把这 3 批货物合在一起，做成一张运单，则按 100kg 以上运价 34.41 元计费。但一张运单只能是一个收货人，因此，有些空运代理把收集起来运往同一目的地不同收货人的多批货物，用一张运单运送给目的地的货运代理，货运抵目的地后由代理按不同货物标记，分交不同的收货人。这样，运输代理就可从运价级差中获利。

3. 铁路运费的计算

1) 国际联运

国际铁路货物运输的运费计算有 3 条原则：

(1) 发送路和到达路的铁路运输费用，按发送国和到达国国内铁路运价规则计收。

(2) 过境路的铁路运输费用，按《国际铁路货物联运协定统一过境运价规程》(以下简称统一运价)的有关规定计收。

(3) 未参加国际货协铁路的运送费用,按这些铁路所参加的另一种联运协定(如国际货约)的规定计收。

2) 内地(对香港)联运的费用计算

内地(对香港)联运的费用计算分为以下 4 种:

(1) 内地段铁路运费的计算(以人民币支付);

(2) 深圳过轨租车费(以人民币支付);

(3) 深圳口岸劳务费、中转费、调车费、租车费、装卸费、口岸代理劳务费等(以人民币支付);

(4) 香港段运杂费(以港币支付)。

① 香港段运费。铁路运费按不同商品归纳为五大类,每一大类再按整车或零担定出不同费率,即为运价率,再根据计费重量(整车按车辆标记载重计算)确定运费。其计算公式为

$$香港段运费总额=运价率\times计费重量$$

② 香港段终点卸货费。按每车收若干港元计算,但活畜禽类商品免收。

③ 香港段调车费。按每车若干港元计收。

④ 香港段卸车费。分一般杂货、重货、机器三大类制定费率,各按货物实重吨若干港元计收。

⑤ 香港段劳务费。按每车若干港元计收。

2.7.3 保费

在 CIF、CIP 价格条件中,保险费是售价的组成部分之一,可根据保险金额乘保险费率计算而得。

1. 投保金额的确定

根据国际惯例,保险金额是发票金额的 110% 。国际商会《2000 年国际贸易术语解释通则》明确规定,最低保险金额须为合同规定的价款加 10%(即 110%)。这里的 10% 为保险加成。加成的目的在于,一旦货物失事,加保部分的赔款可弥补该批货物进口商经营管理费用或预期利润的损失。

2. 保险费的计算

保险费率根据不同商品、不同目的地、不同运输方式、不同险别分别制定,计算时可参阅保险公司提供的费率表。

1) 一般保险费的计算

一般保险费的计算公式为

$$保险费=保险金额\times保险费率$$

【例 2-6】 某批出口货物,发票总金额为 CIF 12 000 美元,信用证规定按发票金额 110% 投保一切险和战争险,两种险的费率合计为 0.6% ,则

保险费＝12 000×110％×0.6％＝79.20(美元)

2）含折扣价保险费的计算

除非合同规定或信用证订明，保险金额应以减除折让后的净价为基数，计算公式为

保险费＝CIF/CIP 价×(1－折扣率)×保险加成×保险费率

【例 2-7】 承接例 2-6，发票总金额 CIF 12 000 美元，如含折扣 5％，则投保金额的基数和保险费应为

投保金额的基数＝12 000×(1－5％)＝11 400(美元)

保险费＝11 400×110％×0.6％＝75.24(美元)

3. 与保险有关的价格换算

1）根据 CFR(CPT)价求 CIF(CIP)价

CFR 报价＝CFR 总成本÷(1－预期利润率)

CIF 报价＝CFR 总成本÷(1－保险费率×保险加成－预期利润率)

CPT 报价＝CPT 总成本÷(1－预期利润率)

CIP 报价＝CPT 总成本÷(1－保险费率×保险加成－预期利润率)

这里按利润最大化原则，假设预期利润均以报价为基数计算。

【例 2-8】 进口货物以 CFR 价成交，发票金额 12 000 美元，国外出口商电告货已发运，应即向我保险公司按 CIF 价加一成投保，保险费率为 0.6％。假设预期利润率为 5％，预期利润以报价为基数计算，则 CIF 的报价应为多少？

CFR 报价＝CFR 总成本＋CFR 报价×预期利润率

所以　CFR 总成本＝CFR 报价×(1－预期利润率)

＝USD 12 000×(1－5％)

＝USD 11 400

CIF 报价＝CFR 总成本＋CIF 报价×保险加成×保险费率＋CIF 报价×预期利润率

所以　CIF 报价＝CFR 总成本÷(1－保险加成×保险费率－预期利润率)

＝USD 11 400÷(1－1.1×0.6％－5％)

＝USD 12 083.95

2）根据 CIF(CIP)价求 CFR(CPT)价

【例 2-9】 出口成交 CIF 价为 12 083.95 美元，现客户要求自行办理保险，价格相应变更为 CFR，以前例费率计算如下。

CIF 报价＝CFR 成本价÷(1－保险加成×保险费率－预期利润率)

CFR 成本价＝CIF 报价×(1－保险加成×保险费率－预期利润率)

＝USD 12 083.95×(1－1.1×0.6％－5％)

＝USD 11 400

CFR 报价＝CFR 成本价÷(1－预期利润率)

＝USD 11 400÷(1－5％)

＝USD 12 000

2.7.4 银行汇兑与银行费用

汇率是一种货币兑换成另一种货币的比率，也就是一种货币交换另一种货币的比价。因此汇率也称汇价。如以1个或100个外国货币作为标准，折合成一定数额本币，称为直接标价法。我国及大多数国家采用直接标价法。如以1个本币作为标准，折合成一定数额的外币，称为间接标价法。英国、美国采用间接标价法。

1. 外汇买入价和卖出价

银行经营外汇买卖业务分买入价和卖出价，买入价又分为现汇买入价和现钞买入价。银行的标价顺序一般为现汇买入价/现钞买入价/卖出价。出口商把出口外汇收入卖给银行用现汇买入价，其计算公式为

本币金额＝外汇金额×银行买入汇率

【例2-10】 出口收汇80 000美元，按结汇当日银行买入牌价每百美元＝人民币670元计算，可向银行兑换人民币＝80 000×670÷100＝536 000(人民币元)。

进口商向银行买入外汇用卖出价，其计算公式为

本币金额＝外汇金额×银行卖出汇率

【例2-11】 进口用汇80 000美元，设购汇当日银行卖出牌价每百美元＝人民币672元计算，需支付人民币＝80 000×672÷100＝537 600(人民币元)。

进出口业务一般都以外币现汇结算，但有时也会发生外币现钞收支。例如，客户来访洽谈业务时购买少量样品，当场以外币现钞支付。

2. 外币互换的计算

把一种外币折算成另一种外币有两种方法：一种是直接折算法；另一种是间接折算法。直接折算法即按两种不同外币的直接兑换率折算。间接折算法是通过人民币牌价把一种外币折算成另一种外币。我国银行目前尚无外币互换的直接兑换率牌价，只能采用间接折算法。

【例2-12】 某外贸公司代美商垫付运费20万日元，该商要求以美元偿付，我方收入美元售给银行，按银行美元买入价结算，购入日元按银行日元卖出价结算，其计算公式为

应付美元＝应付日元×单位日元汇卖价÷单位美元汇买价

设银行每10万日元汇卖价为人民币5 888元，银行每百美元汇买价为人民币667元，则应付美元＝200 000×(5 888÷100 000)÷(667÷100)＝1 765.52(美元)。

按间接折算法计算，从理论上说是合理的，但折算的数字往往大于国际市场两种外币的直接比价，如数额较大，不易被对方接受。

2.7.5 银行利息与贴现费用

1. 利率

利息与本金的比率称为利率(interest rate)，根据计算时期不同，有年利率、月利率和

日利率。利率表示方法有两种，一种是百分率；另一种是“分”“厘”“毫”。后者是我国的传统表示法。如年息 1 分 3 厘，即为年利率 13%；月息 4 厘 5 毫，即为月利率 0.45%；日息 8 厘 4 毫，即为日利率 0.84%。

年利率、月利率和日利率之间的折算为

日利率×30＝月利率，月利率÷30＝日利率

月利率×12＝年利率，年利率÷12＝月利率

日利率×365＝年利率，年利率÷365＝日利率

年利率与日利率的换算，我国和欧洲地区惯例都按 365 天计算，美国则按 360 天计算。

2. 单利和复利

1）单利

单利(simple interest)计息是不论时期多长，都作为一期，按原本金计息，即“利不生利”，其计算公式为

利息＝本金×利率×时期

利率＝利息÷(本金×时期)

本利和＝本金×(1＋利率×时期)

【例 2-13】 某公司出运一批货物，计人民币 100 000 元，月利率 8‰，见票 90 天后付款，则

到期应收月利息＝100 000×0.008×90÷30＝2 400(元)

到期应收货款的本利和＝100 000×(1＋0.008×90÷30)＝102 400(元)

【例 2-14】 来证 100 000 美元，60 天到期付款，利息按 1.5% 计算。这里的 1.5%并非利率，系百分比数字，即指 60 天利息为 1 500 元，需核算其利率是否与市场利率一致。

利率＝利息÷(本金×时期)

＝1 500÷(100 000×60÷360)

＝9÷100

即年利率为 9 厘。此利率接近当时国际市场利率，可以接受。

2）复利

复利(compound interest)计息总是在一定时期(如 1 年或 2 年)内分作几个时间段(如半年或 1 年作为一个阶段)，分阶段结息。前阶段所产生的利息并入本金，在下阶段内重复生利。其计算公式为

本利和＝本金×(1＋利率)×期数

期数利息＝本金×[(1＋利率)×期数－1]

【例 2-15】 某公司出口轻工商品一批计 100 000 美元，见票后 2 年到期付款，年利率为 5.5%，每年复利计算，则

2 年复利利息＝100 000×$[(1+5.5\%)^2-1]$

=100 000×0.113 025

=11 302.50(美元)

3）贴现

远期票据的持有人把未到期的票据提早向银行兑现，这是贴现(discount)。贴现时银行扣除贴现利息(discount interest)后，把票款净值付给票据持有人。其计算公式为

贴现利息=票据到期金额×贴现率×贴现期

票据到期金额=票据面额+远期利息=票据面额×(1+银行利率×远期天数)

票据净值=票据到期金额-贴现利息

【例 2-16】 某出口商持有远期汇票 150 000 美元，将于 48 天后到期，如果报价中已包含远期利息，现出口商向银行要求提前兑现，假设银行按贴现率年率 8.5%扣除贴息，则出口商可获得多少资金?

贴现利息=150 000×8.5%×48÷365=1 676.71(美元)

汇票净值=150 000-1 676.71=148 323.29(美元)

3. 议付与结售汇

1）议付

议付也称出口押汇。出口押汇的利率和国内人民币贷款的利率不同，国内人民币贷款采用固定利率(相对而言)，出口押汇的利率则采用浮动汇率，即由中国银行参照伦敦银行间拆放利率再加适当幅度而制定的汇率。伦敦银行间拆放利率(London inter-bank offered rate，LIBOR)是国际金融业的权威利率，分 1 个月、3 个月、6 个月、1 年等不同期利率。中国银行以 LIBOR 1 个月利率按 0.5%～1%的幅度调整，作为我国出口押汇的利率。

出口押汇的扣息天数根据索汇邮程决定，以天津中国银行的规定为例，中国香港、澳门的港币信用证项下的汇票按 7 天扣息，日本的日元信用证下的汇票按 10 天扣息，美国的美元信用证项下的汇票按 15 天扣息，其他货币的信用证，则根据信用证条款一证一议，最长的为 16 天。

2）结售汇

结汇是指出口单位将出口货物销售获得的某种币制的外汇按售汇之日中国银行外汇牌价的银行买入价卖给银行，售汇是进口单位按购汇之日中国银行外汇牌价的银行卖出价购进某种币制的外汇。现以出口结汇举例说明如下。

【例 2-17】 设某出口公司售给美国纽约某公司一批货物，价值 50 000 美元。货物装船后，出口公司凭即期信用证和全套货运单据向中国银行办理议付结汇。当日美元兑人民币的比价是 100 美元=667.27/667.57 人民币，银行手续费为 0.15%，年利率为 8%，来回邮程按 15 天扣息，该出口公司实结人民币 312 119.08 元。

银行手续费=50 000×0.15%=75(美元)

银行扣 15 天利息=50 000×8%÷360×15=166.67(美元)

出口公司实得美元=50 000−75−166.67=49 758.33(美元)

出口公司按当日美元牌价的买价将 49 758.33 美元售给中国银行后,实得人民币=49 758.33×6.272 7=312 119.08(人民币元)。

课堂巩固

一、单项选择题

1. 现行的《国际贸易术语解释通则》于(　　)年生效。

A. 2010　　B. 1990　　C. 2011　　D. 2014

2. 我方公司与外商成交,选用贸易术语为 CIF Shanghai,办理保险的一方应为(　　)。

A. 我方公司　　B. 外商

C. 两方应协商决定　　D. 以上均不正确

3. 根据 INCOTERMS 2010,CIP 贸易术语买卖双方风险划分的界限是(　　)。

A. 装运港船上　　B. 目的港船上

C. 目的港码头　　D. 货交承运人

4. 根据 INCOTERMS 2010,下列贸易术语中装卸费都由卖方承担的是(　　)。

A. CFR ex ship's hold　　B. CFR ex tackle

C. CIF landed　　D. CIF liner terms

5. 根据 INCOTERMS 2010,DAT 是(　　)。

A. 指定目的港交货　　B. 指定目的地交货

C. 目的地交货　　D. 运输终端交货

6. 某商品出口价格为每公吨 2 500 美元 CIF 香港减 2%折扣,可写成 USD 2500 Per M/T CIF HONGKONG less 2% Discount。则商品折实售价为(　　)美元。

A. 2 500　　B. 5 000　　C. 2 450　　D. 3 000

7. INCOTERMS 2010 中的 THC 是指(　　)。

A. 理舱费　　B. 集装箱码头装卸作业费

C. 滞期费　　D. 速遣费

8. 下列说法中与 INCOTERMS 2010 相符的是(　　)。

A. DDP 指运输终端交货

B. FOBT 指船上交货并理舱

C. FCA 适用于所有运输方式

D. FAS 是装运港船上交货

9. 根据 INCOTERMS 2010,下列贸易术语中,由买方负担卸货费的贸易术语有(　　)。

A. DAP　　B. CIF　　C. CPT　　D. DAT

10. 根据 INCOTERMS 2010，下列说法中，不正确的是(　　)。

A. FOB、CFR、CIF 都是以货物在装运港装上船为交货及风险分界点

B. FOB、CFR、CIF 3 种贸易术语只适用于水上运输方式

C. FCA、CPT、CIP 3 种贸易术语适用于所有的运输方式

D. CIF 和 CIP 的价格构成不相同

11. 进出口商在实际业务中，选用贸易术语时应考虑的因素不包括(　　)。

A. 考虑运价动态

B. 考虑承运人风险控制

C. 与本国文化传统相符合

D. 与运输方式相适应

12. 以下关于 CIF 说法，错误的是(　　)。

A. 卖方投保属于代办性质

B. 卖方按双方在合同中约定的险别投保

C. 如果买卖双方未在合同中明确规定投保险别，则由卖方按照惯例投保最低险别

D. 保险金额一般是 CIF 货值的 120%，并采用与合同相同的货币

13. 以下不属于国际多式联运特点的是(　　)。

A. 必须是国际上的货物运输

B. 必须包括海运

C. 必须包括两种及两种以上的运输方式

D. 必须有一张全程运输单据

14. 象征性交货意指卖方的交货义务是(　　)。

A. 不交货　　B. 既交单又实质性交货

C. 凭单交货　　D. 实质性交货

15. 上海某进出口公司对外以 CFR 报价，如果公司采用多式联运，以采用(　　)贸易术语为宜。

A. FCA　　B. CIP　　C. CPT　　D. DDP

16. 班轮运费的计收标准有多种，其中(　　)表示按货物重量、尺码或价值三者中选择最高一项。

A. W/M　　B. W/M or Ad. Val.

C. Ad. Val.　　D. Open Rate

17. 我方对外报价 CIF London GBP 100/DOZ，对方要求改报为 CIF C 5%价格，则在保证我方原收益不变的条件下应报价 GBP(　　)。

A. 95　　B. 100　　C. 105　　D. 105.26

18. INCOTERMS 2010 明确规定，最低保险金额须为合同规定的价款加(　　)。

A. 10%　　B. 20%　　C. 30%　　D. 40%

19. 某批出口货物发票总金额为 CIF 12 000 美元，信用证规定按发票金额 110%投保一切险和战争险，两种险的费率合计为 0.6%，其保险费应为(　　)美元。

A. 70　　B. 72　　C. 79.2　　D. 80

20. 某合同以 CFRC 5%成交，总价为 15 000 美元，则佣金额为(　　)美元。

A. 75　　B. 77　　C. 770　　D. 750

21. 某公司从日本进口一套设备，合同价格 1 000 万日元。支付日银行牌价 100 日元=6.12～6.18 元人民币，该公司购汇需用人民币(　　)万元。

A. 61.8　　B. 61.2　　C. 61.6　　D. 60

二、判断题

1. 使用 FCA、FAS、FOB 贸易术语时，卖方无订立保险合同的义务，但应向买方提供取得保险所需信息。(　　)

2. 折扣是卖方给予买方的价格减让，一般是以原价格为基础，扣除一定的百分比来算出实际应付价款。(　　)

3. 如果价格中含有佣金，一般应以净价为投保基数。(　　)

4. FCA/CIP 贸易术语下，办理保险者应为卖方/买方。(　　)

5. 根据 INCOTERMS 2010，贸易术语 DDP 中装卸费由卖方承担。(　　)

6. 根据 INCOTERMS 2010，贸易术语 DAT 中由买方负担卸货费。(　　)

7. 如发票金额为 USD 10 000，投保加成率为 10%，保险费率为 0.5%，则保险费为 USD 55。(　　)

8. 在实际业务中，经常会遇到外商要求我方在报净价的基础上，改报含佣价，此时含佣价=净价×(1－佣金率)。(　　)

9. 根据 INCOTERMS 2010，DAT、DAP 是在出口国境内交货的贸易术语。(　　)

10. 按 CFR 贸易术语成交，尽管价格中包括至指定目的港的运费和保险费，但卖方不承担货物必然到达目的港的责任。(　　)

11. 根据 INCOTERMS 2010，贸易术语 CPT 中买卖双方风险划分界限为货交承运人。(　　)

12. T/T 是指汇付方式中的电汇。(　　)

13. 托收方式中的托收行通常是进口地银行。(　　)

14. 出票人签发的支票金额不得超过其签发时在付款人处实有的存款金额。(　　)

课后实践

参考以下样本(见图 2-1)，使用 Excel 制作计算表单并进行测试。

	A	B	C	D
1				
2	一	**佣金计算**		
3		公式1:	佣金=含佣价*佣金率	测试数据
4	1	含佣价		US$180, 000. 00
5	2	佣金率		5%
6	3	佣金	=C4*C5	US$9, 000. 00
7				
8				
9		公式2:	含佣价=净价/（1-佣金率）	
10	1	净价		US$171, 000. 00
11	2	佣金率		5%
12	3	含佣价	=C10/(1-C11)	US$180, 000. 00
13				
14	二	**保费计算**		
15		公式1:	保险费=投保总金额*保险费率之和	测试数据
16	1	投保总金额		US$200, 000. 00
17	2	保险费率之和		1. 30%
18	3	保险费	=C16*C17	US$2, 600. 00

图 2-1　计算表单样本

第 3 章 国际货物买卖合同

主干案例

上海远程国际贸易有限公司（Shanghai Yuancheng International Trade CO.，LTD.）成立于 2014 年 7 月，是经商务部批准的具有进出口经营权的综合性贸易公司，主要经营轻工业产品的进出口业务。

上海远程国际贸易有限公司（以下简称远程公司）与多家供货商联系密切，货源基础稳固，业务力量雄厚。同时，面对多变的国际市场，远程公司紧跟市场潮流，尤其是电影、电子竞技、动漫行业的周边产品市场。最近远程公司玩具部与日本 Game Freak 建立合作关系，经授权销售该公司 Pokemon 系列毛绒玩具新品。这批产品均选用上等原料制成，手感柔软，造型逼真，可水洗，并可按客户要求大批量定制，受到了欧美进口商的普遍欢迎。

2016 年 3 月，玩具部业务员从阿里巴巴网站上看到一则消息："加拿大一公司 Vancouver International Trade Corporation 求购 Pokemon 系列毛绒玩具。"了解上述信息后，远程公司外贸业务员向该外商发出建立业务关系函，并随附商品资料（见图 3-1～图 3-4）。

商品资料

商品代码	HQ0278	商品类别	玩具				
是否样品	否	设计来源	Game Freak				
中文品名	胖丁						
中文规格							
英文品名	JIGGLYPUFF						
英文规格							
中文包装描述							
英文包装描述	4 SETS/CTN						
采购单价	￥55.00	采购单位	套	中文品牌		英文品牌	
销售单价	$9.60	销售单位	SET	毛重/外包装	8.00kg	净重/外包装	5.50kg
数量/内包装	1.00	内包装单位	SET	内包装/外包装	4.00	外包装单位	CASE
长/外包装	55.00cm	宽/外包装	45.00cm	高/外包装	40.00cm	体积/外包装	$0.09900m^3$
海关编码	9503410000	增值税征税率	17.00%	增值税退税率	13.00%	关税税率	0.00%
海关英文名称				海关中文名称	填充的玩具动物		
备注							

图 3-1 商品资料（胖丁）

商品代码	HQ0677	商品类别	玩具				
是否样品	否	设计来源	Game Freak				
中文品名	波克比						
中文规格							
英文品名	TOGEPI						
英文规格							
中文包装描述							
英文包装描述	8 SETS/CTN						
采购单价	￥90.00	采购单位	套	中文品牌		英文品牌	
销售单价	$14.50	销售单位	SET	毛重/外包装	8.50kg	净重/外包装	6.00kg
数量/内包装	1.00	内包装单位	SET	内包装/外包装	8.00	外包装单位	CASE
长/外包装	48.00cm	宽/外包装	64.00cm	高/外包装	60.00cm	体积/外包装	$0.18432m^3$
海关编码	9503410000	增值税征税率	17.00%	增值税退税率	13.00%	关税税率	0.00%
海关英文名称				海关中文名称	填充的玩具动物		
备注							

图 3-2 商品资料（波克比）

商品代码	HQ5411	商品类别	玩具				
是否样品	否	设计来源	Game Freak				
中文品名	火球鼠						
中文规格							
英文品名	BANPRESTO						
英文规格							
中文包装描述							
英文包装描述	4 SETS/CTN						
采购单价	￥68.00	采购单位	套	中文品牌		英文品牌	
销售单价	$11.50	销售单位	SET	毛重/外包装	8.00kg	净重/外包装	5.50kg
数量/内包装	1.00	内包装单位	SET	内包装/外包装	4.00	外包装单位	CASE
长/外包装	55.00cm	宽/外包装	45.00cm	高/外包装	40.00cm	体积/外包装	0.09900m³
海关编码	9503410000	增值税征税率	17.00%	增值税退税率	13.00%	关税税率	0.00%
海关英文名称				海关中文名称	填充的玩具动物		
备注							

图 3-3　商品资料(火球鼠)

商品代码	HQ7900	商品类别	玩具				
是否样品	否	设计来源	Game Freak				
中文品名	冰精灵						
中文规格							
英文品名	GLACEON						
英文规格							
中文包装描述							
英文包装描述	8 SETS/CTN						
采购单价	￥96.00	采购单位	套	中文品牌		英文品牌	
销售单价	$15.40	销售单位	SET	毛重/外包装	8.50kg	净重/外包装	6.00kg
数量/内包装	1.00	内包装单位	SET	内包装/外包装	8.00	外包装单位	CASE
长/外包装	48.00cm	宽/外包装	64.00cm	高/外包装	60.00cm	体积/外包装	0.18432m³
海关编码	9503410000	增值税征税率	17.00%	增值税退税率	13.00%	关税税率	0.00%
海关英文名称				海关中文名称	填充的玩具动物		
备注							

图 3-4　商品资料(冰精灵)

3.1 国际货物买卖合同的商订

交易磋商是指买卖双方为购销某种货物就各项交易条件进行洽商，以求达成一致协议的具体过程。它是国际货物买卖过程中不可缺少的一个重要环节，也是签订买卖合同的必经阶段。

交易磋商可以通过口头或书面方式进行。口头磋商主要指交易双方当面直接协商或通过电话协商；书面磋商则是交易双方通过信函、电报、电传、电子邮件等通信方式磋商。

交易磋商的主要内容包括：商品名称、品质规格或花色品种、数量、包装、价格、交货方式、运输方式、付款方式、发生意外的处理方式、保险的办理、发生纠纷的处理方式等。

交易磋商的一般程序可概括为询盘、发盘、还盘、接受 4 个环节，其中发盘和接受是必不可少的环节。一方的发盘经对方有效接受，合同即告成立。

3.1.1 询盘

询盘(inquiry)是指交易的一方欲购买或出售某种商品，向另一方发出探询买卖该商品及有关交易条件的一种表示。实际业务中，询盘也称为询价，在法律上称询盘为“要约邀请”。

询盘既可由买方发出，也可由卖方发出。询盘是交易的起点，只是表示一种交易的愿望，邀请将来可能的交易对象向自己发盘。所列内容多是探询和参考性质，没有必须购买或售出的义务，对买卖双方均没有约束力，也不是交易磋商的必经步骤。但询盘是了解市场供求、寻找交易机会的有效手段，不应忽视。

3.1.2 发盘

发盘(offer)是指买方或卖方向对方提出交易条件并愿意按此条件达成交易的表示。实际业务中，发盘也称为报盘、报价、发价，法律上称发盘为要约。

发盘可以由卖方提出，习惯上叫卖方发盘，也可以由买方提出，习惯上叫买方发盘，或称递盘(bid)或订单(order)。发盘是交易磋商的必经步骤，发盘人将受发盘内容的约束，并承担按照发盘条件和对方订立合同的法律责任。

1. 构成发盘的必要条件

一项有效的发盘必须具备下列条件。

1）发盘应向一个或一个以上特定的人提出

发盘必须向指定的受盘人发出，即是向有名有姓的公司或个人提出。对广大公众发出的商业广告是否构成发盘的问题，各国法律规定不一。《联合国国际货物销售合同公约》第十四条第二款规定："非向一个或一个以上特定的人提出的建议，应仅视为邀请发盘，除非提出建议的人明确地表示相反的意向。"据此规定，商业广告本身并不是一项发盘，通常只能视为邀请提出发盘。

2）发盘的内容必须十分确定

发盘内容的确定性体现在：发盘所列条件是完整的、明确的和终局的。

"完整的"，按习惯做法是准确阐明各项主要交易条件，一般包括品名规格、数量、包装、价格、装运、付款、保险七大要件。《联合国国际货物销售合同公约》第十四条第一款规定："一个建议如果写明货物并且明示或暗示地规定数量和价格或规定如何确定数量和价格，即为十分确定。"也就是说，构成发盘有 3 个基本要素：货物名称、数量和价格。其他所缺少的条件应理解为按惯例和"一般交易条件"协议来办，表面上不完整，但实际上是完整的。

"明确的"，即所指交易条件清楚、具体、不含糊、不模棱两可，不能在发盘中出现"大概""预计""可能""参考"等用词。

"终局的"，即肯定的，不能有保留性、限制性的条款。

3）发盘必须表明发盘人对其发盘一旦被受盘人接受即受约束的意思

发盘的目的在于订立合同，发盘人应明确表示愿意按照发盘的内容订立合同，如果受盘人表示接受，合同即告成立，无须再经发盘人同意。这种订立合同的意旨，可以在发盘中用文字表达，也可从发盘的整个内容、当事人相互之间的关系以及磋商的先后情况判断是否有订立合同的意旨。发盘人的发盘在得到接受时，发盘人将按发盘的条件与受盘人订立合同并承担法律责任。

4）发盘必须送达受盘人

发盘只有送达受盘人始为有效，这里强调直接送达或信函、电传或口头通知。别人传达如不是发盘人授权，即使到达也无效。发盘只有受盘人收到才生效，受盘人没收到或没正式收到就没有法律效力，发盘人也没有订立合同的义务。

2. 发盘的有效期

发盘的有效期是指可供受盘人对发盘作出接受的时间或期限。发盘人在发盘的有效期内受其约束，超过有效期，发盘人则不再受其约束，因此，发盘的有效期既是对发盘人的限制，也是对发盘人的保障。

发盘的有效期可以作明确的规定，以发盘送达受盘人时开始生效，到规定有效期届满为止。具体可分为规定一段有效期（如发盘有效期 5 天）和规定最迟接受的期限（如发盘限 7 天答复）两种，也可以不明确规定有效期，按惯例在合理时间内有效。

3. 发盘的撤回与撤销

实际业务中，一项发盘发出后，由于种种原因，发盘人可能要求撤回或撤销发盘。发盘的撤回与发盘的撤销是不同的概念。

撤回是发盘人的撤回通知，在发盘到达受盘人之前或同时到达受盘人，收回发盘阻止其生效的行为。撤回发盘的通知应当在发盘到达受盘人之前或与发盘同时到达受盘人时，发盘才得以撤回。

撤销是发盘已到达受盘人并已开始生效，发盘人通知受盘人撤销原发盘，解除其生效行为。发盘在一定条件下可以撤销，而在有些条件下又不得撤销。《联合国国际货物销售合同公约》规定，如果撤销的通知在受盘人发出接受通知前送达受盘人，可予撤销。但下列情况不得撤销：①发盘是以规定有效期或以其他方式表明为不可撤销的；②受盘人有理由信赖该发盘是不可撤销的，并本着对该发盘的信赖已采取了行动。

一项发盘是否可以撤销，主要取决于受盘人是否可能因为撤销发盘而受到损害。

4. 发盘的终止

发盘的终止是指发盘法律效力的消失。发盘效力终止的原因一般有以下几个方面。

(1) 在有效期内未被接受而过时。在发盘规定时间内未收到受盘人答复，超过了有效期，原发盘即失效。

(2) 受盘人拒绝或还盘。

(3) 有效的撤销。

(4) 不能控制的因素所致，如战争、灾难或发盘人死亡、法人破产等。

3.1.3 还盘

还盘(counter offer)是指受盘人对发盘内容不完全同意，为了进一步协商，反过来向发盘人提出变更某些发盘内容或建议的表示。实际业务中，还盘也称为还价，法律上称还盘为“新要约”或“反要约”。

一项还盘实际上就是还盘人(原受盘人)要求原发盘人答复是否同意还盘人提出的修改交易条件的意见或建议。就一项还盘而言，原受盘人成了新的发盘人，还盘就成了新的发盘，而原发盘人则成了新的受盘人，还盘一旦作出，原发盘随之失效。

还盘不是交易磋商程序中必备的环节。但实际业务中，一笔交易的达成，往往要经过多次还盘和再还盘的过程，发盘人与受盘人的地位多次转化。在还盘时，对双方已经同意的条件一般无须重复列出。

3.1.4 接受

接受(acceptance)是指受盘人以声明或行为表示无条件地同意对方在发盘中提出的各项条件。接受在法律上称为承诺，其实质是对发盘表示同意。发盘一经接受，合同即告成立，对买卖双方都有约束力，任何一方都不得任意更改或撤销。

1. 构成接受的条件

一项有效的接受必须具备以下条件。

1) 接受须由特定的受盘人作出

如前所述，一项有效的发盘必须是向一个或一个以上特定的人作出的。因此，对发盘表示接受，也必须是发盘中所指明的特定的受盘人，而不能是其他人。如果其他人通过某种途径获悉发盘内容，而向发盘人表示接受，该接受无效。

2）接受必须表示出来

按《联合国国际货物销售合同公约》第十八条第一款的规定，受盘人表示接受有两种方式：①声明（statement），即受盘人用口头或书面形式向发盘人表示同意；②作出行为（performing an act），通常指由卖方发运货物或由买方支付价款。

如果受盘人在主观上愿意接受对方的发盘，但默不作声或不作出任何其他行动表示其对发盘的同意，那么在法律上并不存在接受。

3）接受必须是无条件的

接受必须与发盘相符，只接受发盘中的部分内容，或对发盘条件提出实质性的更改，或提出有条件的接受，均不能构成接受，而只能视作还盘。

所谓实质性更改，根据《联合国国际货物销售合同公约》第十九条第三款规定，有关货物价格、付款、货物中重量和数量、交货时间、地点、一方当事人对另一方当事人的赔偿责任范围或解决争端等的添加或不同条件，均视为在实质上变更发盘条件。但是，若受盘人在表示接受时，对发盘内容提出某些非实质性（不改变发盘的条件）的添加、限制或更改（如要求增加重量单、装箱单、原产地证明等某些单据的份数，包装的改变等），除发盘人在不过分延迟期间内表示反对对其差异外，仍构成接受。

4）接受必须在发盘规定的时期内送达发盘人

发盘中规定有效期有两方面的意义：①约束发盘人不得在有效期任意撤销或修改发盘的内容；②约束受盘人只有在有效期内作出接受，才有法律效力。如发盘中未规定有效期，则应在合理时间内接受方为有效。

2. 逾期接受

如果接受通知超过发盘规定的有效期或超过合理时间才传达到发盘人，这就成为一项逾期接受。逾期接受在一般情况下无效，但在下列两种情况下仍然有效：①发盘人毫不延迟地用口头或书面将该项逾期接受仍然有效的意见通知受盘人；②由于出现传递不正常的情况而造成了延误，这种逾期接受可被认为是有效的，除非发盘人毫不延迟地用口头或书面通知受盘人发盘已经失效。

所以，逾期接受能否有效，关键要看发盘人如何表态。

3. 接受的撤回

接受是在表示同意的通知到达发盘人时生效。撤回接受的通知应当在接受通知到达发盘人之前或与接受通知同时到达发盘人时，接受才得以撤回。接受通知一经到达发盘人即不能撤销，因为接受一经生效，合同即告成立，撤销接受，即撤销合同，实质上已属毁约行为。

3.2 国际货物买卖合同的基本内容

在国际贸易中，交易双方订立合同有书面形式、口头形式和其他形式。在实际业务中，订立书面合同有以下意义：①作为合同成立的证据；②作为履行合同的依据；③作为解决争议的依据。

我国《合同法》第十一条规定，书面形式是指合同书、信件和数据电文（包括电传、电报、传真、电子数据交换和电子邮件）等可以有形地表现所载内容的形式。

合同（contract）和确认书（confirmation）是书面合同的主要形式，二者具有同等法律效力。出口商一般使用印有固定格式的销售合同或销售确认书，前者合同条款完备，通常用于新客户；后者合同条款简约，只有主要交易条件，没有一般交易条件，通常用于老客户或一般交易条件已另行约定的客户。

书面合同不论采取何种格式，其基本内容通常包括约首、本文和约尾 3 个组成部分。

3.2.1 约首部分

约首部分一般包括合同名称、合同编号、缔约双方当事人名称（或姓名）和地址、电话、电子邮箱、传真以及双方订立合同的意愿和执行的保证等项内容。

同一合同项下所有单证上，如需显示合同编号、卖方名址、买方名址，均应与合同一致。

3.2.2 本文部分

本文部分是合同的主体，包括主要交易条件和一般交易条件，是买卖双方经过交易磋商达成一致的条款，体现了双方当事人具体的权利和义务。

主要交易条件是指与具体交易标的息息相关的条款，如品名、品质、数量、包装、价格、装运、保险、支付、商品检验等。一般交易条件是指其他一些使合同得以完善的相关条款，如不可抗力、仲裁、违约救济等。

1. 品名条款

品名条款（name of commodity）的基本内容取决于成交商品的品种和特点。一般来说，列明买卖双方成交商品的名称即可。但有些商品，因其具有不同的品种、规格、型号、等级或商标，为了明确起见，在品名条款中还必须进一步列明该商品的具体品种、规格、型号、等级或商标。在此种情况下，品名条款实际上已经演变为与品质条款的综合体，在合同中通常称为货描（description of goods）。

2. 品质条款

品质条款（quality of goods）的基本内容主要是借助适当的方法对成交商品品质进行

描述。描述品质的方法主要包括凭规格、凭等级、凭标准、凭商标或品牌、凭说明书及图样、凭原产地名称、凭样品等，应根据成交商品的特性、买卖双方的交易习惯和具体要求进行合理选用。

必要时，对某些质量指标容易出现误差的制成品，可在品质条款中规定一定幅度的"品质公差"；对某些质量指标不甚稳定的初级产品，可在品质条款中规定一定幅度的"品质机动幅度"。为体现按质论价的原则，在使用品质机动幅度的同时，可以酌情加订"增减价条款"。

3. 数量条款

数量条款(quantity of goods)的基本内容主要包括成交数量、计量单位、计量方法等。

必要时，为了便于履行合同，可在数量条款中加订"溢短装条款"，包括溢短装的幅度、由何方掌握溢短装的选择权以及溢短装部分的计价方法。

4. 包装条款

包装条款(packing)的基本内容一般包括包装方式、包装材料、包装规格、包装标志和包装费用等。由买方提供包装标志和包装材料时，在包装条款中应规定提供的最迟期限以及未能及时提供而影响货物出运时所应承担的责任。

5. 价格条款

价格条款(price)的基本内容一般包括商品单价(unit price)和总值(total amount)两部分。其中商品单价包括计价货币、单位价格金额、计价单位和贸易术语 4 部分。

商品单价为含佣价(明佣)时，应在价格条款中规定佣金率、佣金的计算和支付方法。

商品单价含有折扣(明扣)时，应在价格条款中规定折扣率、折扣的计算和支付方法。

6. 装运条款

装运条款(shipment)的基本内容一般包括运输方式、装运期或交货期、装运地(港)与目的地(港)、是否允许分批装运与转运、装运通知等。

其中，在允许分批装运的情况下，必要时可根据需要在装运条款中规定批次、每批装运货物的时间和数量；在允许转运的情况下，必要时可根据需要在装运条款中规定转运的地点、转运的方法和转运费用的负担；关于装运通知通常应包括发出的时间、内容、方式以及未发出或未及时发出而导致损失时所应承担的责任。

当货物使用程租船运输时，在装运条款中应规定装卸时间、装卸率和滞期速遣条款。

7. 保险条款

当使用 FOB/FCA 或 CFR/CPT 贸易术语出口时，只在保险条款(insurance)中规定由买方负责投保即可。当使用 CIF/CIP 贸易术语出口时，保险条款的基本内容一般包括规定由卖方负责投保、选择什么保险公司、适用的保险条款、投保哪些险别、保险金额如何确定、保险费负担、提供什么保险单据等。

8. 支付条款

支付条款(payment)的基本内容一般包括支付工具、支付方式、支付时间与地点等。

其中,支付工具大多采用金融票据,应在支付条款中列明是使用汇票(bill of exchange,draft)、本票(promissory note)还是支票(cheque,check)。

使用汇付支付方式时,应在支付条款中列明汇付的方法是信汇、电汇还是票汇;使用托收支付方式时,应在支付条款中列明托收的方式是跟单托收(documentary collection)还是光票托收(clean collection),托收的条件是付款交单(documents against payment,D/P)还是承兑交单(documents against acceptance,D/A);使用信用证支付方式时,应在支付条款中列明开证时间、开证行、信用证种类、信用证有效期及到期地点等。

关于支付时间,应在支付条款中结合支付方式列明是预付、凭单付现,还是即期付款、分期付款或延期付款。

支付地点与支付方式密切关联,按照一般惯例和习惯做法,汇付的支付地点是买方所在地;托收的支付地点是买方营业地;信用证支付地点是卖方营业地。如果合同中没有明确规定支付方式和支付地点,根据《联合国国际货物销售合同公约》的有关规定,如买方没有义务在任何其他特定地点支付价款,则必须在"卖方营业地"支付价款。若卖方有一个以上营业地时,在"与合同及合同的履行关系最密切的营业地"支付价款。如果卖方没有营业地,则应在其"惯常居住地"支付价款。

9. 商品检验条款

商品检验条款(inspection)的基本内容一般包括检验权、检验的时间与地点、检验机构、检验技术标准与检验证书等。

10. 索赔条款

索赔条款(claim)的基本内容一般包括索赔的证据、索赔期限、索赔金额。

实际业务中,根据需要还可以加订"违约金条款"。其内容主要包括交易双方协商确定的违约金数额,并订明履约过程中若出现当事人违约情况,则违约方应向对方支付约定的违约金数额。双方还可以就支付违约金时有无宽限期和因违约产生的损失赔偿额的具体计算方法作出规定。

11. 不可抗力条款

不可抗力条款(force majeure)的基本内容一般包括不可抗力事件的性质和范围、不可抗力事件的通知和证明、不可抗力事件的处理原则和办法等。

12. 仲裁条款

仲裁条款(arbitration)的基本内容一般包括仲裁地点、仲裁机构、仲裁程序规则、仲裁裁决的效力和仲裁费用的负担等。

13. 单据条款

单据条款(document)的基本内容一般包括单据的种类、单据的份数、对单据出具人的要求、单据关键内容的缮制要求以及单据转移的要求等。

3.2.3　约尾部分

约尾部分一般列明合同的份数、使用的文字及其效力、签约地点、生效时间和双方当事人签字等内容。

3.3　国际货物买卖合同的履行

3.3.1　出口合同操作流程

在不同的贸易条件下，出口合同履行过程中包括的工作环节和手续是不一样的。我国绝大多数出口都采用信用证支付方式，故在履行这类合同时必须切实做好备货、催证、审证、改证、租船订舱、报检、报关、投保、装船和制单收汇等环节的工作。在这些环节中，以货（备货、报检）、证（催证、审证和改证）、船（租船订舱、办理货运手续）、款（制单收汇）4 个环节的工作最为重要。

图 3-5 是信用证支付方式的 CIF 出口合同履行程序。

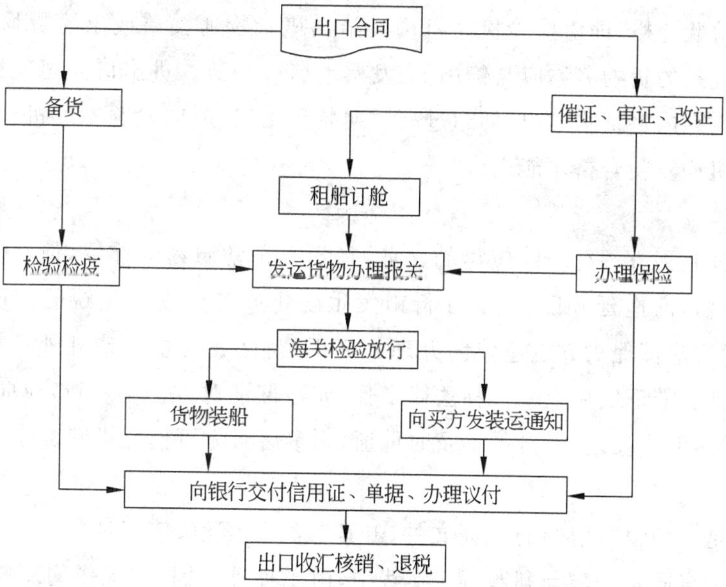

图 3-5　信用证支付方式的 CIF 出口合同履行程序

1. 备货

备货是指出口方根据出口合同和信用证规定，按时按质按量准备好应交货物，以保证按时出运。备货工作是履行合同的基础。备货工作的主要内容是根据合同和信用证规定，向生产部门、供货部门或仓储部门安排或催交、核实应交货物的品质、规格、数量，进行必要的加工整理，包装、刷制运输标志以及办理申报检验和领证。

在备货工作中，应注意以下几个问题。

(1) 应按合同要求核实，切实保证货物的品质、规格与合同规定一致，必要时应进行加工整理。

(2) 应保证货物的数量满足合同和信用证的要求，在备货时要注意留有余地，以备调换和适应舱容之用。

(3) 货物包装必须符合合同规定和运输要求，运输标志(唛头)应按合同规定式样刷制，并要注意唛头图形、字迹清楚，位置醒目，大小适当。

(4) 备货时间应根据合同和信用证规定装船期进行安排，保证按时装船。

2. 报检

凡属国家规定法定检验检疫的商品或合同规定必须经商品检验检疫机构出证的商品，在货物备齐后应向商品检验检疫机构申报检验检疫。只有取得检验检疫机构发给的出境货物通关单，海关才准放行。凡经检验不合格的货物，一律不得出口。

报检的手续是，凡需要法定检验出口的货物，应填写出境货物报检单，还应附上合同和信用证副本等，供检验时参考。

报检后，如发现申请单填写有误或因客户修改信用证使货物数量、规格有变动，应提出更改申请，并更改申请单，说明更改事项和更改原因。

货物经检验合格，即由检验检疫机构发给出境货物通关单或出境货物换证凭条，通关单或换证凭条的货物名称应与信用证、发票上名称一致。进出口公司应在检验检疫证书规定的有效期内将货物运出，如超过有效期装运出口，应向检验检疫机构申请展期，并由检验检疫机构复验合格才能出口。

3. 催证

按时开证是买方履行合同应尽的义务，是卖方正常履约的前提，但在实际业务中经常遇到国外进口商拖延开证，或者在行市发生变化或资金发生短缺的情况下故意不开证。因此，卖方应催促对方迅速依约办理开证手续，必要时也可请驻外机构或有关银行协助代为催证。催证实质上是一种法律步骤，如经催证对方仍不履行，应向对方提出“保留索赔权”的声明。反之，卖方如不及时催证，则事后对方可借此推卸责任。

4. 审证

信用证是一种银行信用的保证文件，开证银行的资信、信用证的各项内容都关系着收汇的安全和合同是否能顺利履行。实践中，由于种种原因，如工作的疏忽、电文传递的错误、贸易习惯的不同、市场行情的变化或进口商有意利用开证的主动权利对其有利的条件，开立的信用证条款与合同规定不符，或者在信用证中加列一些出口商实际无法做到的信用证付款条件，使得出口商根本无法按该信用证收取货款。因此，出口商收到信用证后，应根据买卖合同并参照《跟单信用证统一惯例》的规定，逐项认真地核对与审查。

审核信用证是通知行和出口商的共同职责，其中，银行着重审核该信用证的真实性，开证行的政治背景、资信能力、付款责任和索汇路线等方面的内容；出口商着重审核信用证性质和内容与原订合同是否一致。信用证审核的项目一般包括以下几大类：

(1) 审核信用证的种类；

(2) 审核开证申请人和受益人；

(3) 审核信用证的金额及其采用的货币；

(4) 审核信用证有关货物的记载；

(5) 审核信用证的到期地点；

(6) 审核装运期和有效期；

(7) 审核装船和分批装运条款；

(8) 审核信用证的付款方式；

(9) 审核要求提交的单据；

(10) 审核信用证上印就的条款和特殊条款。

5. 改证

信用证经审核后，如果发现有影响合同执行和安全收汇等出口方不能接受的条款时，必须及时要求国外客户通过开证行进行修改，并坚持在收到银行修改信用证通知后才能对外发货。

由于修改信用证条款涉及有关当事人权利义务的改变，因此对不可撤销信用证中任何条款的修改必须在有关当事人全部同意后才能生效；原证的条款在修改的银行发出接受修改之前，仍然对受益人有效，对同一修改通知中的修改内容不允许部分接受。在办理改证工作中，凡需要修改的内容应尽可能集中起来一次性明确地向国外客户提出，避免由于我方考虑不周而多次提出修改要求，以致增加双方的手续和费用，并造成不良影响。

一般来说，对于不符合合同规定的，除了非改不可的应该坚决要求改证外，而对于可改可不改的或经适当努力可以做到而又不增加太多费用负担的可灵活掌握。

6. 租船订舱

在国际货物买卖中，如采用 CIF 或 CFR 贸易术语成交，出口方必须自负费用，同承运人订立运输合同，同时负责租用适航的船舶或向班轮公司订必要的舱位。一般而言，除了部分初级产品诸如原油、矿石，以及部分特殊规格或者特殊要求的商品如大型机械、化学品外，国际货物越来越多地采用集装箱班轮运输的方式，现代通信技术的运用正在改变国际货物运输的运作方式。为了获得及时到位的运输，减少物流成本，一般委托专业化较强的货运服务机构提供中介代理服务。

租船订舱的一般手续如下。

(1) 出口商(托运人)填制订舱委托书，考虑船期、货物性质、货运数量、目的港、信用证要求等因素，委托货代公司代为订舱。

(2) 货代公司在托运单的几联单据上填上与提单号码一致的编号，填上船名航次确认托运人的订舱，同时把配舱回单、装货单(shipping order，S/O，又称关单，俗称下货纸)

退还给托运人。

(3) 托运人凭货代公司签署的 S/O 到海关办理出口报关手续，经海关查验后在 S/O 上加盖海关放行章，要求船舶装货。

7. 报关

所有进出境的运输工具、货物、物品，必须通过设立海关的地点进境或出境。由设关地进出境并办理规定的海关手续，是运输工具、货物、物品进出境的基本原则，也是运输工具负责人、进出口货物收发货人、进出境物品所有人应当履行的一项基本义务。

报关是指从事进出口货物的收发货人、运输工具负责人、进出境物品所有人以自己的名义直接向海关或通过报关代理人向海关办理货物、物品或运输工具进出境手续及相关海关事务的全过程。报关的一般步骤包括申报、查验、缴税、放行。

在货物进出境活动中，有时还需要办理报检报验手续。一般而言，办理报检报验手续在先，办理报关纳税手续在后。

8. 投保

如果交易按 CIF 贸易术语成交，卖方一般要在装运前作为投保人向保险公司投保货物运输险，并从保险公司处取得以其自身为被保险人，即保险受益人的保险单据。

在向进口商交单时(或通过银行交单时)，出口商要在保险单的背面作必要的背书，以便将保险单项下的保险利益，即在货物遭受了承保风险范围内的损失时，获取保险公司赔偿的权利，转让给进口商。作为保险凭证的保险单据的出单日期不应迟于装运的日期(一般为提单日期)，银行一般不接受出单日期迟于装船或发运或接受监管日期的保险单据。

以 CFR 和 FOB 价格条件成交的合同，投保是买方的责任，因此卖方应及时向买方发出装船通知以便买方及时办理保险手续。如因出口商未及时通知对方，对方未能按时办理投保手续，使货物遭受风险，出口商应承担责任。

9. 装运

在国际贸易磋商和签订合同时，买卖双方必定对装运期、运输方式、装运港、卸货港、分批装运允许与否、转运允许与否和发送装运通知等装运条款加以明确规定，这是因为国际贸易的物资运输必然要通过国际运输实现空间上的位移。装运就是实现商品从发货方到收货方的实际操作阶段，是完成货物出口、实现安全收汇的关键操作，也是履行合同的重要步骤。

不同的运输方式和不同的贸易方式，其装运文件要求、装运货物流程都完全不同。

10. 制单收汇

现代国际贸易绝大部分采用凭单交货、凭单付款方式。卖方以提交规定的单据作为其履行交货义务的象征和收取货款的依据，而买方则须凭合格的单据履行其付款义务。因此，出口货物装船后，出口商应立即正确缮制各种单据，并在规定期限内送交银行办理收汇。

1）我国出口收汇的做法

在我国，出口收汇办法主要有以下两种。

（1）收妥结汇，又称“先收后结”，是指议付银行收到受益人提交的单据，经审核确认与信用证条款的规定相符后，将单据寄给国外付款行索汇，待付款行将外汇划给议付行后，议付行再按当日外汇牌价结算成人民币交付给受益人。

（2）出口押汇，又称“买单结汇”或“议付”，是指议付行审核单据后，确认受益人所交单据符合信用证条款规定期限的情况下，按信用证的条款贴现受益人的汇票，按照票面金额扣除从议付日到估计收到票款之日的利息，将净数按议付日人民币市场价折算成人民币付给信用证的受益人，议付银行即可凭汇票向信用证的付款行索取票款。仅审核单据而未付出对价并不构成议付。押汇是议付行给予信用证受益人的资金融通，可加速出口商资金周转，有利于扩大出口业务。

2）对收汇单据的要求

在信用证业务中，由于银行只凭信用证不管合同，只凭单据不管货物，所以银行对单据的要求就更为严格。出口单据必须符合正确、完整、及时、简明、整洁的要求。

出现单据与信用证不符的情况一般有以下几种：

（1）出口人提供的是不清洁提单；

（2）无货物确已装船的证据；

（3）保险单的日期晚于提单日期；

（4）迟期装运；

（5）提单上未注明运费是否付讫；

（6）汇票上付款人的名称、地址不详或不符或有错；

（7）信用证逾期；

（8）逾期交单；

（9）在无其他规定的情况下货物短装；

（10）单据种类不全或份数不足；

（11）未按信用证规定在有关单据上签字。

11. 出口收汇核销和出口退税

根据国务院、国家外汇管理局及国家税务局的有关规定，我国出口企业在办理货物装运出口及制单结汇以后，应及时办理出口收汇核销和出口退税手续。

1）出口收汇核销

出口外汇核销制度是国家加强出口收汇管理、确保国家外汇收入、防止外汇流失的一项重要措施。出口单位应事先从外汇管理部门领取有顺序编号的核销单并如实填写，在出口报关时，海关将逐票核对报关单和出口收汇核销单的内容是否一致、报关单上的核销单编号与所附核销单是否一致。出口货物经审核验收无误后，海关在专为出口核销用的报关单和核销单上加盖“验讫单”章。

若为信用证托收项下出口，出口单位在向银行交单时，需要填写《对公单位出口收汇申报单》一并交银行，然后由银行输入计算机并与各省外汇管理局联网，进行网上申报；若为汇付方式出口，出口单位应事先向国外进口商说明该批出口货物的核销单编号。当货款汇至出口地外汇银行以后，该银行向出口单位出具结汇水单和出口收汇核销专用联的结汇水单或收账通知及其他规定的单据，出口企业凭此单据到国家外汇管理部门办理核销手续。国家外汇管理部门按规定办理核销后，将在核销单上加盖"已核销"章，并将其中的出口退税专用联退给出口单位。

2）出口退税

出口退税是指符合国家规定范围的出口货物在报关离境后，由出口经营的主体企业凭有关单证，向主管退税业务的税务机关办理出口货物在生产、加工、出口销货等环节上的增值税、消费税进行免征或退还的相应税收。出口退税使出口货物以不含税价格进入国际市场，避免了对跨国流通的货物重复征收的间接税项目，是集中反映终点（消费地）管辖权原则、税收国民待遇原则和国际惯例的一项税收政策，在实践中被许多国家广为应用。

办理出口退税的重要凭据是"两单两票"，即出口货物报关单（出口退税专用联）、出口货物核销单（出口退税专用联）、增值税专用发票、出口发票。

出口货物报关出口收汇以后，企业填报申请单证，输入出口企业退税申报系统，在汇总、查询、计算出退税额后，报送主管退税税务机关预审，通过后的单据报送商务主管部门稽核，然后再报送退税税务机关审核、审批，由国库退出税款。

3.3.2 进口合同操作流程

进口合同签订以后，作为买方，要坚持重合同、守信用的原则，按时履行约定的义务，即按合同规定支付货款和收取货物。同时，买方也要督促卖方按合同规定履行其按时交货、及时交单和转移货物所有权的义务。

在我国进口业务中，较多使用 FOB 价格条件，只有少数使用 CIF 和 CFR 价格条件。如按 FOB 价格条件和信用证支付方式成交，履行这类进口合同的一般程序是：开立和修改信用证、安排运输和办理保险、审单和付款、报关、报验、索赔。这些环节的工作涉及进出口公司、运输公司、保险公司、银行、海关、检验检疫局和用货单位等多个部门，需要各方面分工负责、紧密配合完成。

图 3-6 是信用证支付方式的 FOB 进口合同履行程序。

1. 开立信用证

进口合同签订后，买方应按照合同规定向银行办理开证手续。

开证申请书的内容应与合同条款相一致，例如品质、规格、数量、价格、交货期、装运期、装运条件及所需单据等，要以合同为依据一一列明。

在进口业务实践中，银行会按照开证申请人在银行的信用情况，对开证申请人提出

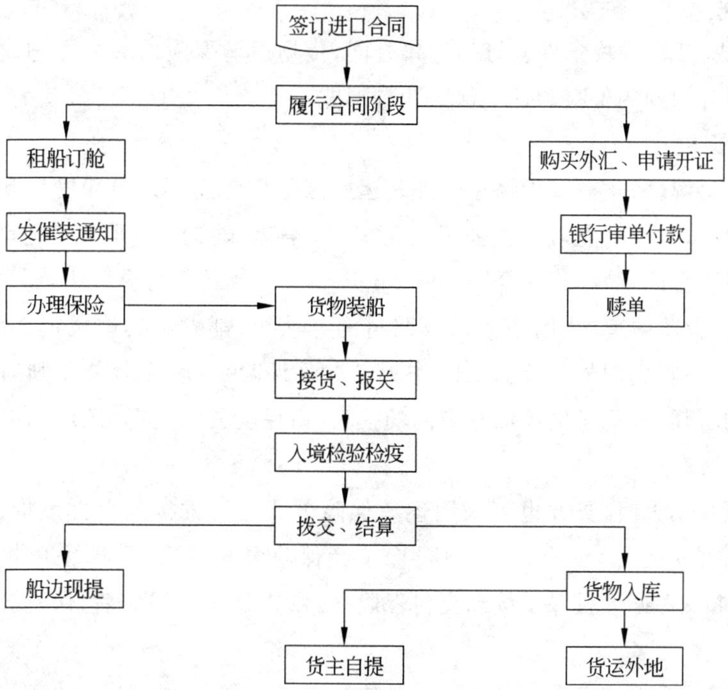

图 3-6　信用证支付方式的 FOB 进口合同履行程序

的开证申请按比例收取开证保证金，确保在信用证提示或承兑时开证申请人及时付款赎单，以降低银行的风险。对于资信良好的开证申请人，银行会按照事先与其签订的授信合同的规定，在其具体申请开证时依比例减免开证保证金，最高可减免 100%。

2. 安排运输和办理保险

1）安排运输

按 FOB 贸易术语成交的进口合同，运输应由买方负责安排。租船订舱工作可委托货运代理公司办理，也可由买方直接向经营远洋运输的公司或其他运输机构办理。在办理租船订舱时，买方要根据商品流向和船期表填写订舱委托书，船公司收到委托书后根据配载原则安排船只或舱位并签发装货单（shipping order），船只到港后便可凭该单发货装船。

租船订舱工作应按合同及信用证的规定及时办理，大宗货物一般应在交货期前 45 天向运输机构提出，零星货物应在交货期前 30 天提出，以使运输机构有足够时间落实舱位工作。如有的合同规定，卖方在交货前一定时期内，应将预计装运日期通知买方。买方在接到上述通知后，应按规定的期限将船名及船期及时通知对方，以便对方备货装船。同时，为了防止船货脱节和出现船等货的情况，买方还应随时了解和掌握卖方备货和装船前的准备工作情况，要注意催促对方根据合同规定按时、按质、按量履行交货义务。

装船后，卖方应及时向买方发出装船通知，以便买方及时办理保险和接货等工作。

2）办理保险

按 FOB 或 CFR 价格条件签订的进口合同，货物运输保险由买方办理。我国进口货物运输保险可分为预约保险和逐笔保险两种形式。

（1）预约保险。

为了简化手续，防止进口货物在国外装运后因信息传递不及时而发生漏保或来不及办理保险等情况，买方事先与保险公司签订海运、空运、陆运、邮运等不同运输方式的进口货物预约保险合同，简称预保合同(open policy)。在预约保险合同中，买方对进口商品应投保的险别、保险费率、适用条款以及赔付的办法等，都做了具体规定。因此，对每批进口货物，买方在收到国外装运通知时作为已办妥保险手续，保险公司则对该批货物负有自动承保的责任，一旦发生承保范围内的损失，由保险公司负责赔偿。

（2）逐笔保险。

当进口数量不大时，买方也可采用逐笔保险方式。买方接到卖方发货通知后，应立即填写投保单并送交保险公司。此项投保单经保险公司签章后，即完成投保手续。但是，如果买方未及时办理投保手续和支付保险费，则货物发生损失后，保险公司不负责赔偿责任。

办理保险时，投保人应交付保险费，保险费是按保险公司规定的保险费率计算的。保险公司对不同商品、不同目的地、不同的运输工具和不同险别制定有不同的保险费率。进口货物保险费率有进口货物保险和特约费率两种。特约费率是保险公司在进口货物保险费率的基础上与买方协商拟定的，是一种优惠的费率，主要适用于预约保险合同项下的进口货物。

3. 审单和付款

卖方在货物装出后，将信用证规定的汇票及全套单据提交开证行。银行必须合理谨慎地审核信用证所规定的单据，以确定单据是否在表面上与信用证条款相符。

1）银行审单的内容

（1）信用证规定的单证种类、份数是否齐全，单证是否相符，单单是否相符。

（2）单据上的商品规格、品质、金额、数量是否与信用证规定相符。

（3）审核单据上的装运港、目的港、装运日期等是否与信用证规定相符。

（4）审核付款方式、日期、运费等是否与信用证规定相符。

如银行经上述审核后发现单证相符、单单相符，银行即对外付款。开证行经审单后付款是最终的付款，即无追索权。银行在对外付款的同时，通知买方向开证行付款赎单。

银行在审单时如发现单据表面上与信用证规定不符，可以拒绝接受单据。按照 UCP 600 规定，开证行或其他指定的银行必须在收到单据次日起 5 个银行工作日以内，以电信方式或其他快捷方式，通知寄单银行或受益人(如单据由受益人直接向银行提交)，并说明拒收单据的所有不符点，还须说明单据是否保留以待交单人处理，或退回交单人。

2）单证不符的处理

在实际业务中，经审单如发现单证不符，根据具体情况，银行可与进口商密切配合，共同协商，作出适当的处理。

（1）开证行可以与进口商（开证申请人）联系，为使交易能够顺利进行，使开证人对不符点予以接受，指示开证行对外付款。

（2）开证行通过寄单行与卖方（受益人）联系，允许受益人在有效期内更改单据。

（3）凭国外议付行书面担保后付款，保留追索权。即同意在议付行出具担保后先行付款，如收到货后发现与规定不符，买方可以将已付的货款追回。

（4）改为货到后经检验再付款。如果卖方提供货物的品质证明书与规定不符，买方可以向卖方提出，待货到后，经检验符合规定才支付货款。

（5）卖方同意降价后，接受单据（一般是修改后的单据）并支付货款。

应该指出，单证不符、单单不符是银行拒付的唯一理由，而不应涉及货物。拒收单据和拒付货款，均须以开证行名义办理，而不能以"开证申请人声称议付单据不符合信用证要求"为由拒付货款。

4. 进口报关、报检及索赔

进口货物抵达后，由进口商自行或委托代理报关企业报关。货物经海关查验无误，才能放行。凡属法定检验的进口商品，还需进行检验。

1）进口报关

进口报关是指进口货物的收货人或其代理人按照《中华人民共和国海关法》及其他行政法规的规定，向海关交验有关证件，办理进口货物的申报手续。

进口货物的收货人或其代理人待货物抵达卸货港后，即应按照《海关进出口货物报关单填制规范》填写海关进口货物报关单，向海关申报，并随附合同、商业发票、装箱单、提单、保险单、进口货物许可证和国家规定的其他批准文件。如属法定检验的进口商品，还需附商品检验检疫证书。海关在接受申报后依法进行验关，货、证经查验无误，即可征税、放行。放行是指进口货物在办完海关申报、接受查验、缴纳关税等进口环节后，由海关在货运单据上签字或盖章放行，收货人或其代理人持海关签证放行的货运单据提取进口货物。未经海关放行的货物，任何单位或个人不得提取。

2）进口货物报检

凡属于法定检验的进口货物，必须在合同规定的期限内由国家出入境检验检疫机构或指定的检验检疫机构检验检疫。未经检验检疫的货物不准投产、销售和使用。

法定检验检疫的进口货物到货后，收货人必须向卸货口岸或到达站的国家检验检疫局分支机构办理登记。国家出入境检验检疫局在报关单据上加盖"已接受登记"的印章，海关凭此验放。

凡不属于法定检验的进口货物，买卖合同约定由检验检疫机构检验检疫的，依照法定检验商品办理报检、检验事项。如进口货物经国家出入境检验检疫机构检验检疫，发现有残损短缺，收货人应凭该机构出具的证书对外索赔。对于合同规定在卸货港检验检疫的货物，如已发现残损短缺或有异状的货物，或合同规定的索赔期即将期满的货物等，都需要在卸货港口进行检验检疫。

3）进口索赔

进口商品到货后，经检验，如有品质、数量、包装等不符合合同规定的，需要向责任方提出索赔。对外索赔时，买方应加强与国家出入境检验检疫机构的配合，认真检验，鉴定货损情况，出具检验检疫证书，并根据有关事实，确定责任归属。

进口索赔应根据造成损失的原因，分别向有关责任方索赔。进口索赔的对象主要有以下3个方面。

（1）向卖方索赔。

卖方不交货或不按期交货或交货的品质、数量、包装与合同规定不符等，均构成卖方违约，卖方应承担违约的法律责任。根据有关法律和国际公约的规定，买方可以根据卖方违约所造成的结果，区别情况，依法提出撤销合同或提出损害赔偿等。

（2）向承运人索赔。

承运人是指在运输合同中，通过铁路、公路、航空、内河运输或这些方式的联合运输，承担履行运输任务或办理运输业务的任何人。进口的货物，如发生残损或到货数量少于提单所载数量，而运输单据是清洁的，则表明是承运人的过失造成货物残损、缺少，买方即可根据不同运输方式的有关规定，及时向有关承运人提出索赔。

（3）向保险公司索赔。

如由于自然灾害、意外事故或运输装卸过程中事故等致使货物受损，并属于承保范围内的，应向保险公司索赔。凡属于承运人的过失造成的货损、货差，而承运人不予以赔偿或赔偿金额不足抵补损失的，也应向保险公司提出索赔。

主干案例制单演示

2016年4月，远程公司与加拿大 Vancouver International Trade Corporation 经过了询盘、发盘、还盘和接受之后，签订销售合同。

远程公司单证员王远根据图3-1～图3-4提供的商品资料以及往来函电，使用“远景外贸通”制单软件完成了销售合同的制作，具体操作步骤如下。

步骤1：进入系统管理→设定公司信息（见图3-7和图3-8）。

步骤2：进入系统管理→进行系统设置（见图3-9和图3-10）。

步骤3：进入业务资料→编制商品资料（见图3-11～图3-13）。

步骤4：进入业务资料→输入国外客户信息（见图3-14和图3-15）。

步骤5：进入出口业务→编制出口合同（见图3-16～图3-19）。

步骤6：打印出口合同（见图3-20）。

打印出来的出口合同见图3-21。

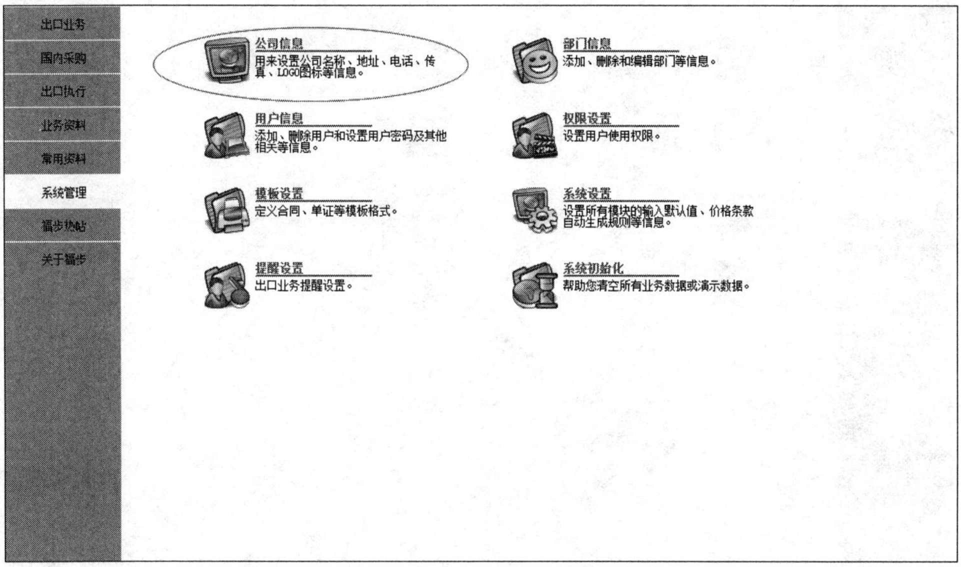

图 3-7　单击“公司信息”图标

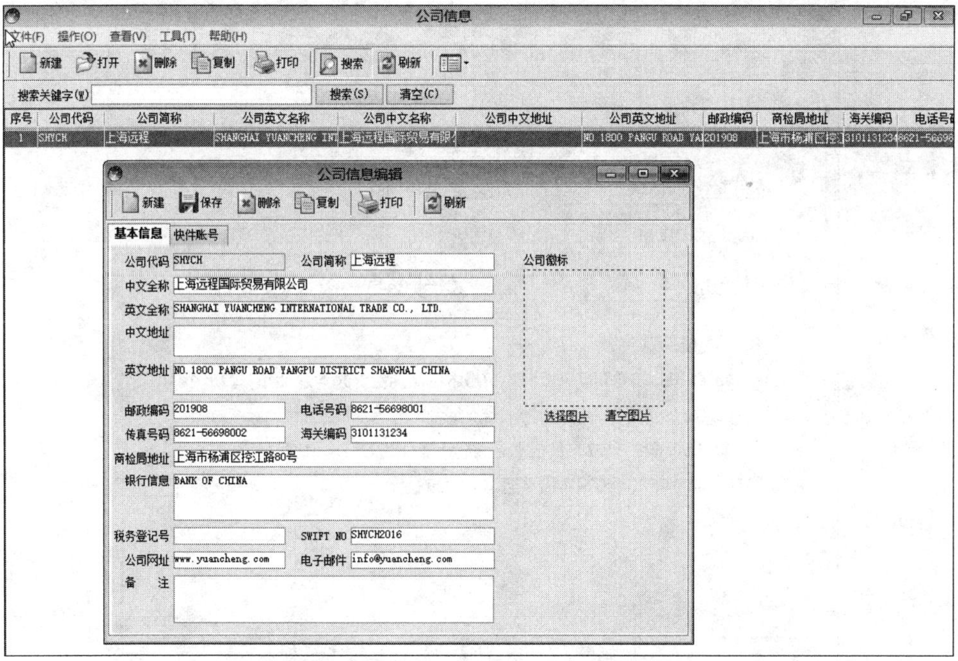

图 3-8　编辑公司信息

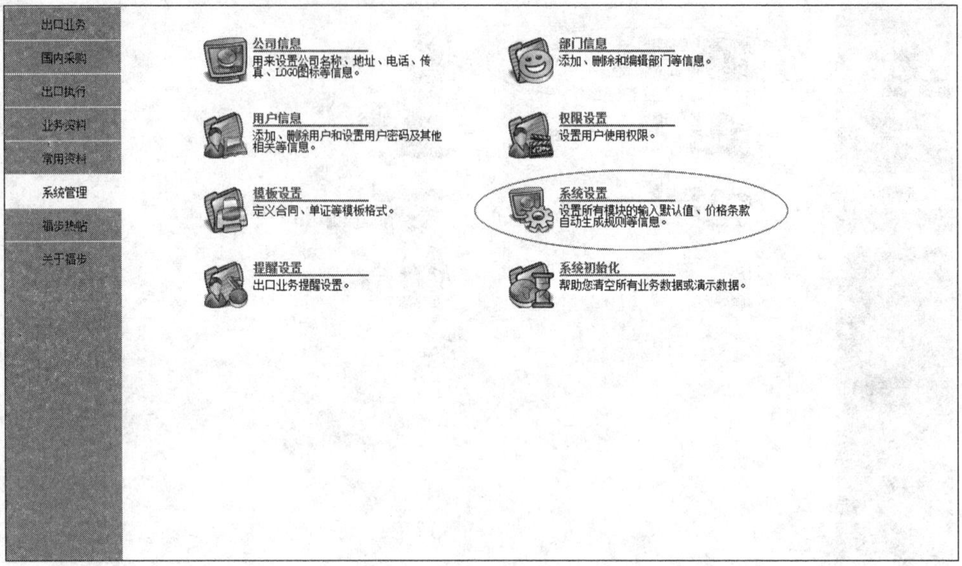

图 3-9　单击“系统设置”图标

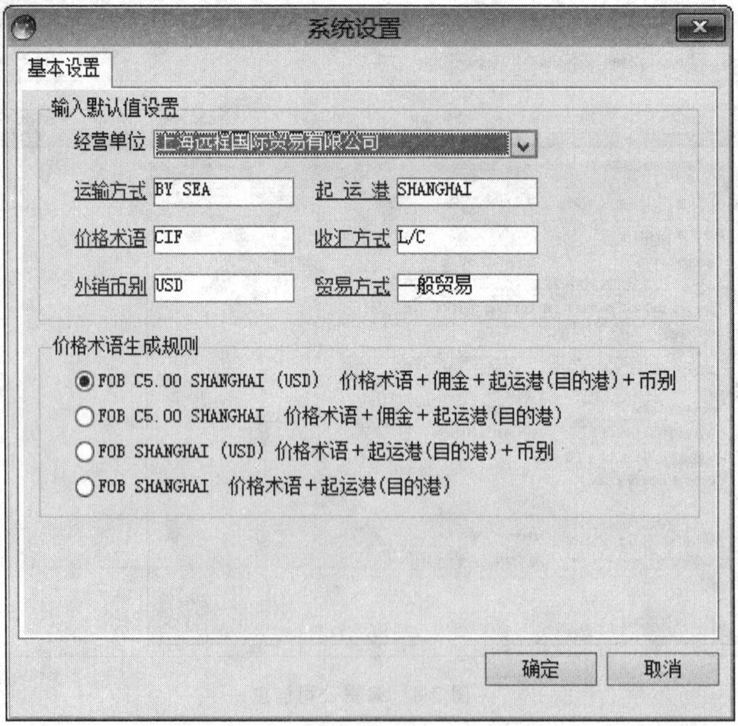

图 3-10　进行系统设置

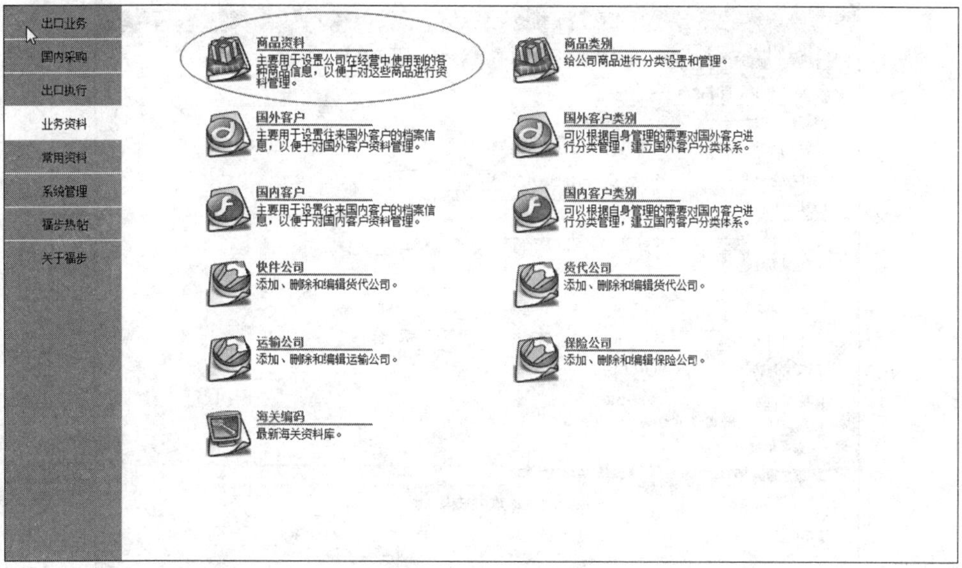

图 3-11　单击“商品资料”图标

图 3-12　编辑商品信息(基本信息)

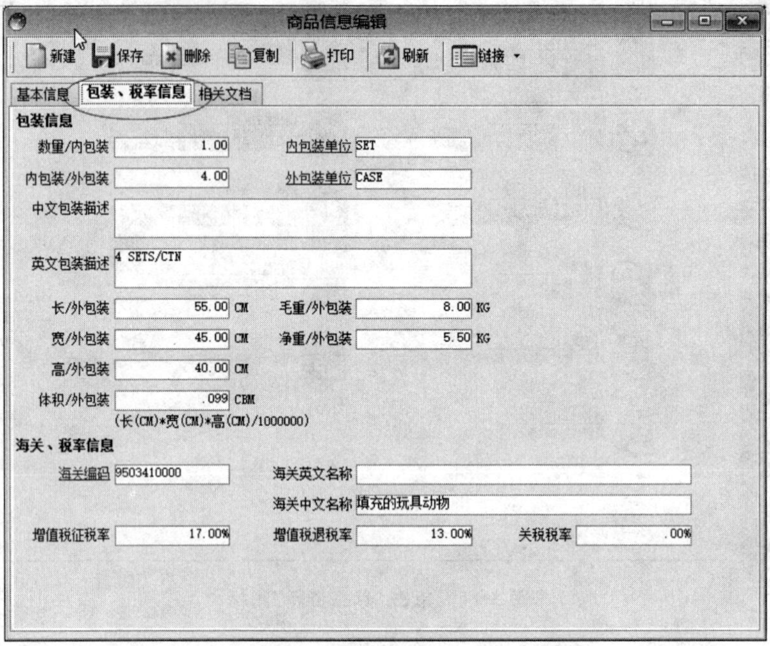

图 3-13　编辑商品信息（包装、税率信息）

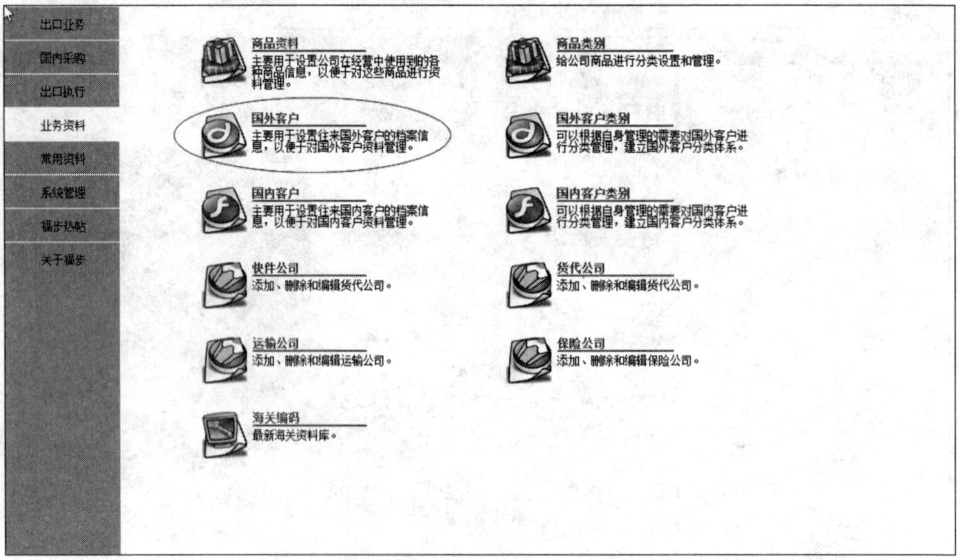

图 3-14　单击“国外客户”图标

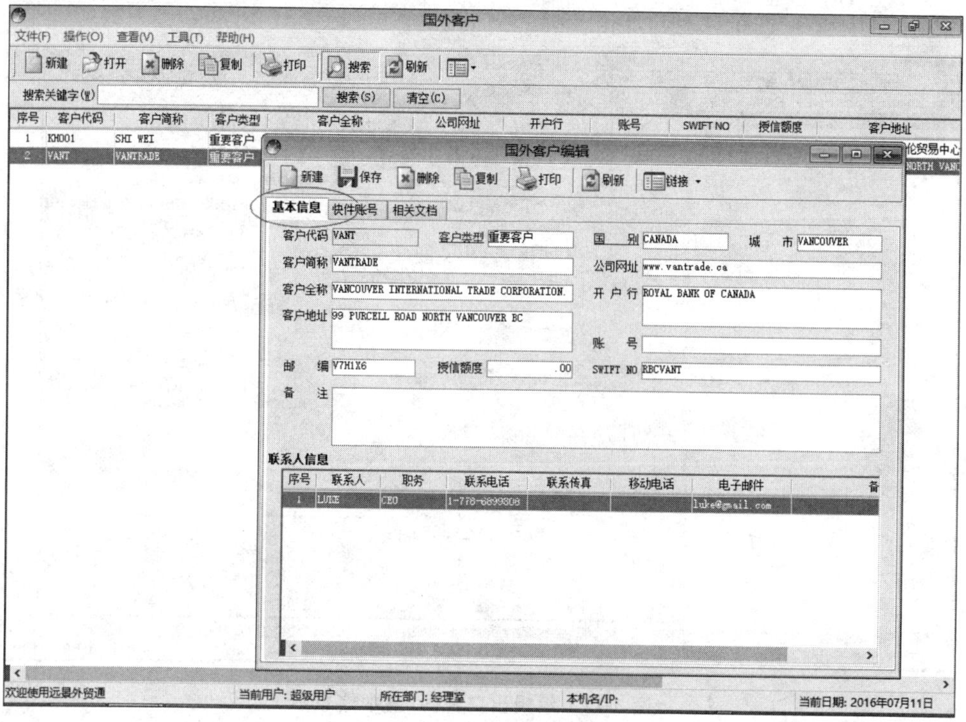

图 3-15 编辑国外客户信息

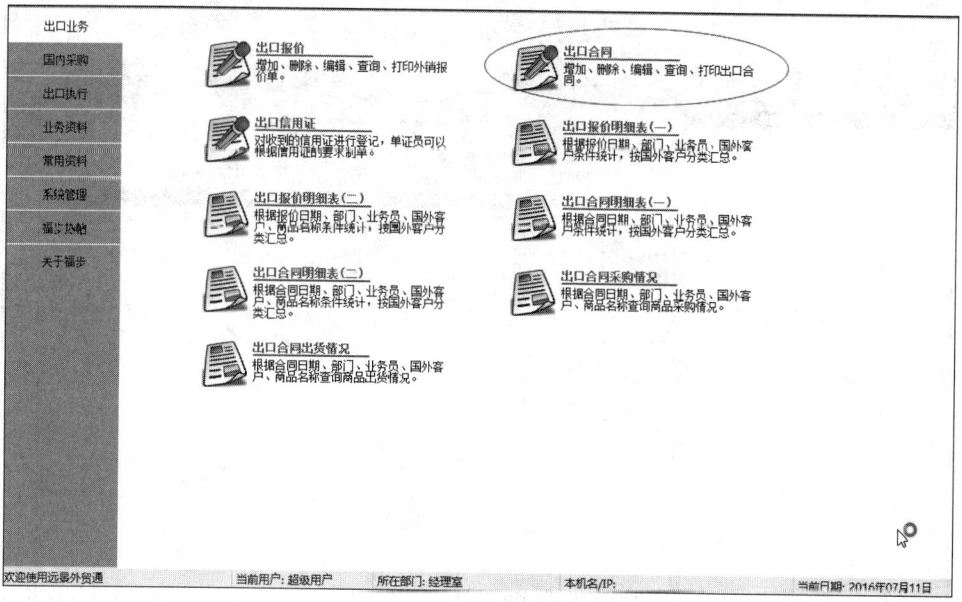

图 3-16 单击“出口合同”图标

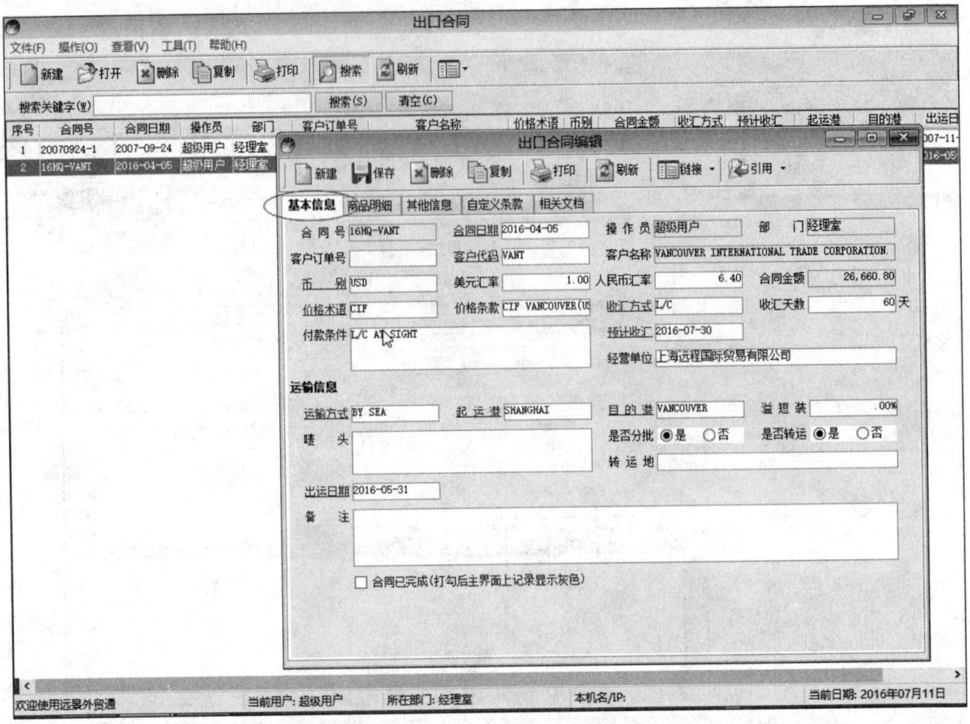

图 3-17　编辑出口合同(基本信息)

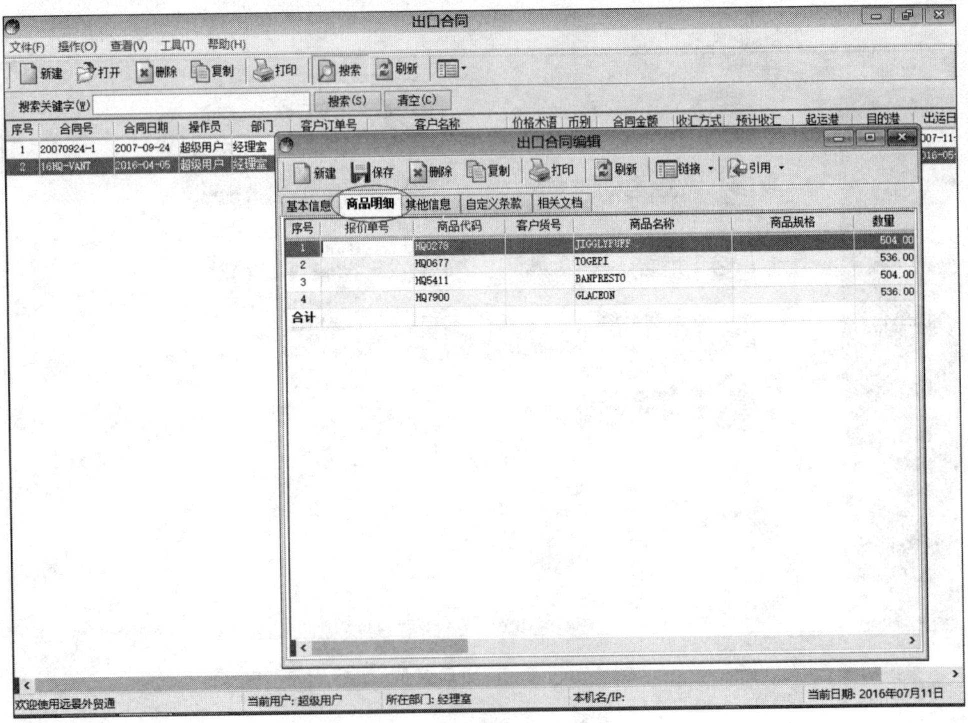

图 3-18　编辑出口合同(商品明细)

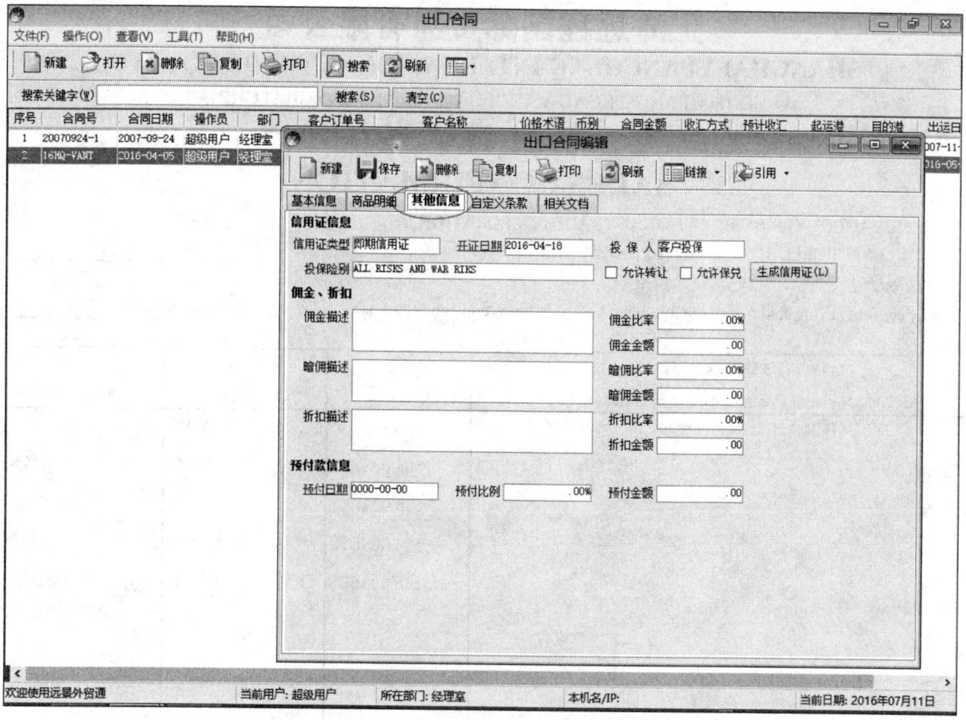

图 3-19　编辑出口合同(其他信息)

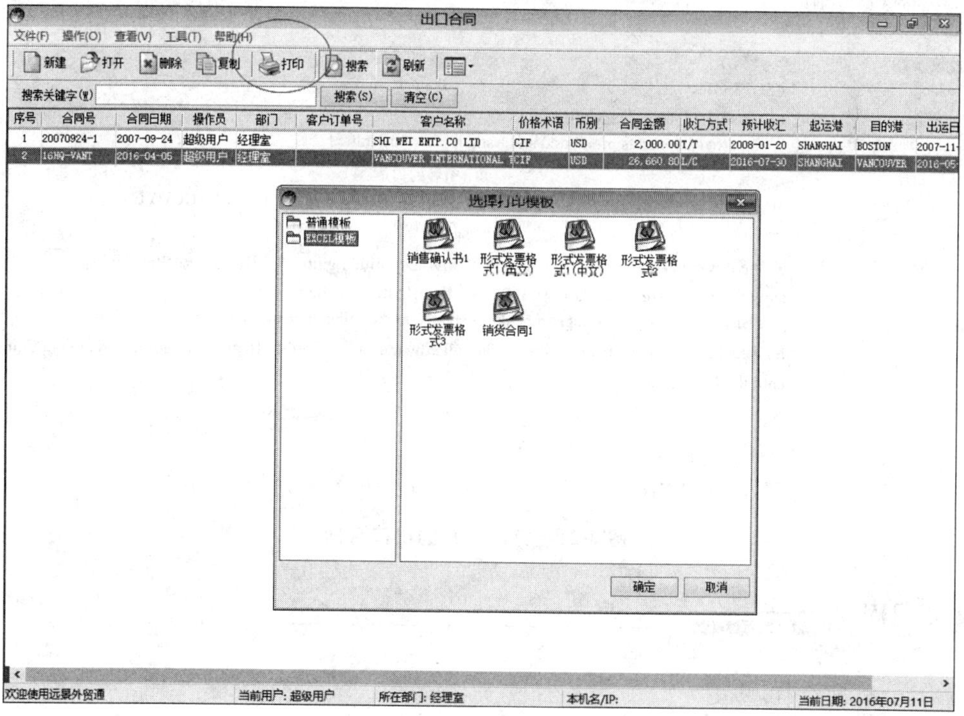

图 3-20　打印出口合同

上海远程国际贸易有限公司

SHANGHAI YUANCHENG INTERNATIONAL TRADE CO., LTD.

NO.1800 PANGU ROAD YANGPU DISTRICT SHANGHAI CHINA

销售确认书

SALES CONFIRMATION

TO MESSER: VANCOUVER INTERNATIONAL TRADE CORPORATION
99 PURCELL ROAD NORTH VANCOUVER BC

编号:
No.: 16HQ-VANT

兹确认售予你方下列货品，其成交条款如下：
We hereby confirm having sold to you the following goods on terms and conditions as specified below:

日期:
Date: Apr.05,2016

(1)货号货物名称及规格 ART.No.Name of Commodity and Specifications	数量 Quantity	单价 Unit price	总价 Total Amount
PLUSH TOYS		CIF VANCOUVER(USD)	
JIGGLYPUFF	504.00SETS	USD9.60	USD4,838.40
TOGEPI	536.00SETS	USD14.50	USD7,772.00
BANPRESTO	504.00SETS	USD11.50	USD5,796.00
GLACEON	536.00SETS	USD15.40	USD8,254.40
Total:	2,080.00SETS		USD26,660.80

(装运数量和金额允许有　　　　　　的增减)
(Shipment quantity and amount　　　　　　more or less allowed)

(5)包装
Packing: 4 SETS/CTN

(6)装船唛头
Shipping Marks:

(7)装运期限
Time of Shipment: To be effected during May 2016
With partial shipments prohibited and transshipment permitted

(8)装运口岸
Ports of Loading: SHANGHAI

(9)目的口岸
Ports of Destination: VANCOUVER

(10)保险
Insurance: To be covered by the seller for 110% of invoice value agains All Risks and War Risks as per China Insurance clauss(CIC)　To be effected by the buyer.

(11)付款
Payment: The Buyer should open throught a bank acceptable to the seller an irrevocable letter of credit payable at sight for 100% of the contract value to reach the seller by the end of April 2016 and valid for negotiation in China until the 15th day after the date of shipment.

买方　BUYER:　　　　　　　　卖方　SELLER:

图 3-21　打印出来的出口合同

课堂巩固

一、单项选择题

1. 国际货物买卖合同的基本内容不包括(　　)。

A. 约首　　B. 本文

C. 约尾　　D. 适用于 UCP 600 的申明

2. 根据以下资料回答(1)～(3)小题。

我国某公司于 7 月 5 日向外商发盘，以每套 40 美元 CIF 纽约的价格提供泳装 800 套，限 7 月 15 日复到有效。7 月 10 日收到外商回电称价格太高，若每套 30 美元可接受，7 月 14 日又收到外商来电："接受你方 7 月 5 日的发盘，信用证已开出。"此时正值市价上涨，我方未予回应。其后外商认为我方违约，要求赔偿损失。

(1) 根据《联合国国际货物销售合同公约》，7 月 10 日收到的外商回电是(　　)。

A. 还盘　　B. 询盘　　C. 接受　　D. 发盘

(2) 根据《联合国国际货物销售合同公约》，7 月 14 日收到的外商的接受是(　　)。

A. 有效的　　B. 无效的　　C. 承诺　　D. 表明合同订立

(3) 根据《联合国国际货物销售合同公约》，本案(　　)。

A. 合同成立

B. 我方应赔偿外商损失

C. 合同是否成立必须由买卖双方协商决定

D. 合同不成立

3. 下列属于非实质性变更的有(　　)。

A. 交货时间　　B. 赔偿责任范围　　C. 包装的改变　　D. 货物重量

4. 按照有关规定，对不同包装种类的货物混装在一个集装箱内，这时货物的总件数显示数字之和，包装种类统称用(　　)表示。

A. Cartons　　B. Pieces　　C. Packages　　D. Pallets

5. 以 FOB 贸易术语、信用证支付方式进口一批货物，业务环节不包括(　　)。

A. 申请开证　　B. 交单议付　　C. 付款赎单　　D. 接货报关

6. 在买卖合同的检验条款中，关于检验时间和地点的规定，使用最多的是(　　)。

A. 在出口国检验　　B. 在进口国检验

C. 在出口国检验，进口国复检　　D. 在第三国检验

二、判断题

1. 买卖合同是买方申请开立信用证的基础。在非信用证支付方式下，买卖合同是出口商凭以制单的依据。(　　)

2. 我方进口商品单价写为 USD 100/MT FOB TIANJIN 是正确的。(　　)

3. 国际货物买卖合同中的商品单价包括计价货币、佣金率、单位价格金额、贸易术语。(　　)

4. 如果受盘人甲将发盘转让给乙公司，则乙公司可以直接向发盘人表示接受。

(　　)

5. 约首是合同的开头部分,一般包括合同名称和编号、签约日期和地点、合同当事人的名称和地址等。 (　　)

6. 合同和确认书是书面合同的主要形式,二者具有同等法律效力。 (　　)

7. 一项发盘即使是不可撤销的,也可以撤回,只要撤回的通知在发盘送达受盘人之前或同时送达受盘人。 (　　)

课后实践

请根据以下给出的合同样本(见表 3-1),利用"远景外贸通"软件,制作电子合同并导出为 Excel 格式存档。

表 3-1　合同样本

SALES　CONTRACT

Contract No.: MT13008
Date: Dec 6,2016
Signed At: Shanghai China

The Seller: MAITY INTERNATIONAL CO., LTD.
Address: No. 29 JIANGNING ROAD, SHANGHAI, CHINA
The Buyer: DESEN EUROPE GMBH
Address: GIRARDETSTRASSE 2-38,EINGANG. 4 D-45131 ESSEN, GERMANY
This Sales Contract is made by and between the Seller and the Buyer, whereby the Seller agree to sell and the Buyer agree to buy the under-mentioned goods according to the terms and conditions stipulated below:

Description of Goods	Quantity	Unit Price	Amount
"RAIKOU"		CIF Hamburg	
Homewear RH1140	400PCS	€5.88	€2,352.00
Blue RH1150 Pink	400PCS	€6.08	€2,432.00
DRRW005 Gray	400PCS	€5.38	€2,152.00
DRRW008 Purple	400PCS	€5.18	€2,072.00
TOTAL	1 600PCS		€9,008.00
Total Amount: Say Euro Nine Thousand and Eight Only			

Packing: 40pcs are packed in one export standard carton
Shipping Mark:

RAIKOU MT13008
HAMBURG
/No. 1-40

Time of Shipment: NOT LATER THAN FEB. 15,2017
Loading Port and Destination: From Shanghai, China to Hamburg, Germany
Partial Shipment: Not Allowed
Transshipment: Allowed
Insurance: To be effected by the seller for 110% invoice value covering All Risks and War Risk as per CIC of PICC dated 01/01/1981
Terms of Payment: By L/C at sight, reaching the seller before Dec. 31,2016, and remaining valid for negotiation in China for further 15 days after the effected shipment. L/C must mention this contract number. L/C advised by BANK OF CHINA. All banking Charges outside China (the mainland of

续表

China)are for account of the Drawee.
Documents:
+ Signed commercial invoice in triplicate.
+ Full set(3/3)of clean on board ocean Bill of Lading marked "Freight Prepaid" made out to order blank endorsed notifying the applicant.
+ Insurance Policy in duplicate endorsed in blank for 110% of invoice value covering All Risks and War Risk as per CIC dated 01/01/1981.
+ Packing List in triplicate.
+ Certificate of Origin issued by China Chamber of Commerce.

Signed by:

THE SELLER:	THE BUYER:
MAITY INTERNATIONAL CO. ,LTD.	DESEN EUROPE GMBH
GU TAO	Lucy Lu

第4章 信用证审核与修改

主干案例

2016年4月18日，上海远程国际贸易有限公司收到中国银行上海分行的信用证通知书和F. Van Lanschot Bankiers N. V. 银行开立的信用证，填写了信用证分析单，并根据合同对信用证进行审核。

4.1 信用证审核

信用证结算方式对于出口商来说，其最大的优势在于，只要出口商按时提交的单据完全符合信用证的规定，就可以获得开证行的付款。而通知行只负责核对信用证的真实性，对其传递的完整性负责，而不审核信用证的具体内容。因此，在执行出口合同的过程中，认真、细致地对国外来证进行审核就成为关系到出口商是否能够按其要求及时正确交单，并安全收取货款的关键。

出口商审核信用证的主要依据是国内的有关政策和规定、交易双方成交的合同、国际商会的《跟单信用证统一惯例》

(UCP 600)以及实际业务操作中出现的具体情况。

4.1.1　信用证审核的原则

审核信用证通常遵循的原则是：当信用证条款规定比合同条款严格时，应当针对信用证中存在的问题提出修改；而当信用证的规定比合同条款宽松时，可不要求修改。当然，对于那些影响到出口商安全收汇和顺利履行合同义务的条款，即便合同未作出相应规定，也应提出修改。

4.1.2　信用证审核的基本要点

1. 对信用证本身的审核

1) 适用惯例

根据 UCP 600 的规定，只有当信用证文本中明确指出受 UCP 600 约束，才意味着该信用证的使用惯例是 UCP 600，信用证当事人也可以按照自己的意愿修改和排除其中的部分条款。因此，我们必须先确认该证是按 UCP 600 开立的，然后才能基于 UCP 600 来分析审核信用证。

2) 开证行的资信情况

信用证能否得到有效兑付，开证行的资信是重要因素之一。如对开证行资信不清楚，可委托相关银行仔细查清其信用等级。对于资信欠佳的银行或局势紧张动荡的国家开来的信用证，应尽量避免接受，或要求其他银行对其进行保兑。

3) 信用证的付款保证

虽然 UCP 600 规定信用证是不可撤销的，但并不排除信用证中会出现各种限制信用证生效的条款。例如：

This credit is non-operative unless the name of carrying vessel has been approved by the applicant.

运输工具经开证申请人确认后，本信用证方才生效。

This credit is not operative only after your receipt of our telex confirming that the import license has been obtained.

待开证申请人获得进口许可证并由我方电传向你方确认后，本信用证方才生效。

如果发现开证行在其相符交单即保证付款的承诺上，又加上了其他付款条件，也应要求删除，例如"开证行在货到目的港后并通过进口商品检验才付款""在货物清关后开证行才支付货款"等。

如果合同规定应开具保兑信用证，要注意核查信用证是否加具了保兑。

4) 费用问题

如事先未商定银行费用，应由双方共同承担。一般情况下，发生在开证行的所有费用应由进口商负担，而发生在开证行所在国以外的费用通常会规定由出口商负担。

5）兑付方式、到期日、到期地点、交单期限

合同中规范的信用证支付条款会约定信用证的兑付方式、到期日和到期地点，例如：

... and valid for negotiation in China until 15th day after date of shipment.

审核信用证时可据此进行。

双方即便事前未在合同中约定，对于信用证规定在国外到期或是到期时间过早、交单期限过短，例如装运日后 5 天交单，也应在审核意见中修改表述，以保证出口商及时顺利交单议付。

2. 专项审核

要关注其与合同的一致性，以及是否给受益人带来了额外的风险或费用支出。

(1) 申请人和受益人是否与合同相符。

(2) 信用证金额、币种、付款期限规定是否与合同的支付条款一致，例如：

... a letter of credit payable at 30 days after B/L date for 100% contract value.

如果信用证的付款期限迟于合同规定，例如合同规定付款期限为提单后 30 天，而信用证规定付款期限为 at 30 days after sight（见票后 30 天），由于见票日是晚于提单日的，如接受就意味着受益人将比合同约定的更晚取得货款，在审核时应就此提出修改。反过来，如果受益人将比合同约定的更早取得货款，在审核时就不必提出修改。

(3) 商品品名、货号、规格、数量、包装规定，特别是贸易术语，是否与合同一致。如合同有溢短装条款，则在信用证的数量和金额上均应有相应的体现。

(4) 信用证的装运期限、装运港、卸货港、分批装运、转运规定是否与合同的装运条款一致，例如：

Shipment by the end of May 2015 from China port to Liverpool, U. K. allowing partical shipments and transshipment.

(5) 单据条款是否合理，是否给受益人带来了额外的风险和费用支出。

3. 信用证与实际交易情况

(1) 应注意审核提交的单据是否与交易的实际情况相冲突。例如，在 CFR 交易中，信用证要求提交保险单；FOB 交易中，信用证要求提单显示运费已付；在采用海洋运输的情况下，信用证要求提交空运单。

(2) 应注意是否存在限制出口商装运、交单的条件。例如，“货物只能待收到申请人指定船名的装运通知后装运，而装运通知将由开证行随后以信用证修改书的方式发出。受益人应将该修改书包括在已付单据中”；又如，“船样寄开证申请人确认后，受益人才可交单”。

(3) 应注意是否有将单据的出具权掌握在申请人或其代理人手中的情况。例如，“由开证申请人或其代表签署的检验证书一份”。

(4) 应注意是否额外增加了受益人的费用支出。例如，信用证中规定单据须由指定机构或使馆签署、认证；又如，信用证的投保加成率比合同有所提高等。当然，如果信用

证中规定的保险险别与合同不同，只要其没有增加出口商额外的保险费支出，就无须修改。例如，合同规定投保 ICC(B)险而信用证规定投保 WPA 水渍险，合同规定投保 FPA 平安险而信用证规定投保 ICC(C)，这些一般都不作为审证不符点。

(5) 应特别关注货物的控制权问题。例如，信用证规定提单以进口商作为记名收货人，或收货人凭进口商指示；信用证要求提交空运单，并以进口商为收货人；信用证规定在货物装运后将正本提单直接寄给进口商等。

4.2 信用证修改

4.2.1 信用证的修改程序

UCP 600 规定，未经开证行、保兑行（如有此行）及受益人同意，信用证既不得修改，也不得撤销。受益人在审证中，如发现有不能接受、与买卖合同不一致的条款，或含有内容不完整、无法办到的条款，应通过开证申请人向开证行提出改证。开证申请人也可能因形势变化而要求修改信用证。

信用证修改的程序为：开证申请人向开证行发出修改信用证的指示，该指示必须完整、明确；开证行同意修改后，向原信用证的通知行发出信用正修改书；通知行收到修改书，鉴别其真实性，再通知受益人；受益人收到修改书后，应提供接受或拒绝修改的通知。如受益人未给予通知，但交单与信用证及修改通知书的内容一致时，视为受益人已接受修改。

4.2.2 信用证项下单证不符的处理

如果受益人提交的单据存在不符点，开证行可能拒付。对不符点，如果处理得当，受益人仍可能挽回损失，甚至变被动为主动。

受益人收到开证行或保兑行的拒付通知时，首先应确认其是否有效。有效的拒付通知应该符合以下所有条件，否则开证行或保兑行仍必须付款。

(1) 开证行提出的不符点必须明确，且以单据为依据，没有提出具体不符点的拒付不能构成完整的拒付通知。

(2) 开证行必须以自身的名义提出不符点拒付，不得以“开证申请人认为单证有不符点而不愿付款”为由提出拒付。

(3) 开证行必须在规定的时间内提出拒付，即在收到单据翌日起的 5 个银行工作日内提出。

(4) 开证行必须一次性地提出所有不符点。

(5) 拒付电必须包含拒付的字样。

(6) 声明代为保留单据听候交单人处理，或直接退单，或按交单人之前的指示处理等。

其次,受益人应对照留底单据审核不符点是否成立。若不符点不成立,应立即通过交单行进行反拒付。若开证行提出的不符点确实成立,受益人应争取在有效期内更改全部单据并重新寄单,开证行在第二次收到单据后应视全新单据予以重新审核,可提出与第一次不同的不符点;如受益人接受的是部分退单修改,则开证行只能就原不符点修改之处提出不符点,无权再提新的不符点。如来不及更改单据,受益人应尽快联络开证申请人赎单提货,避免发生滞港费、仓储费等额外费用。如进口人拒绝赎单,受益人应立即查询货物的下落,了解货物是否到港、是否被提等情况。如果货物被进口人凭信用证项下单据或凭提货保函提走,那么不管单证是否有不符点,也不管进口商是否赎单,开证行必须付款。

主干案例制单演示

步骤1:信用证审核。

F. Van Lanschot Bankiers N. V. 银行开立的信用证见表4-1,远程公司单证员王远对其进行审核。

表4-1 信用证

FORM OF DOC. CREDIT	*40A	IRREVOCABLE
APPLICABLE RULES	40E	UCP 600
DOC. CREDIT NUMBER	*20	AM/VA07721SLC
DATE OF ISSUE	31C	160418
DATE AND PLACE OF EXPIRY	31D	DATE 160609 PLACE VANCOUVER
APPLICANT	*50	VANCOUVER INTERNATIONAL TRADE CORPORATION 99 PURCELL ROAD NORTH VANCOUVER BC
BENEFICIARY	*59	SHANGHAI YUANCHENG INTERNATIONAL TRADE CO., LTD.
CURRENCY CODE, AMOUNT	*32B	CURRENCY USD AMOUNT 26,660.80
DRAFT AT...	42C	AT 30 DAYS AFTER SIGHT FOR FULL INVOICE VALUE
DRAWEE	42A	F. VAN LANSCHOT BANKIERS N. V. VANCOUVER BC, CANADA
PARTIAL SHIPMENTS	43P	ALLOWED
TRANSSHIPMENT	43T	PROHIBITED
LOADING ON BOARD	44A	SHANGHAI
FOR TRANSPORT TO...	44B	VANCOUVER
LATEST DATE OF SHIP	44C	160525

续表

DESCRIPT OF GOODS	45A	4 ITEMS OF TOTAL 2,088 SETS OF PLUSH TOYS AS PER ALLICANT'S ORDER NUMBER TIV-PO-CSH0873 AND BENEFICARY'S CONTRACT NUMVER 16HQ-VANT. TERMS OF DELIVERY: CIF VANCOUVER (INCOTERMS 2000). PACKING IN NEUTRAL SEAWOTHY EXPORT CARTONS SUITABLE FOR LONG DISTANCE OCEAN TRANSPORATION. SHIPPING MARKS: SHYC 16-HQ-VANT VANCOUVER C/NO. 1-UP ALL OF THE ABOVE MUST BE STATED ON THE INVOICE AND PACKLING LIST.
DOCUMENTS REQUIRED	46A	+SIGNED COMMERCIAL INVOICE IN QUINTUPLICATE MADE OUT IN THE NAME OF APPLICANT INDICATING FOR VALUE AND THE ORIGIN OF THE GOODS SHIPPED. + PACKING LIST/WEIGHT MEMO IN TRIPLICATE MENTIONING TOTAL NUMVER OF CARTONS AND GROSS WEIGHT AND MEASUREMENTS PER EXPORT CARTON. +2/3 OF ORIGINAL CLEAN ON-BOARD MARINE BILL OF LADING, PLUS 3 N. N-COPIES MADE OUT OF "TO ORDER", AND BLANK ENDORSED MARKED "FREIGHT PREPAID" SHOWING AS NOTIFY THE APPLICANT AND INDICATING THE NAME AND ADDRESS OF THE CARRIERS AGENT AT THE PORT OF DISCHARGE. +FULL SET 3/3 OF MARINE INSURANCE POLICY OR CERTIFICATE, ENDORSED IN BLANK FOR 120 PERCENT OF FULL CIF VALUE, COVERING INSTITUTE CARGO CLAUSES (A) AND INSTITUTE WAR CLAUSES - CARGO. +COPY OF G. S. P. CERTIFICATE OF ORIGIN FORMA IN DUPLICATES STATING THAT THE GOODS ARE OF CHINESE ORIGIN. +BENEFICIARY'S CERTIFICATE STATING THAT ONE SET OF NON-NEGOTIABLE SHIPPING DOCUMENTS TOGETHER WITH THE 1/3 ORIGINAL B/L AND ORIGINAL GSP FORM A HAVE BEEN SENT TO THE APPLICANT BY DHL WITHIN 72 HOURS AFTER SHIPMENT. + ORIGINAL AND COPY OF QUALITY INSPECTION CERTIFICATE ISSUED AND SIGNED BY THE APPLICANT. +COPY OF BENEFICIARY FAX SENT TO APPLICANT WITHIN 2 WORKING DAYS AFTER SHIPMENT INDICATING DATE OF DEPARTURE, SHIPPING MARKS, NUMBERS OF L/C, B/L CONTRACT AND ORDER AS WELL AS NUMBER OF CARTONS TOGETHER WITH THE TOTAL GROSS WEIGHT AND GOODS VALUE.

续表

CHARGES	71B	ALL BANKING CHARGES INCLUDING OPENING FEE ARE FOR BENEFICIARY'S ACCOUNT.
PERIOD OF PRESENTATION	48	DOCUMENTS TO BE PRESENTED WITHIN 15 DAYS AFTER THE DATE OF ISSUANCE OF TRANSPORT DOCUMENT BUT WITHIN THE VALIDITY OF THIS CREDIT.
CONFIRMATION INSTRUCTIONS	*49	WITHOUT
ADDITIONAL CONDITIONS	47A	+ALL DOCUMENTS MUST INDICATE THIS CREDIT NUMVER. +THE CARRYING VESSEL SHOULD BELONG TO CONFERENCE LINE AND NOT MORE THAN 20 YEARS OLD. A CERTIFCATE TO THIS EFFECT ISSUED BY THE SHIPPING COMPANY TO BE PRESENTED WITH THE L/C DOCUMENTS UPON NEGOTIATION.
INSTRUCTION TO THE PAYING/ACCEPTING/ NEGOTIATING BANK	78:	+T. T. REIMBURSEMENT IS NOT ACCEPTABLE. +UPON RECEIPT OF CORRECT DOCUMENT BY US. WE SHALL COVER THE NEGOTIATING BANK AS PER THEIR INSTRUCTIONS, IN THE CURRENCY OF THIS CREDIT ONLY.

步骤 2：信用证审核意见。

远程公司单证员王远审核信用证后提出修改意见，见表 4-2。

表 4-2　信用证修改意见

原信用证条款	修 改 意 见
31D：DATE 160609 PLACE VANCOUVER	改为在中国到期
42C：AT 30 DAYS AFTER SIGHT	改为即期
43P：ALLOWED	与合同规定不符，但因宽于合同规定，不必提出修改
43T：PROHIBITED	改为 ALLOWED
44C：160525	改为 160531
31D：160609	改为 160615
45A：TOTAL 2,088 SETS	改为 2 080 SETS
46A：+ 2/3 OF ORIGINAL CLEAN ON-BOARD MARINE BILL OF LADING ... + BENEFICIARY'S CERTIFICATE STATING THAT... 1/3 ORIGINAL B/L ... HAVE BEEN ... BY DHL WITHIN 72 HOURS AFTER SHIPMENT.	装运后 72 小时内将 1/3 正本提单直接寄给客户，无法保证出口商在收款之前掌握货权 改为：将 3/3 正本提单提交给银行，删除寄单证明中有关寄送 1/3 正本提单的内容
46A：INSURANCE POLICY... FOR 120% OF FULL CIF VALUE COVERING...	改为按 110% 的 CIF 金额投保，险别可不要求修改

续表

原信用证条款	修改意见
46A: ORIGINAL AND COPY OF QUALITY INSPECTION CERTIFICATE ISSUED AND SIGNED BY THE APPLICANT.	检验证书的签发权掌握在开证申请人手中，无法保证受益人及时正确交单 改为：由中国出入境检验检疫局签发检验证书
71B: ALL BANKING CHARGES INCLUDING ... ARE FOR BENEFICIARY'S ACCOUNT.	按贸易惯例，开证费用不应由受益人承担 改为：受益人承担发生在开证国以外的银行费用

课堂巩固

一、单项选择题

1. 为了供进口商检查并确定是否应征收反倾销税，信用证要求提供(　　)。

A. 汇票　　B. 商业发票　　C. 领事发票　　D. 厂商发票

2. 根据以下资料回答(1)～(3)小题。

我国某外贸公司向巴基斯坦一家公司以 CIF 条件出口一批货物，国外来证中对单据条款规定如下：商业发票一式两份；全套清洁已装船海运提单，注明“运费预付”，做成指示抬头，空白背书；保险单一式两份，按照中国人民保险公司海洋运输保险条款投保一切险和战争险。信用证内注明按 UCP 600 办理。外贸公司在信用证规定的装运期内将货物装上船，并于到期日前向议付行交单议付，议付行随即向开证行寄单索偿。开证行收到单据后，来电表示拒绝付款。

(1) 开证行拒绝是否合理？为什么？(　　)

A. 合理，商业发票上没有签字

B. 合理，正本提单是一份，不符合全套要求

C. 不合理，单证相符且单单相符

D. 以上都不正确

(2) 根据 UCP 600 规定，银行有权拒收于装运日期(　　)天后提交的单据。

A. 21　　B. 15　　C. 30　　D. 60

(3) 为符合全套单证要求，需要提交(　　)份正本提单。

A. 1　　B. 2　　C. 3　　D. 4

3. 信用证项下，从银行的角度来考虑制单的正确性要做到“三相符”。这里所说的“三相符”不包括(　　)。

A. 单据与贸易合同相符　　B. 单据与信用证相符

C. 单据与单据相符　　D. 单据与有关国际惯例相符

4. 信用证在表达数量时，如果使用了“approximately”字样，应理解为有关数量的增减幅度为(　　)。

A. 5%　　B. 10%　　C. 15%　　D. 20%

5. 通常用于来料加工和来件装配业务的信用证是(　　)。

A. 可转让信用证　B. 循环信用证　C. 对开信用证　D. 对背信用证

6. 信用证规定装运期限为5月,有效期为6月1日,没有规定交单期。出口公司装船后,提单签发日为5月12日,出口人应于(　　)前(包括当日)去交单。

A. 5月28日　B. 6月1日　C. 6月2日　D. 5月29日

7. 信用证规定"Shipping documents must show P/O NO. 1356",卖方制作(　　)时可不显示"P/O NO."。

A. 保险单　B. 发票　C. 空运单　D. 汇票

8. 当买卖双方采用信用证方式结算时,受益人应对照合同仔细检查,如发现信用证与买卖合同有重大不一致时,受益人应要求(　　)。

A. 通知行修改　B. 开证行修改

C. 开证申请人修改　D. 议付行修改

9. 信用证有效兑付方式不包括(　　)。

A. 汇票　B. 承兑支付　C. 议付　D. 延期支付

10. 根据UCP 600第八条规定,(　　)自对信用证加具保兑之时起即不可撤销的承担承付的责任。

A. 保兑行　B. 通知行　C. 议付行　D. 开证行

11. "percentage credit amount tolerance"是信用证总金额浮动的规定,"05/05"表示的是(　　)。

A. 允许上下浮动5%　B. 允许上浮5%

C. 允许下浮5%　D. 不允许浮动

二、判断题

1. 如果信用证要求"certified invoice",则商业发票的名称可以只显示INVOICE。(　　)

2. 可转让信用证的发票抬头可用第一受益人名称替换原证中的开证申请人名称。(　　)

3. 信用证在表示数量时如果用了"ABOUT"字样,应理解增减幅度为5%。(　　)

4. 信用证规定"blue cotton wears",发票上可显示"colored cotton wears"。(　　)

5. 若信用证规定货名为MACHINE,发票误打成MASHINE,开证行不应据此拒付。(　　)

6. 当信用证规定货名为DRIRD GRAPE时,发票写成RAISIN不构成不符点。(　　)

7. 若信用证要求单据"in duplicate",则该单据必须有一份正本。(　　)

8. 如果信用证规定"beneficiary certified copy of shipping advice",则受益人不必

签署。（　　）

9. 信用证是以买卖合同为基础，开证行只对信用证负责，不受合同约束。（　　）

10. 可转让信用证只能转让一次，第二受益人不能再将信用证转让给他人，也不能重新转让给第一受益人。（　　）

11. 使用假远期信用证时，受益人可以即期全额收汇。（　　）

课后实践

请根据第 3 章课后实践部分的销售合同样本（见表 3-1），审核下列信用证（见表 4-3），指出不符之处，并提出修改意见。

表 4-3　信用证

FORM OF DOC. CREDIT	40A：	IRREVOCABLE
DOCUMENTARY CREDIT NUMBER	20：	00130010018208A1
DATE OF ISSUE	31C：	170101
APPLICABLE RULES	40E：	UCP LATEST VERSION
DATE AND PLACE OF EXPIRY	31D：	170220 GERMANY
APPLICANT	50：	DESEN EUROPE GMBH GIRARDETSTRASSE 2-38，EINGANG. 4 D-45131ESSEN，GERMANY
BENEFICIARY	59：	MATY INTERNATIONAL CO.，LTD. NO. 29 JIANGNING ROAD，SHANGHAI，CHINA
CURRENCY CODE，AMOUNT	32B：	USD 9,008.00
VAILABLE WITH … B…	41A：	A BANK OF CHINA BY NEGOTIATION
DRAFTS AT …	42C：	30 DAYS AFTER SIGHT
DRAWEE	42A：	DESEN EUROPE GMBH
ARTIAL SHIPMENTS	43P：	NOT ALLOWED
TRANSHIPMENT	43T：	NOT ALLOWED
PORT OF LOADING/AIRPORT OF DEPARTURE	44E：	ANY CHINESE PORT
PORT OF DISCHARGE/AIRPORT OF DESTINATION	44F：	HAMBURG BY SEA
LATEST DATE OF SHIPMENT	44C：	170210
DESCRIPTION OF GOODS AND/OR SERVICES	45A：	1,600 PCS BABYWEAR AS PER ORDER NO. MY1301 AND S/C NO. MT13008 CFR HAMBURG PACKED IN CARTON OF 20PCS EACH

续表

DOCUMENTS REQUIRED	46A：	+SIGNED COMMERCIAL INVOICES IN TRIPLICATE INDICATING LC NO. AND CONTRACT NO. +FULL SET（3/3）OF CLEAN ON BOARD OCEAN BILL OF LADING MADE OUT TO APPLICANT AND BLANK ENDORSED MARKED " FREIGHT TO COLLECT " NOTIFYING THE APPLICANT. +SIGNED PACKING LIST IN TRIPLICATE SHOWING THE FOLLOWING DETAILS: TOTAL NUMBER OF PACKAGES SHIPPED; CONTENT（S）OF PACKAGE（S）; GROSS WEIGHT, NET WEIGHT AND MEASUREMENT. +CERTIFICATE OF ORIGIN ISSUED AND SIGNED OR AUTHENTICATED BY A LOCAL CHAMBER OF COMMERCE LOCATED IN THE EXPORTING COUNTRY. +INSURANCE POLICY/CERTIFICATE IN DUPLICATE ENDORSED IN BLANK FOR 120% INVOICE VALUE, COVERING ALL RISKS OF CIC OF PICC(1/1/1981).
CHARGES	71B：	ALL CHARGES AND COMMISSIONS ARE FOR ACCOUNT OF BENEFICIARY INCLUDING REIMBURSING CHARGES.

第5章 商业单据缮制

主干案例

2016年4月28日，远程公司接中国银行上海分行通知，收到F. Van Lanschot Bankiers N. V. 银行开立的信用证修改书，经审核，符合公司的改证要求。远程公司随即开始准备各类商业单据的缮制。

5.1 商业发票

商业发票(commercial invoice)在实际工作中简称为发票(invoice)。商业发票是出口方向进口方开列的发货价目清单，是买卖双方记账的依据，也是进出口报关交税的总说明。商业发票是商务单证中最重要的单据，能让有关当事人了解一笔交易的全貌。其他单据都是以发票为依据的。

5.1.1 商业发票的作用

发票是卖方向买方开立的对所交货物的总说明，是一张发货价目清单。进口商凭发票核对货物及了解货物的品质、规格、价值等情况，它是进出口商记账与核算的依据。在没有汇票时，出口商可凭发票向进口商收款。发票还是报关纳税的基本依据，也是实施其他管理的基础。

需要说明的是，发票在作为收汇单据之前，即货物出运时，还有以下作用。

(1) 作为国际商务单据中的基础单据，发票是缮制报关单、产地证、报检单、投保单等其他单据的依据。

(2) 作为报关、报检单据的组成部分。出运过程中，报检单、报关单都需要附上发票才能起到相应的作用。

而在作为收汇单证之后，发票还有核销外汇的作用，出口商收到外汇后，办理核销时需提供发票。

5.1.2 商业发票的一般内容

商业发票由出口企业自行拟制，无统一格式，但基本栏目大致相同，分首文、本文和结文3个部分。首文部分包括发票名称、号码、出票日期、地点、付款人(抬头人)、合同号、运输线路等。本文部分包括货物描述、单价、总金额、运输标志等。结文部分包括有关货物产地、包装类型、各种证明句、发票制作人签章等。

从本质上讲，发票是进出口商在国际贸易经济业务中的会计原始凭证，所以发票的具体内容是以原始会计凭证的基本内容为基础。

商业发票包括以下一些具体内容。

1. 出票人的名称

出票人的名称，即出具签发发票人的名称，一般写出口商的名称和详细地址、电话、传真等。一般出口企业在印制空白发票时，事先将公司的名称、地址、电话、传真印在发票的正上方(作为信头)。采用信用证时，UCP 600规定发票必须由受益人出具。对可转让信用证，在第一受益人换单条件下，第二受益人可出具自己为出票人的发票。

2. 单据的名称

单据的名称，即商业发票(commercial invoice)或发票(invoice)字样，应与信用证规定的一致。如果信用证没有对发票的名称作出具体要求的话(仅要求“发票”)，可提交任何形式的发票，商业发票、海关发票、领事发票等都可以，但是在发票的名称中不能有临时发票(provisional invoice)或形式发票(preforma invoice)等字样。如果信用证要求是“certified invoice”或“detailed invoice”，则发票的名称也应这样显示。

3. 制单的日期及制单的基础信息

制单的日期及制单的基础信息包括发票的制单日期、发票号码、合约号等。

4. 发票接受方的名称即发票的抬头人

发票接受方的名称即发票的抬头人是指发票上必须明确显示发票抬头人即付款人的名称、地址，通常情况下抬头人做成进口商，信用证方式下为开证申请人。如信用证要求做成第三方，应照办。可转让信用证的发票抬头可用第一受益人名称替换原证中的开证申请人名称。

5. 摘要的具体内容

有关此笔经济业务的内容摘要，具体包括以下内容。

(1) 货物描述。注明货物的名称、规格、数量及包装类型及件数等内容。采用信用证时，发票上的货物描述必须与信用证中的描述相一致。

(2) 有关运输信息。包括货物的起运地、目的地、运输标志(货物的识别标志)等，如有转运可标明转运地。

(3) 数量和金额。在出口发票上必须明确显示数量、单价、总值和贸易术语(价格条款)，包括数量及数量单位、计价货币名称、具体价格，有时还需列出佣金、折扣、运费、保费等。

(4) 出票方企业的名称、签发人盖章或签字。一般将这些内容打在发票的右下方。

(5) 其他内容。包括该笔业务相关的特定号码、证明等。如在发票商品描述下方空白处注明买方的参考号、进口证号、信用证号以及货物产地、出口商关于货物制造、包装、运输等方面的证明。

5.1.3 商业发票制作要点

(1) 出票人名称、地址等描述必须醒目、正确。如是采用信用证方式收汇的，发票出票人为受益人，必须与信用证上受益人的名称一致，同时要注意与其他单据上显示的出口商的名称、地址的一致性。如果信用证已被转让，银行也可接受由第二受益人出具的发票。

非信用证方式时，发票的出票人栏目显示合同的卖方。

发票的出票人有两种表示方法：①发票的信头直接显示受益人名称；②由受益人在发票上进行签署。在实务中，如果发票的出票人是受益人下属的某个部门(例如，ABC Co.,Ltd. Export Dept.)，则根据国际商会专家小组的意见，这是不允许的。

(2) 出票日期及出票的基础信息方面必须注意以下事项：①出票日期一般不迟于装运日。如信用证没有特别规定，发票日期早于信用证的开证日也是可以接受的；②发票上，一般需要显示有关此笔交易的基础信息(如合约号、订单号)。如果发票的货物涉及不止一个合约的，发票上显示合约号必须包括全部合约。

如果信用证没有要求标明合约号，也可以不显示。在信用证方式下，必须标明该笔交易中的信用证号码。

(3) 在显示发票付款人(抬头人)时，必须注意发票抬头应做成信用证的申请人名称、地址。UCP 600允许地址细节有不一致之处(只要与信用证描述的地址处于同一国家)，用于联系的资料(电话、电传、电子邮箱等类似细节)可不予置理，但是平时操作时，还是填写一致为妥。银行审单时，一般也是从严掌握的。

如果信用证有指定其他抬头人的，按来证规定制单。如果该信用证已被转让，则银行也可接受由第二受益人提交的以第一受益人为抬头的发票。非信用证方式收汇时，一般将合同的买方作为发票的抬头人。

(4) 运输路线、起运地、目的地必须与其他单据上显示的一致，并且要显示具体的地名，不要用统称，如信用证中只标明国名，在发票制作时，应打上具体的地名(除非一些特定交易出运时还未确定目的地)。

(5) 发票上的货物描述部分是发票的中心内容，一般情况下，必须描写具体。

信用证方式项下，UCP 600 规定："商业发票中对货物、服务或履约行为的描述应该与信用证中的描述不矛盾。"但不要求如同镜子反射那样一致。托收和汇款方式收汇的发票的货物描述应该按照合同填写。

关于发票品名的表述，在实务中通常有以下几种情况：①信用证只规定了货物的总称，发票应照样显示，还可加列详细的货名，但不得与总称矛盾。例如，信用证规定"bule cotton wears"，而发票上可在具体品名上方按来证显示统称。②如所列商品较多，信用证上标有统称时，发票上可在具体品名上方按来证显示统称。③信用证未规定货物的总称，但列举的货名很详细，则发票应按照信用证规定列明。④信用证规定的货名并非英文文字时，发票也应照原文显示(可同时用英文表述)。⑤信用证规定了多种货名，应根据实际发货情况注明其中的一种或几种，不可盲目照抄。⑥除了信用证规定的货物外，发票不能显示其他货物(包括样品、广告材料等)，即使注明是免费的。

如果发票的货物描述中某个字母写错，但不影响对该词理解时，开证行不能以此拒付，例如，信用证是 MACHINE，发票误打成 MASHINE。但是如信用证的是 DRIED GRAPES，发票写成 RAISIN，则因意思不同，会形成不符点。尽管现在国际商会对发票品名描述要求不是那么苛刻，但是出口商制作发票时还是应该拼写正确。

(6) 货物的规格。规格是货物品质、特征的标志，如一定的大小、长短、轻重、精密度、性能、型号、颜色等。一般当信用证开列了对规格的要求和条件时，所制发票必须和信用证规定完全一致，并且应正确表达，如信用证规定"水分不超过××%"，应在发票上注明实际含水量。

在发票上可添加货物规格、成分、状态等细节，但不能与信用证矛盾。

(7) 货物的数量。发票必须明确表明货物的数量，并与其他单据一致。

当信用证在表述数量时，如果使用了"约"(about)、"大约"(approximately)字样，应理解为有关数量不超过10%的增减幅度。

如果信用证规定的货物是以重量、长度、面积或体积等作为数量单位的，而不是按包装单位或个数计数的，在信用证对货物数量没有不得增减要求和所支取的金额未超过信用证金额的前提下，允许货物数量有5%的增减幅度。

如果信用证规定在指定的期限内分期装运货物数量，只要其中有一期未按规定期限装运，就会造成信用证失败，开证行将不再对信用证负责。但是信用证经过修改，可以恢复生效。

(8) 货物重量和包装情况。发票应标明货物的包装类型(箱、袋等)、包装件数和重量,并且须注意与其他单据上的相一致。

信用证上明确要求在发票上需列明货物重量或以重量计价的商品,在缮制发票时,应详细列明毛重、净重。

(9) 价格术语(价格条件)。发票中的价格术语十分重要,因为它涉及买卖双方责任的承担、费用的负担和风险的划分问题。另外,价格术语也是进口地海关核定关税的依据。

信用证价格术语如与合同中规定的有出入,应及时修改信用证。如事先没有修改,还是应该按照信用证规定制单,否则会造成单证不符。有的信用证规定的价格术语后列出一些附加条件,如 FOB line terms、CIF TOKYO INCOTERMS 2000 等,制作发票时,必须按此表述在发票上注明。

发票应完整、正确地显示价格条款,做到与相应单据(如提单上的运费支付方式)的表述相一致。

如果合同规定,(使用信用证时,信用证规定)发票必须显示货物成本、运费和保险费的细目,则发票应分别列明,这时须注意有关金额与其他单据相一致。

(10) 单价和总值。完整的货物单价包括计价货币、单位价格金额、计量单位和贸易术语 4 个内容,例如 EUR 100.00 PER DOZEN CIF HAMBURG。

总值是经过计算后得出的货物总价值,发票的总金额。

单价和总值是发票的主要项目,必须准确计算,正确缮制,并认真复核,特别要注意小数点的位置是否正确,金额和数量的横乘、竖加是否有矛盾。

发票金额必须用与信用证相同的货币表示。如果出口国外汇管制要求发票以当地货币表示金额,出口商可以在发票上显示信用证货币金额的同时,写上以当地货币表示的等值金额。

发票总值不能超过信用证的总金额。如信用证的总金额是按含佣金价计算的,则商业发票上的总金额也应按含佣价计算,不需要扣除佣金;如信用证单价为佣金价,但总金额已扣佣金的,即使信用证没有规定扣减,发票总金额也应是扣除佣金后的货物总值。

凡"约"或"大约"用于信用证金额时,应理解为有关金额可有不超过 10% 的增减幅度。

但是需要注意的是"约"放在哪一项,就适用于哪一项,不能以此类推。例如,信用证中货物的数量条款中有"约"等词语,但金额表述中没有此类词语,金额就不允许有上述幅度的增减。

当信用证规定的金额和数量允许有一定比例增减时,该信用证项下不同颜色、规格的货物,分别可以满足该增减幅度。但是如果其中有单独一项货物数量或金额超过规定,即使总金额和总数量在规定的范围之内,亦是不允许的。

如果信用证规定了货物数量，而该数量已经全部发运，还有如果信用证规定了单价，而该单价又未降低，则即使不允许部分装运，也允许支取的金额有5%的减幅。

信用证规定的数量已装完，而发票金额还有一些多余，在议付行表示接受的情况下，可采取“扣除”“放弃”的办法处理，即在总额下面减除差额零头，减除后的发票总金额不超过信用证所允许的金额。

托收和汇款项下，按合同制作发票。

(11) 运输标志唛头。发票作为交货清单应正确显示运输标志。运输标志是指印刷在货物外包装上的图形、文字和数字，便于各方辨别货物，有助于货物的装卸、运输等工作，以防错运错发。

运输标志一般以简明、易于识别为原则。标准运输标志由收货人简称、贸易业务参考号、目的地名称和件数编号组成。

如果货物运至目的港后还要转运到内陆城市的，可在目的港下面加打“IN TRANSIT TO ×××”或“IN TRANSIT”字样。

采用信用证时，如有指定运输标志的，必须按照规定制作运输标志。

如果信用证规定了具体运输标志，而且带有“运输标志仅限于……”(mark is restricted to...)或“只有这样的运输标志才能接受”(only such mark is acceptable)或“运输标志唛头应包括……”(mark should include ...)等类似语句时，则运输标志应严格按信用证规定的原样显示在发票上。

如果信用证规定了具体运输标志唛头，例如“QTY,GW”等，但没有“仅限于”等类似字样，则唛头可以按文字要求加注实际内容，如“QTY100SETS,GW 1 000 KGS”等。

如果信用证规定的运输标志唛头用英文表示图形，例如“in diamond”或“in triangle”等，则发票可用菱形或三角形等具体图形表示出来，也可用文字表示。

如果信用证中没有规定运输标志唛头，发票既可以显示出口商自行设计的运输标志唛头，也可以依据实际情况用“no mark”或“N/M”表示无运输标志，如服装类货物使用挂装集装箱时，运输标志处写成NO MARK。

无论哪种方法，发票上记载的运输标志及件号应与货物实际使用的一致。

(12) 补充信息及声明文句。国外来证有时要求在发票上加注各种费用金额、特定号码、有关证明句，一般可将这些内容打在发票商品栏以下的空白处，大致有以下几种：①注明特定号码，如进口证号码、配件许可证号码等；②运费、保险费等；③缮制证明句。

如澳大利亚来证要求加注原料来源证明句，有些国家来证要求加注非以色列证明句或关于产地说明等，例如，We hereby declare that the goods are of pure origin of China. We hereby certify that the contents of invoice herein are true and correct.

发票加注词句内容必须根据具体情况，不是一字不差地照搬信用证上的文字。

(13) 更正和“错漏当查”(E&OE)。发票的更正处应盖有签发人的更正章。“E&OE”是“errors and omissions excepted”的简称。应该注意的是，当发票已经显示了证明真实、正确等文句,就不能出现“E&OE”字样。

(14) 发票份数。信用证项下,提交银行的发票份数应与信用证规定的一致,如果信用证中没有特殊要求,其中一份必须是正本。如信用证要求“in duplicate”或“in two copies”时,所提供的发票中必须有一张是正本。

(15) 出口商签署。如果信用证没有规定,用于对外收汇的商业发票不需要签署(但用于报关、退税等国内管理环节的发票,必须签署);当信用证要求“signed invoice”时,发票需要做签署;而要求“manually signed invoice”时,该发票必须是手签。如果发票上有证明的字句(we certify that...),此类发票必须签署。

另外,发票签署还需注意以下事项。

① 如果以影印、自动或计算机处理或复写方法制作的发票,作为正本者,应在发票上注明“正本”(ORIGINAL)字样,并由出单人签章。

② 近几年,各地已陆续出现了国内税务机关统一印制的通用出口发票,常见的是一套六联。根据用途分为发票联、记账联、税务联、报关联、核销联、存根,内容与上述介绍的普通外销商业发票项目相同。

如进口商接受此种格式发票,也可用于收汇。但若与 L/C 或进口商要求不一致的,则不对外使用,只在报关、报检等国内环节中使用此格式的发票。对外收汇时,另外再制作原来常见格式的发票。

③ 现在有一些进口商要求出口商按进口商特有的格式发票制单,内容栏目基本上也与普通发票相同,若对出口方无不妥之处的,出口商可协助进口商按其要求制单(在对外收汇时和国外进口商办理有关手续时使用,办理出口国内手续时,需使用普通外销发票)。

(16) 形式发票。形式发票(preforma invoice)也称预开发票或估价发票,有时在未成交之前,出口商应进口商的要求,发出一份列有出售货物的名称、规格、单价等内容的非正式的参考性发票,供进口商向其本国贸易管理当局或外汇管理当局等申请进口许可证或批准给予外汇等之用,有时也用于报盘,作为交易前的发盘之用。

形式发票不是表示债务的凭证,不是一种正式发票,不能用于托收和议付。它所列的单价等,也仅仅是出口商根据当时情况所作出的估计,对双方都无最终的约束力。所以说,形式发票只是一种估计单,正式成交后还要另外重新缮制商业发票。

形式发票与商业发票的关系密切,信用证在货物描述后面常有“按照某月某日之形式发票”等条款,对此援引,只要在商业发票上打明“AS PER PROFORMA INVOICE NO... DATED...”即可。假如来证附有形式发票,则形式发票构成信用证的组成部分,制单时要按形式发票内容缮制。

5.2 包装单据

5.2.1 包装单据概述

1. 包装单据的定义

包装单据(packing documents)是记载或描述商品包装情况的单据,是商业发票的补充,也是货运单据中一项重要单据。除散装货物外,包装单据一般为不可缺少的文件。进口地海关验货,公证行检验,进口商核对货物时,通常都以包装单据为依据。进口商通过包装单据,还可了解货物包装件号内的具体内容,以方便销售。

2. 包装单据的作用

(1) 它是出口商缮制商业发票及其他单据时计量、计价的基础资料。

(2) 它是进口商清点数量或重量以及销售货物的依据。

(3) 它是海关查验货物的凭证。

(4) 它是公证或商检机构查验货物的参考资料。

3. 包装单据的主要内容

包装单据一般包括合同号、发票号、出单日期、运输标志、品名、包装规格、包装件数、毛净重等内容。填写时,包装单据必须与货物实际包装相符,并与发票、提单等单据相一致。

4. 包装单据的种类

由于商品不同,进口商需要的包装单据也不相同,因此包装单据种类多样,名称各异。

有时进口商对同一批商品也会提出突出不同侧面要求的包装单据,但是制作方法、显示的内容比较相似。常用的包装单据有以下几种:装箱单(packing list/packing slip)、包装明细单(packing specification)、详细装箱单(detailed packing list)、包装提要(packing summary)、重量单(weight list/weight note)、重量证书(weight certificate/certificate of weight)、磅码单(weight memo)、尺码单(measurement list)、花色搭配单(assortment list)。

另外,UCP 600 指出:"只要包装单据内容符合信用证的要求,能反映所规定的单据功能,不要求名称与信用证一字不差。"但我们制单时,应注意从严掌握,尽量一致。

出口商应根据进口商要求及不同商品的特点提供适当的包装单据,应以既能符合信用证的规定,为银行所能接受,又能满足客户的要求为原则。

5.2.2 包装单据制作

1. 包装单据的内容及缮制要求

1) 装箱单

装箱单用于表明装箱货物的名称、规格、数量、唛头、箱号、件数和重量,以及包装情况，如系定量装箱，每件都是统一的重量，则只需说明总件数多少，不需提供每箱具体重量及合计重量。如果来证条款要求提供详细的装箱内容，则需描述每件包装的细节，包括商品的货号、色号、尺寸搭配、毛净量及包装的尺码等。

2）重量单

除装箱单上的内容外，卖方应尽量清楚地标明商品每一包装单位的毛重、净量及总重量的情况，供买方安排运输、存仓、销售时参考。

3）尺码单

尺码单偏重于说明每件货物的尺码和总尺码，即在装箱单内容的基础上再重点说明每件、每个不同规格项目的尺码和总尺码。如果不是统一尺码应逐件说明。

除以上这些内容要求之外，进口商也会提出一些特殊要求，如果出口商能够办到的，也应显示其要求的内容和条款。如信用证和合同规定要出 neutral packing list 即中性（包装）装箱单，单据上不可以显示出口制单方的名称、地址（即上无信头部分且下无公司印章），同时不可显示产地。

2. 缮制包装单据应注意的事项

缮制包装单据应注意的事项包括以下几点：

（1）采用信用证收汇时，包装单据名称应与信用证内规定名称一致，因为包装单据的内容，既包括包装的商品内容，也包括包装的种类和件数，每件毛、净重和毛、净重总量，每件尺码和总尺码（体积），所以无论信用证要求的包装单据是何名称，都应按其规定名称照打。

（2）毛重、净重方面，应列明每件的毛重和净重，小计数及合计数必须与发票和运输单据、产地证、出口许可证的数字相符，对于计价的重量，数字更须注意。

（3）如果信用证规定要列明内包装情况（inner packing），必须在单据中充分表示出来，例如信用证规定，每件装一胶袋、每打装一盒、每20打装一纸箱，则须注明“Packing: each piece in a poly bag, one dozen in a cardboard box and then 20 dozens in a carton”。

（4）信用证项下，银行不检查单据中的数学计算细节，而只负责将总量与信用证及/或其他单据相核对。

（5）重量单如冠以 certificate of weight（重量证明）的，应加注证明句“We certify that the weights are true and correct”。

（6）装箱单据一般不应显示货物的单价、总价，因为进口商把商品转售给第三者时只要交付包装单和货物，不愿泄露其购买成本。

（7）为了符合信用证不接受联合单据的要求，可以利用装箱单分别冠以重量单、尺码单等不同名称的方法，一次缮制，按照信用证规定的份数分别提供给银行。

（8）可用显示发票号码、合同号码等方法表示与其他单据的关联性。

（9）货物描述，可以与信用证中的货物描述一致，也可以使用货物统称，但不得与信用证规定的货物描述相抵触。

(10) 包装单据(list、note、memo 之类)通常不需要签署。但当包装单据冠以“……证明”(Certificate of ...)、含有证明文句时,则应该签署。

5.3 保险单据

5.3.1 保险单据的分类和批单

目前在我国进出口业务中应用的保险单据主要有以下几种。

1. 保险单

保险单(insurance policy)又称“大保单”,是保险人与被保险人之间订立保险合同的一种正式证明。

由于海上保险单在我国的保险经营中使用得最为广泛,其内容是比较详尽的。保险单的正面印制的海上保险所需的基本事项包括:被保险人和保险人名称;保险标的名称、数量、包装;保险金额、保险费率和保险费;运输工具开航日期、装运港和目的港;承保险别;检验理赔人或代理人名称;赔款偿付地点;保险合同(保单)签订日期等。而保险单的背面则列明了一般保险条款,规定保险人与被保险人的各项权利和义务、保险责任范围、除外责任、责任起讫、损失处理、索赔理赔、保险争议处理、时效条款等各项内容。因为保险单是保险人出具的,其中有不少是格式条款。

2. 保险凭证

保险凭证(insurance certificate)实质上是一种简化的保险单。保险凭证与海上保险单具有同等的法律效力,故又被称为小保单。该凭证正面所列内容与海上保险单是一样的,但是背面是空白的,没有载明保险条款,只是在正面声明以同类海上保险单所载条款为准。目前较少使用。

3. 预约保险单

预约保险单(open policy)又称开口保险单,是保险人与被保险人双方预先签订的,较长期限的一揽子保险合同。合同规定了保险货物的范围、保险险别、保险责任、费率等,保单范围内的货物一经装运,保险公司自动承保。它一般适用于经常有相同类型货物需要装运的保险,可简化逐笔签订保险合同的手续。许多贸易公司与保险公司订有预约保险合约,凡该公司出口或进口的货物均在预约保险的保障范围内。

用于出口货物的预约保险单,要求出口公司在预约保险合同范围内的出口货物装船出运之前或出运时,填制“出口货物装运通知”,并将该批出口货物的保险项目通知保险公司,保险公司据此签发保险单。出口公司若因疏漏而未通知的,均应补办保险。补办时货物若已受损的,保险公司仍予赔偿。

用于进口货物的预约保险单,要求进口公司在收到出口商的“装船通知”后,应当填制包括货名、数量、金额、装运港、目的港、起运日期等内容的“国际运输起运通知书”给保险公司。保险公司据此按约定承保,每月按具体出运情况,收取保险费。如果进口公司未通知的,只要不是出于恶意,应予补办投保,则进口公司仍自货物装船时开始享受保险公司的保险保障。

4. 保险批单

保险批单(endorsement)是保险公司在保险单出立后,根据投保人的需求,对保险内容补充或变更而出具的一种凭证。批单是保险单的组成部分。

保险单据应按信用证规定的内容提交。如信用证规定提交保险单,则只能接受保险单;如信用证规定是预约保险下的保险证明/声明,则保险单可做替代。

5.3.2 保险单的缮制和注意事项

1. 保险单的内容及缮制要求

各家保险公司根据自身印制的保险单固定格式和投保要求,制作保险单,一般有以下这些内容。

(1) 保险公司名称(name of insurance company):此栏应根据信用证和合同要求相应的保险公司去办理保险单据,尤其在信用证支付方式下,如来证规定"INSURANCE POLICY IN DUPLICATE BY PICC, PICC",即中国人民保险公司,信用证要求出具由中国人民保险公司出具的保险单。

(2) 保险单据名称(name):此栏按照信用证和合同填制,如来证规定"INSURANCE POLICY IN DUPLICATE",即要求出具保险单而非保险凭证(INSURANCE CERTIFICATE)等。

(3) 发票号码(invoice No.):此栏填写投保货物商业发票的号码。

(4) 保险单号(No.):此栏填写保险公司的保险单号码。

(5) 被保险人(insured):又称保险单的抬头人。托收时,应填出口商;采用信用证时,如信用证和合同无特别规定,通常有以下几种填写方法。

① 托收、T/T 汇款或信用证无特别规定时,此栏填出口商(即信用证受益人),并由出口商空白背书。

② 如果信用证规定保险单背书给特定方,如"endorsed to order of opening bank",则在此栏填出口商,并在背面背书,注明"claims,if any,payable to order of ×××(特定方名称)"。

③ 如果信用证规定某特定方为被保险人,则在此栏填出口商(受益人)名称接"held in favour of ×××(特定方)",或直接在此栏显示"in favour of ×××(特定方)",受益人不需要背书。

④ 如果信用证要求保险单做成指示抬头"To order",则在被保险人栏目中填写"To order",再由受益人背书。这种方法的效果与以上第①种填受益人和背书的效果相同。

(6) 标记(marks and Nos):此栏填制装运唛头,与发票、提单上同一栏目内容相同或填上“as per invoice No. ×××”。

（7）包装及数量(quantity)：此栏填制最大包装件数，与提单上同一栏目内容相同。

（8）保险货物项目(description of goods)：按发票品名填写，如品名繁多，可使用统称，即可与提单上名称相同。

（9）保险金额(amount insured)：是指保险人承担赔偿或者给付保险金责任的最高限额(已包括贸易方利润)，这是计收保险费的基础。保险金额按照合同和信用证上的要求填制，至少是货物的 CIF 或 CIP 价的 110%。如 CIF、CIP 价无法确定，则以发票金额加一成(即 110% 的发票金额)填写。采用信用证时，按信用证中关于发票金额加成比例投保，信用证对投保金额的规定，视作最低投保金额的要求。如果发票金额扣除佣金时，必须以货物总价值为基础来计算保险金额。如因保额加成大，超过出口商原承担保费多的话，差额保险费可酌情另行向进口商收取。当保险加成超过 20%时，需事先征得保险人同意。

如货价中含有佣金，保额应为扣佣前的 110% 的发票金额。

如果所计算出的保险金额有小数，必须采用进一法而不是四舍五入法。

按“进一法”，即不论是“1 008.23”还是“1 008.54”，都按“1 009”填。

保险金额的大小写必须一致。

（10）总保险金额(amount insured in capital)：这一栏目只需将第(9)栏中的保险金额以大写的形式填入，计价货币也应以全称形式填入。需要注意的是，保险金额使用的货币单位应与信用证中的一致。

（11）保费(premium)：此栏一般由保险公司填制或已印好“as arranged”，除非信用证另有规定，如“INSURANCE POLICY ENDORSED IN BLANK FULL INVOICE VALUE PLUS 10% MARKED PREMIUM PAID”时，此栏就填入“PAID”或把已印好的“AS ARRANGED”删去加盖校对章后打上“PAID”字样。

（12）费率(rate)：此栏由保险公司填制或已印上“as arranged”字样。

（13）装载运输工具(per conveyance S. S.)：此栏应按照实际情况填写，当运输由两段或两段以上运程完成时，应把各程运输的船只名填在上面，如提单上的一程船名是“East Wind”，二程船名为“Red Star”，本栏应填写“East Wind/RED STAR”，以此类推。

（14）开船日期(sailing on or about)：此栏填制提单的签发日期或签发日期前 5 天内的任何一天，或可简单填上“AS PER B/L”。

（15）起讫地点(from...to...)：此栏填制货物实际装运的起运港口和目的港口名称，货物如转船，也应把转船地点填上，如“FROM SHANGHAI，CHINA TO NEW YORK. USA VIA HONGKONG(OR W/T HONGKONG)”。如海运至目的港，保险承保到内陆城市，应在目的港后注明该内陆城市。例如“FROM NINGBO TO LIVERPOOL AND THENCE TO BIRMINGHAM”。

（16）承保险别(CONDITIONS)：此栏应根据信用证或合同中的保险条款要求填

制，并注明保险条款名称。

(17) 赔款偿付地点(CLAIM PAYABLE AT...)：通常将运输目的地作为赔偿地点，UCP 600 注明了“当信用证规定投保一切险时，如果保险单载有一切险，无论是否有一切险标题，均被接受”。保险单可以缓引任何除外责任条款。赔款货币为投保金额相同的货币。当信用证或合同另有规定时，则依照填写，如来证要求“INSURANCE CLAIMS PAYABLE AT A THIRD COUNTRY GERMANY”，此时，应把第三国“GERMANY”填入此栏。

(18) 日期(date)：此栏填制保险单的签发日期。由于保险公司提供“仓至仓”服务，所以保险手续应在货物离开出口方仓库前办理，保险单的签发日期应不早于货物离开仓库的日期和不晚于提单签发的日期。

(19) 投保地点(place)：此栏一般填制装运港口名称。

(20) 盖章和签字(stamp&signature)：此栏盖与第(1)栏相同的保险公司印章及其负责人的签字。

(21) 特殊条款(special conditions)：如信用证和合同中对保险单据有特殊要求就填在此栏中。如来证要求“L/C NO. MUST BE INDICA TED IN ALL DOCUMENTS”，即在此栏中填入“L/ C No. ×××”。

(22) 保险单的份数和“ORIGINAL”字样：《跟单信用证统一惯例》条款中规定，正本保险单上必须有“ORIGINAL”字样，并显示该套保险单据正本的出具份数，如信用证无明确规定保险单的份数时，保险公司一般出具一套三份正本(ORIGINAL)的保险单。

在信用证没有特别规定交几份的情况下，必须向银行提交全套正本。如果保险单据未注明正本份数，而信用证也没有特别规定，则银行可以接受只提交一份正本的保险单据，但该保险单据必须注明系唯一正本。

(23) 投保币种：如果信用证没有特别规定，应与信用证中的币种一致。

(24) 免赔率：如果信用证要求不计免赔率(irrespective of percentage，IOP)，则保险单据中不应表明含有此类条款。但是如果信用证未明确规定，银行可接受表明有免赔率和免赔额的保险单。

(25) 赔付代理人：保险赔付代理人的名称及地址，一般是在货物的进口地。

(26) 查勘人：保险查勘人的名称及地址，而且其所在地一般情况下就是货物的进口地。

2. 办理投保手续

投保人办理投保是指投保人向保险人表示订立保险合同的意愿，提出投保申请。

投保人应在运输工具起运前，备妥货物并确定装运日后及时办理投保。投保人必须将有关要求告诉保险公司，向保险人提出要约或询价填写投保申请单，并随附发票或提单等。

保险公司对此审核无误后，以此为依据出具保险单或其他保险单据，收取保险费。

投保申请单(以下简称投保单)一般是保险人根据不同险种事先设计内容格式,由投保人在投保时填写,投保人应根据贸易、运输、货物的实际情况(如采用信用证方式,还需按来证要求),明确写出需投保的险别,提出相关的保险要求,并告知货物及装运情况。投保单所写明的事实内容,是保险人风险衡量、保费计费、合同订立(出保单)的依据。各企业投保申请格式不完全一致,但无论哪种格式,都包括以下主要内容:

(1) 投保人名称;

(2) 发票号码和标记;

(3) 包装及数量(件数);

(4) 货物名称;

(5) 保险金额;

(6) 运输工具;

(7) 开航日期;

(8) 赔付地及币制;

(9) 运输路程;

(10) 承保险别;

(11) 投保单位签章和投保日期。

填制投保单时,具体注意事项可参见保险单的制作。

3. 保险单的转让

海运保险单可以经背书而转让,保险单项下的利益经被保险人背书后即随着保险货物的所有权的转移自动转到受让人手中。通常情况下,保险单的背书转让与提单的转让相一致。受让人有权以自己的名义要求保险人在出险时赔偿承保范围内的损失。

5.4 海关发票

海关发票是一种从作用到填制方法都与商业发票不同的特殊单据,它是根据某些进口商海关的规定,由出口商填制的一种特定格式的发票,可供进口商凭以向海关办理进口报关、纳税等手续。

海关发票采用进口国海关自身制定的固定格式,各国海关发票的单据名称和详细内容不完全相同。

5.4.1 海关发票的作用和内容

海关发票的作用主要有以下 3 个方面。

(1) 海关发票是进口商凭以报关、进口国海关估价完税的凭证。

(2) 海关发票是进口国海关核定货物原产地、征收差别关税、查核进口商品价格、决定是否征收反倾销关税的依据。

(3) 海关发票可以作为进口国海关编制统计资料使用。

总体来说，海关发票中的内容应与商业发票或其他单据相一致，其内容主要有商品的价值(value)和商品的产地(origin of goods)。

5.4.2 制作海关发票的注意事项

(1) 因为海关发票的格式是由进口国海关制定的，各国格式不同，出口商在使用时，不能搞错格式，应使用相应国家海关的格式。

(2) 由于海关发票中相关金额是进口国海关征税的一个依据，为避免被征收反倾销税，必须做到以本币表示的国内生产价格小于出口价格。

(3) 海关发票上与其他单据的相同项目必须相互一致。如运费需与提单上一致，品名和金额需与发票上的一致。

(4) 有的海关发票必须有一证明人(witness)签字，也应用手签，证明人与单据签名者不能为同一人，也不能是其他货运单据上的签字人。若中间有更改，不能用盖校正章的方法，而应用钢笔在更改处小签。

证明句子部分必须是以个人名义叙述，不能盖公司印章。

目前经常使用的是加拿大海关发票，其他的已不多见。

如信用证要求提供的海关发票，在国内尚属稀见的，可向进口商索取空白格式，按上面所标栏目进行填制。

下面以加拿大海关发票为例，来说明填制时应注意的事项。

(1) 卖方、发货人(vendor)：应该是信用证的受益人，非信用证时，打出口商的名称和地址。

(2) 直接运往加拿大的日期(date of direct shipment to Canada)：与运输单据上的装运日期一致。

(3) 其他编号(other reference)：填写合同号或商业发票号等。

(4) 收货人(consignee)：一般是目的港的收货人，应填加拿大最终收货人的名称和地址。

(5) 买方名称与地址(purchaser's name and address)：按买卖合同上的买方名称和地址填写，如果与第(4)栏相同，也可填"same as consignee"。

(6) 转船国家(country of transshipment)：转船地点的所在国。若直运时，填"N/A"(not applicable)。

(7) 货物的原产地(country of origin of goods)：一般是出口国名。

(8) 运输：直接运往加拿大的方式和起讫地点(transportation: give mode and place of direct shipment to Canada)，通常采用"from...to...by vessel/air"的格式，根据信用证的有关要求填写。

(9) 销售方式和支付条款(conditions of sale and terms of payment)：应该填写合同和信用证中使用的价格条款及支付方式，如“FOB Shanghai by L/C at sight”“CIF Tokyo by D/P 30days after sight”。

(10) 结算货币(currency of settlement)：应填写成交时确定的支付货币名称，信用证支付项下，信用证中使用的货币与其他单据一致。

(11) 件数(No. of PKGS)：应填写货物最大包装的数量，即总包装件数，应与装箱单或其他单据一致。

(12) 货物内容(specification of commodities)：应与商业发票或信用证中的货物一致，包括品名、规格、包装单位、唛头。

(13) 数量(quantity)：应与商业发票和其他单据一致，列明具体数据，不是包装件数。

(14) 单价(unit price)：应填写计价货币缩写、计量单位、单位金额和价格条款，如“FOB Tokyo USD 20 PER PCE”，或只填写货币和单价金额“USD 20/PCE”(因为在第(9)栏已显示价格条款)，并且注意应与商业发票或信用证规定的一致。

(15) 金额(total)：应是数量与单价的乘积，与商业发票一致，如果有两个以上货号，应分别列出单价，相应填写每一货号的总额(因为第(7)栏上有发票总金额，所以此栏中可不显示各货号总额的总和数)。

(16) 总重量(total weight)：填写总的毛重、净重应与装箱单一致。

(17) 发票总金额(invoice total)：上述第(15)栏内各乘积的总和(包括计价货币缩写)，应与商业发票一致。

如果第(1)栏至第(17)栏所填写内容都已填写在所附的商业发票中，则查对本栏(if any of fields 1 to 17 are included on an attached commercial invoice，check this box)所显示的内容与信用证或其他单据不矛盾即可。在方格内，打“√”，表明第(1)栏至第(17)栏内容已包括在出口商业发票中，同时在横线上填写发票号。

(18) 出口商的名称和地址(exporter's name and address)：可填写第(1)栏出口商的名称和地址，也可填写“same as vendor”。

(19) 原产地负责人(originator)：应是出口公司的名称、地址及负责人名字和签字。

(20) 主管部门的规定(departmental ruling)：此栏是指加拿大政府对货物有无规定，通常显示为“N/A”(not applicable)，表明不适用。

如果第(23)栏至第(25)栏不适用，查本栏目(if any of fields 23 to 25 are not applicable，check this box)。

如第(23)栏至第(25)栏都不适用的话，在方格内打“√”。如果填写了第(23)栏至第(25)栏部分或全部栏目，则空白此栏。查对有关栏目和其他单据，只要不矛盾即可。

(21) 下列金额是否已包括在第(17)栏(if included in field 17 indicate amount)：①从起运地至加拿大的运费和保险费，填写运费和保费的总计金额；②进口到加拿大后因建造、安装和组装而产生的费用，根据实际填写，如果无此项费用，则在横线上打上“N/A”（表示不适用）；③出口包装费用按实际情况填写或填写“N/A”。

（22）以下项目如不包括在第（17）栏发票总额内，应注明金额（if not included in field 17 indicate amount）：①如果第（17）栏没有包括运费和保险费，而事实上产生了此类费用，则按实际情况填写此费用，否则就填“N/A”；②购买佣金之外的佣金，按实际填写，若没有则填“N/A”；③按实际填写包装费或填“N/A”。

查对有关栏目，只要不矛盾即可。

（23）核对（check）：①买方已付专利费或售后支付的款项，一般出口业务不适用，打“N/A”；②买方为生产这些货物提供的货物或服务，一般出口业务不适用，打“N/A”。

主干案例制单演示

（1）请根据第 3 章主干案例制单演示中的出口合同（见图 3-21）和第 4 章修改后的信用证（见表 4-2），使用“远景外贸通”制单软件制作商业发票。

步骤 1：出口执行→结汇单证，见图 5-1。

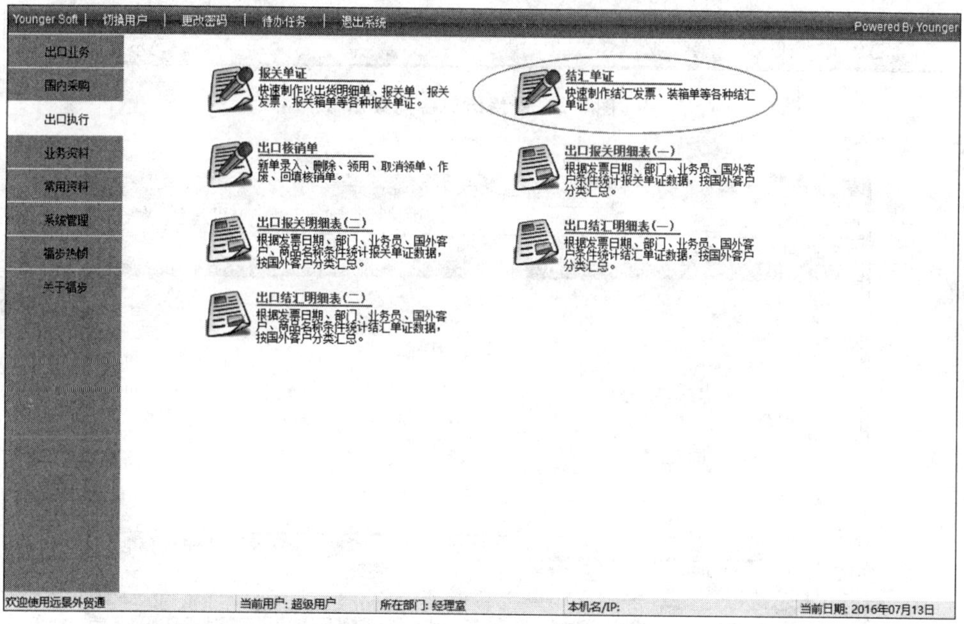

图 5-1　单击“结汇单证”

步骤 2：新建→引用出口合同数据，见图 5-2。

步骤 3：出口合同选择→勾选对应商品→确定，见图 5-3。

步骤 4：结汇单证编辑→输入其他基本信息→保存，见图 5-4。

步骤 5：打印，见图 5-5。

步骤 6：选择 Excel 模板→结汇单据，见图 5-6。

运用软件生成的发票，见图 5-7。

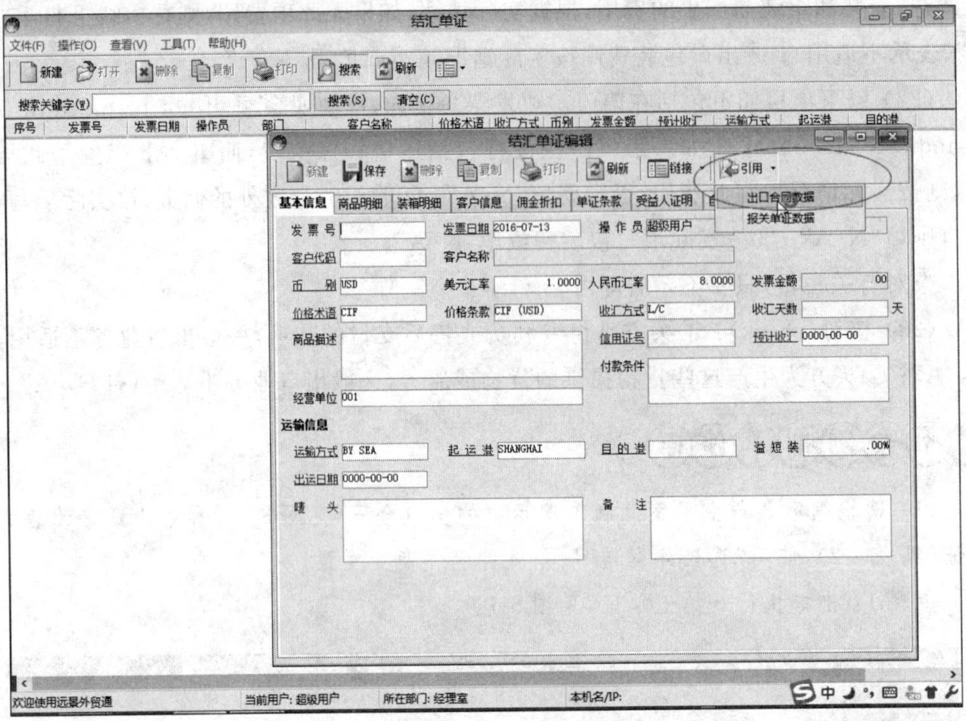

图 5-2　引用出口合同数据

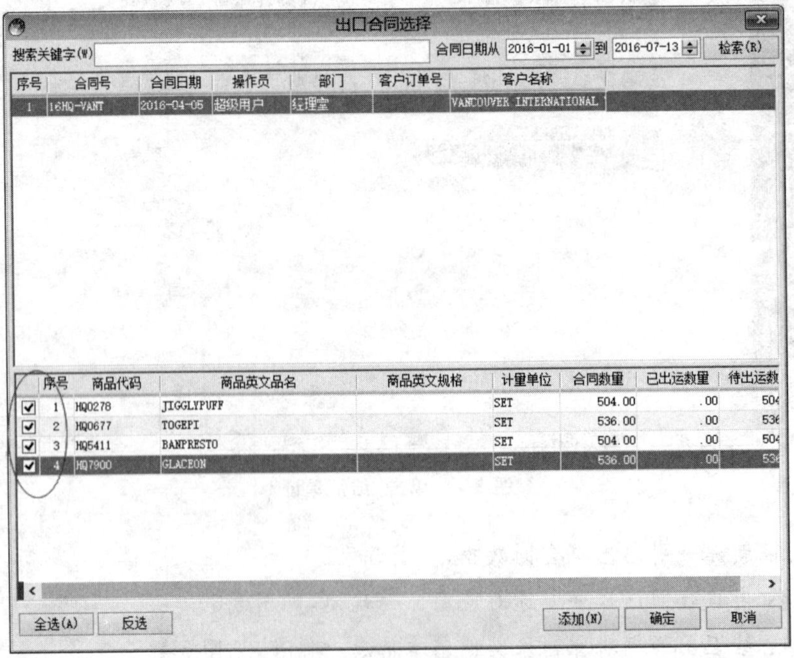

图 5-3　勾选对应商品

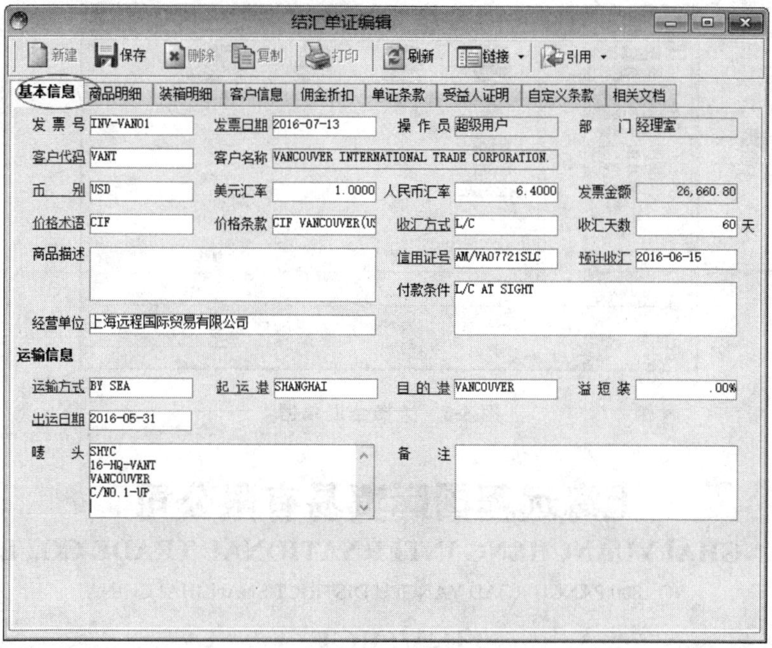

图 5-4　输入其他基本信息

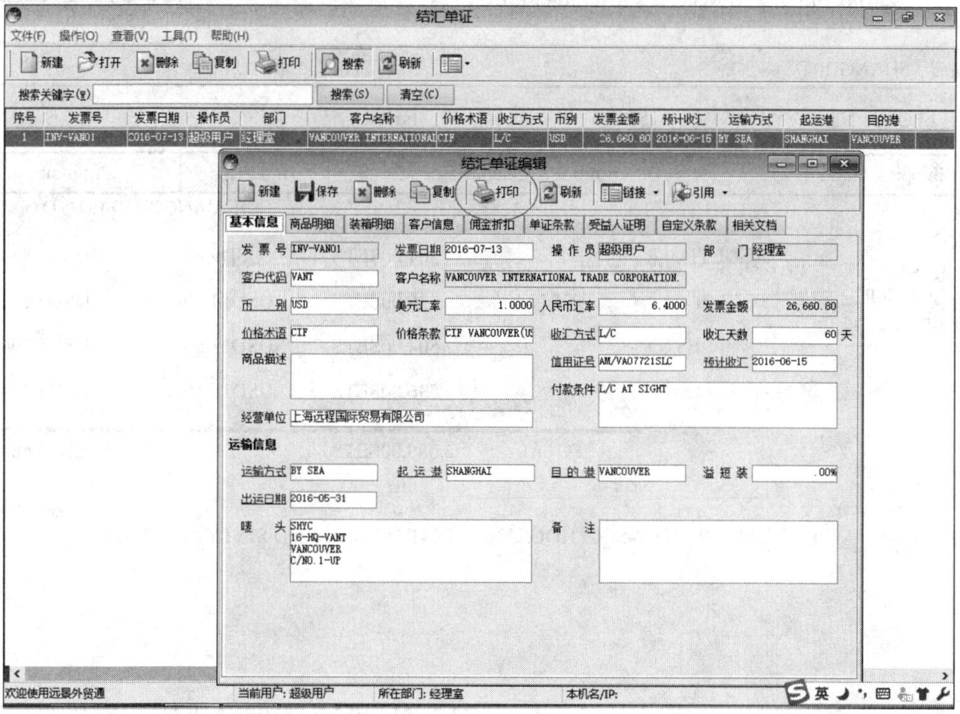

图 5-5　打印

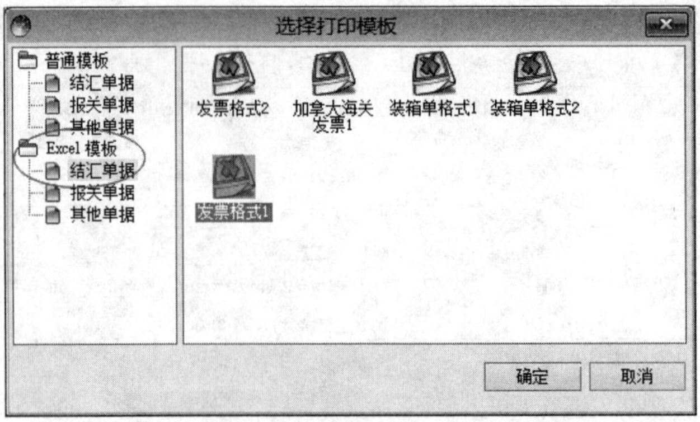

图 5-6　选择结汇单据

上海远程国际贸易有限公司

SHANGHAI YUANCHENG INTERNATIONAL TRADE CO., LTD.

NO.1800 PANGU ROAD YANGPU DISTRICT SHANGHAI CHINA

INVOICE

To: VANCOUVER INTERNATIONAL TRADE CORPORATION
99 PURCELL ROAD NORTH VANCOUVER BC

S/C No.: 16HQ-VANT
Invoice No.: INV-VAN01
Date: Jul.13,2016

From: SHANGHAI　　To: VANCOUVER

Letter of Credit No.: AM/VA07721SLC　　Issued by:

Shipping Marks	Descriptions & Quantities		Unit Price	Amount
	PLUSH TOYS		CIF VANCOUVER(USD)	
SHYC 16-HQ-VANT VANCOUVER C/NO.1-UP	JIGGLYPUFF	504.00SETS	USD9.60	USD4,838.40
	TOGEPI	536.00SETS	USD14.50	USD7,772.00
	BANPRESTO	504.00SETS	USD11.50	USD5,796.00
	GLACEON	536.00SETS	USD15.40	USD8,254.40
	TOTAL:	2,080.00SETS		USD26,660.80

SAY TOTAL AMOUNT USD TWENTY-SIX THOUSAND SIX HUNDRED AND SIXTY AND EIGHTY

HANGHAI YUANCHENG INTERNATIONAL TRADE CO.,LTD.

SIGNATURE

图 5-7　发票

(2) 请根据第 3 章中的商品资料(见图 3-1～图 3-4)和出口合同(见图 3-21),使用“远景外贸通”制单软件制作装箱单。

步骤 1:结汇单证编辑→装箱明细→增加行,见图 5-8。

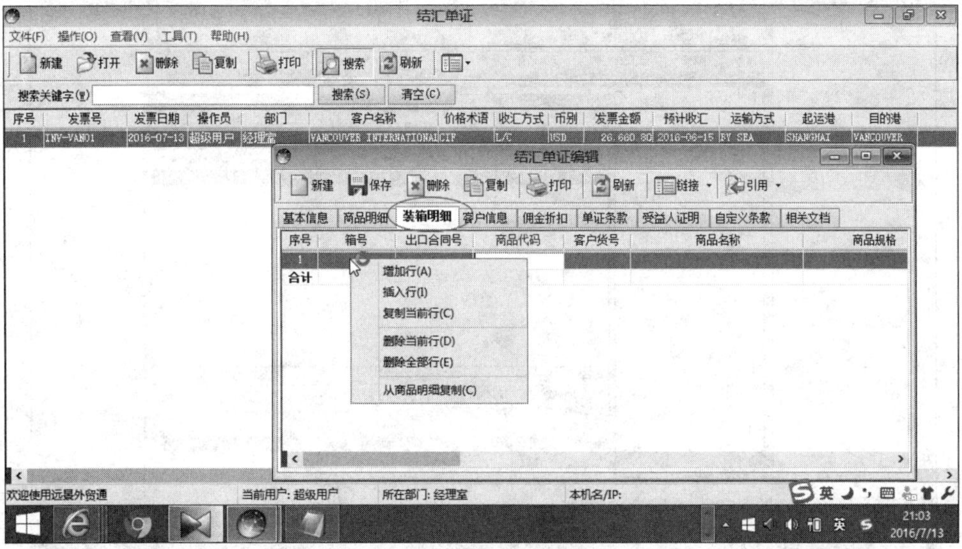

图 5-8　结汇单证编辑

步骤 2:双击“商品代码”→选择所需商品并双击→确定,见图 5-9 和图 5-10。

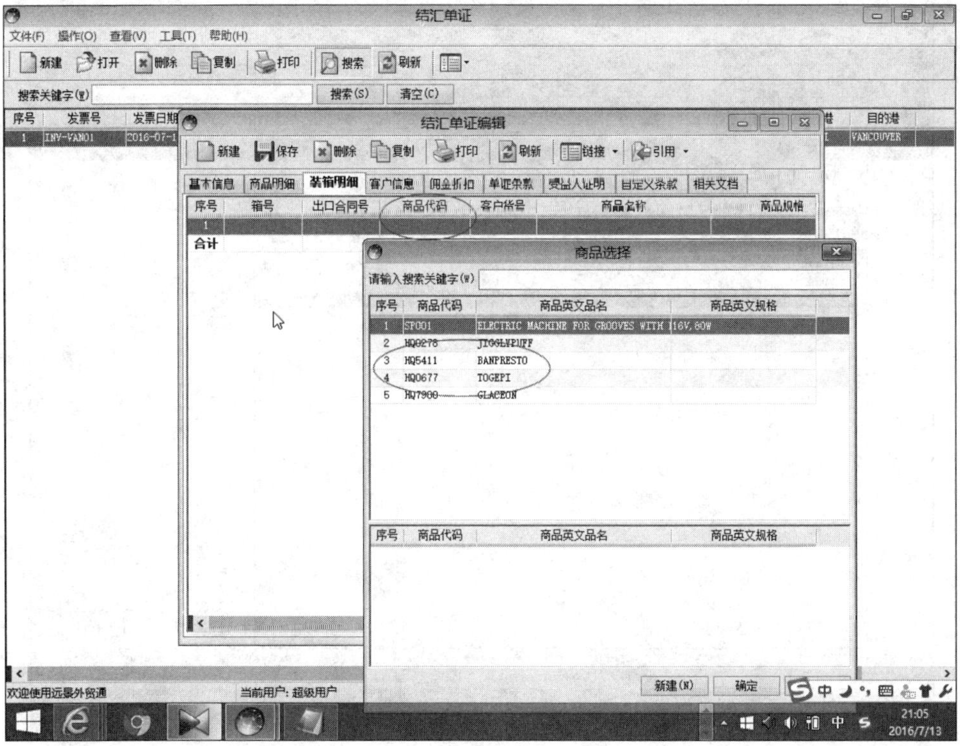

图 5-9　选择所需商品(1)

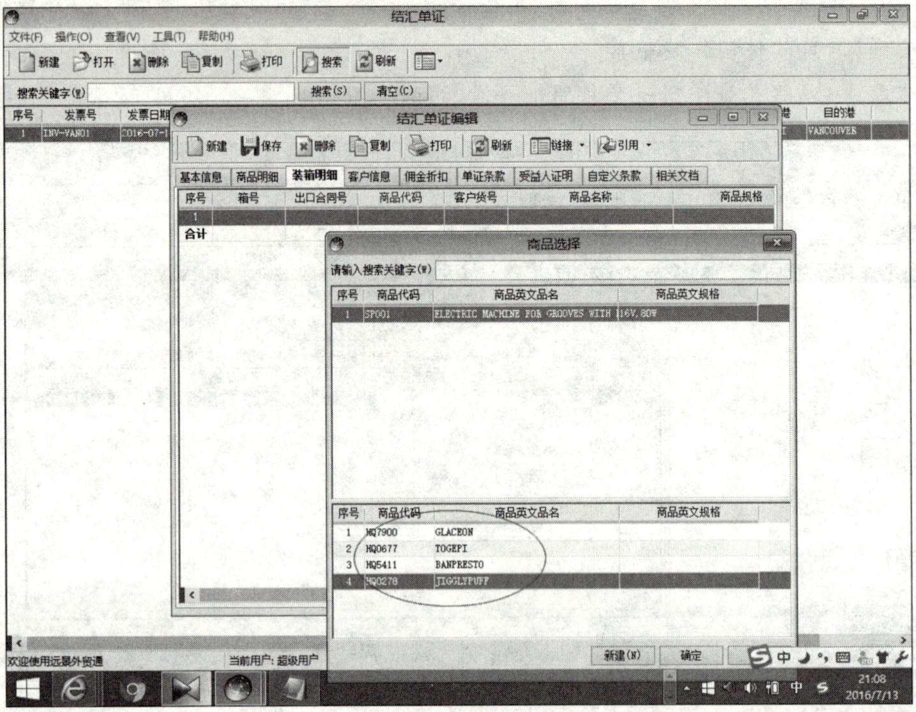

图 5-10　选择所需商品(2)

步骤 3：输入对应商品的数量→保存，见图 5-11。

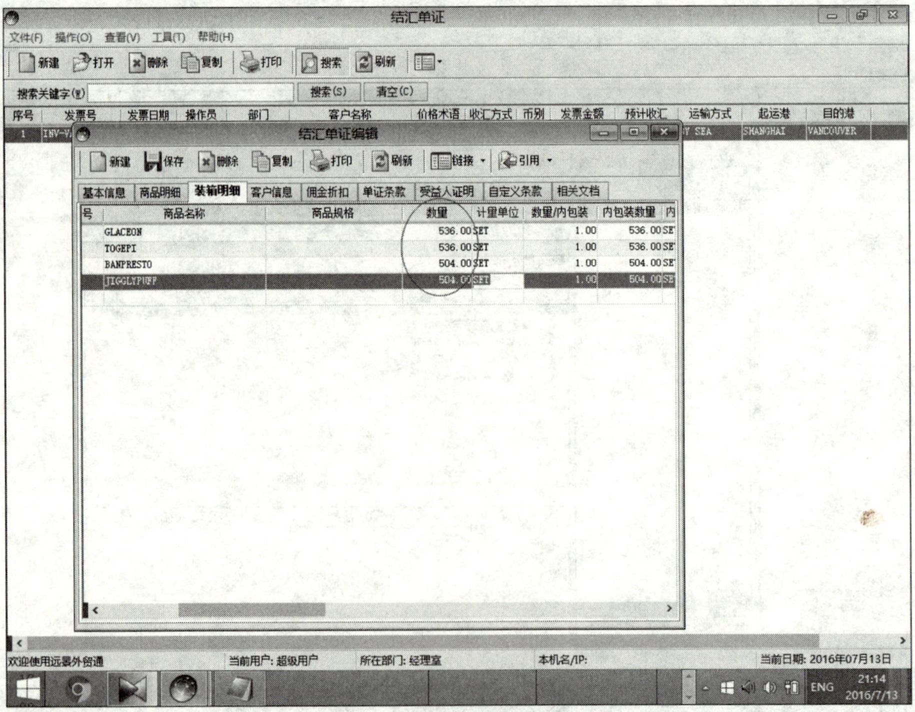

图 5-11　输入对应商品的数量

步骤 4：打印→Excel 模板→结汇单据→装箱单格式 1，见图 5-12。

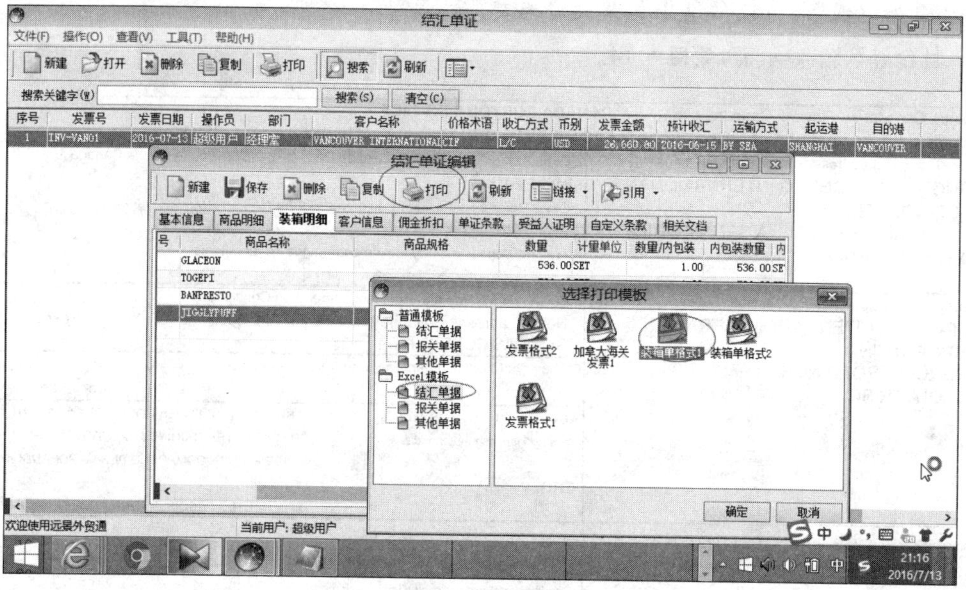

图 5-12　打印

运用软件生成的装箱单，见图 5-13。

上海远程国际贸易有限公司

SHANGHAI YUANCHENG INTERNATIONAL TRADE CO., LTD.

NO.1800 PANGU ROAD YANGPU DISTRICT SHANGHAI CHINA

PACKINGLIST

To: VANCOUVER INTERNATIONAL TRADE CORPORATION
99 PURCELL ROAD NORTH VANCOUVER BC

S/C No.: 16HQ-VANT
Invoice No.: INV-VAN01
Date: Jul.13,2016

From: SHANGHAI　　　To: VANCOUVER

Letter of Credit No.: AM/VA07721SLC　　　Issued by:

Shipping Marks	Descriptions	Packages	Quantity	G.W(KGS)	N.W(KGS)	Masurement(CBM)
SHYC 16-HQ-VANT VANCOUVER C/NO.1-UP	GLACEON	67CASES	536.00SETS	569.50	402.00	12.349
	TOGEPI	67CASES	536.00SETS	569.50	402.00	12.349
	BANPRESTO	126CASES	504.00SETS	1,008.00	693.00	12.474
	JIGGLYPUFF	126CASES	504.00SETS	1,008.00	693.00	12.474
	TOTAL:	386CASES	2,080.00SETS	3,155.00	2,190.00	49.647

TOTAL PACKED IN THREE HUNDRED AND EIGHTY-SIX CASES
TOTAL GROSS WEIGHT THREE THOUSAND ONE HUNDRED AND FIFTY-FIVE KGS
TOTAL NET WEIGHT TWO THOUSAND ONE HUNDRED AND NINETY KGS

SHANGHAI YUANCHENG INTERNATIONAL TRADE CO.,LTD.

SIGNATURE

图 5-13　装箱单

(3) 请根据第 3 章中的出口合同(见图 3-21)和第 4 章修改后的信用证(见表 4-2),使用"远景外贸通"制单软件制作加拿大海关发票。

制作好的海关发票,见图 5-14。

Revenue Canada Customs and	Revenu Canada Douaneset Accise	**CANADA CUSTOMS INVOICE** **FACTUREDES DOUANES CANADIENNES**	of Page do

1.Vedor(Name and Address)/Vendeor(Nom et adresse) SHANGHAI YUANCHENG INTERNATIONAL TRADE CO., LTD. NO.1800 PANGU ROAD YANGPU DISTRICT SHANGHAI CHINA	2.Date of Direct Shipment to Canada/Date dexpedition directe vers le Canada May.31,2016 3.Other References(include Purchaser's Order No.) 16HQ-VANT Autres references(include le n'de commande de lacheteor)
4.consignee(Name and Adress)/Destinataire(Nom et adresse) VANCOUVER INTERNATIONAL TRADE CORPORATION. 99 PURCELL ROAD NORTH VANCOUVER BC	5.Purchaser's Name and Address(if other than Consignee) Nom et adresse de lacheteur(s'il differe du destinataire) SAME AS CONSIGUEE 6.Country of Transhipment/Pay's de trans orderment) 7.Country of Origin of Goods Pays dorigine dse marchandises CHINA IF SHIPMENT INCLUDES GOODS OF DIFFERENT ORIGINS ENTER ORIGINS AGAINST ITEMS IN 12. SIL'EXPEDITION COMPREND DES MARCHANDISES DORIGINES DIFFERENTES PRECISER LEUR PROVENANCE EN 12.
8.Tramsportation:Give Mode and Place of direct Shipment to Canada Tramsport:Preciser mode et point dexpedition directe vers le Canada FROM SHANGHAI TO VANCOUVER BY SEA	9.Conditions of Sale and Terms of Payment (i.e.Sale,Cinsignment Shipment Leased Goods.etc.) Conditions de vente et modalites de paiement (p.ex.vente.expedition en consignation,location de marchandises.etc.) CIF VANCOUVER(USD) 10.Currency of Settlement/Devises ou paiement USD

11.No.of Pkgs Nbre de colis	12.Specification of Commodities(Kind of P achages,Marks and Numbers,General numbers,General Description and Characteristics,ie.Grade,Quality) Designation des articles(Nature des colis,marques et numeros,descritpion generale et caracteristiqurs.p.ex.classe.qualite)	13.Quantity (State Unit) Quantite (Preciser lunite)	Selling Price/Prix de vente 14.Unit Price Prix unitaire	15. Total
126CASES	JIGGLYPUFF	504	USD 9.60	USD 4,838.40
67CASES	TOGEPI	536	USD 14.50	USD 7,772.00
126CASES	BANPRESTO	504	USD 11.50	USD 5,796.00
67CASES	GLACEON	536	USD 15.40	USD 8,254.40

TWENTY-SIX THOUSAND SIX HUNDRED AND SIXTY AND EIGHTY

18.if any of fields 1 to 17 are included on an attached commercial invoice,check this box Siles renseignements deszones 1 a 17 figurentsur la facture commerciale,concher cotte boite Commericial invoice No./Nde la facture commercialte	16. Total Weight/Poids Total Net **2,190.00** Gross/Brut **3,155.00**	17.invoice Total Total de la facture **USD 26,660.80**

19.Exporter's Name and Address(if other than Vendor)Nom dt adresse de l'exportateor(S'il deffere du vendeur)	20.Originator(Name and Address)/Expediteur d'origine(Nom et adresse)
21.Departmental Ruling(if applicable)/Decision du Ministere(S'il ya lieu)	22.if fields 23 to 25 are not applicable,check this box Siles zones 23 a 25 sont sans objet,concher cette boite

23.If included in field 17 indicate amount: *Si compris dans le total a la zone 17,preciser:*	24.If not included in field 17 indicate amount: Si non compris dans le total a la zone 17,preciser:	25.Check(if applicable): Cocher(Sil ya lieu):
(i)Transportation charges,expenses and insurance from the place of direct shipment to Canada *Les frais de transport,depenses et assurances a partir du point d'expedition derecte vers le Canada*	(i)Transportation charges,expenses and insurance to the place of direct shipment to Canada Les frais de transport,depenses et assurances jusqu'au point d'expedition direste vers le Canada	(i)Royalty payments or subsequent proceeds are paid or payable by the purchaser *Des redevances ou produits ont ete ou seront verses par l'acheteur*
(ii)Costs for construction,erection and assembly incurred after importation into Canada *Les couts de construction,Derection et d'assemblage apres importation into Canada*	(ii)Amounts for commissions other than buying commissions *Les commissions autres que celles versees pour l'achat*	(ii)The purchaser has supplied goods or services for use in the production of these goods L'acheteor a fournt des marchandises ou des services pou la production des marcnandises
(iii)Export packing Le cout de l'emballage d'exportation	(iii)Export packing Le cout de l'emballage d'exportation	

图 5-14 加拿大海关发票

（4）请根据第 3 章的出口合同（见图 3-21）和第 4 章修改后的信用证（见表 4-2），使用 Word 软件制作保险单。

制作好的保险单，见图 5-15。

PICC	中国人民保险公司 The People's Insurance Company of China 总公司设于北京　　一九四九年创立 Head Office Beijing　　Established in 1949

货物运输保险单

CARGO TRANSPORTATION INSURANCE POLICY

发票号（INVOICE NO.）	INV-VAN01	保单号次 POLICY NO.	PYIE201643958015958273
合同号（CONTRACT NO.）	16HQ-VANT		
信用证号（L/C NO.）	AM/VA07721SLC		
被保险人（INSURED）	SHANGHAI YUANCHENG INTERNATIONAL TRADE CO., LTD.		

中国人民保险公司（以下简称本公司）根据被保险人的要求，由被保险人向本公司缴付约定的保险费，按照本保险单承保险别和背面所载条款与下列特款承保下述货物运输保险，特立本保险单。

THIS POLICY OF INSURANCE WITNESSES THAT THE PEOPLE'S INSURANCE COMPANY OF CHINA (HEREINAFTER CALLED "THE COMPANY") AT THE REQUEST OF THE INSURED AND IN CONSIDERATION OF THE AGREED PREMIUM PAID TO THE COMPANY BY THE INSURED, UNDERTAKES TO INSURE THE UNDERMENTIONED GOODS IN TRANSPORTATION SUBJECT TO THE CONDITIONS OF THIS OF THIS POLICY AS PER THE CLAUSES PRINTED OVERLEAF AND OTHER SPECIAL CLAUSES ATTACHED HEREON.

标　记 MARKS&NOS	包装及数量 QUANTITY	保险货物项目 DESCRIPTION OF GOODS	保险金额 AMOUNT INSURED
AS PER INVOICE NO. INV-VAN01	386 CTNS	PLUSH TOYS	US$ 29,327.00

总保险金额： TOTAL AMOUNT INSURED：	US DOLLARS TWENTY NINE THOUSAND THREE HUNDRED AND TWENTY SEVEN ONLY

保费： PERMIUM：	AS ARRANGED	启运日期： DATE OF COMMENCEMENT：		装载运输工具： PER CONVEYANCE：	HEPING/013W

自 FROM：	SHANGHAI，CHINA	A		O	VANCOUVER，CANADA

承保险别：
CONDITIONS：

COVERING INSTITUTE CARGO CLAUSES(A) AND INSTITUTE WAR CLAUSES-CARGO

图 5-15　货物运输保险单

<table>
<tr><td colspan="5">所保货物,如发生保险单项下可能引起索赔的损失或损坏,应立即通知本公司下述代理人查勘。如有索赔,应向本公司提交保单正本(本保险单共有　份正本)及有关文件。如一份正本已用于索赔,其余正本自动失效。</td></tr>
<tr><td colspan="5">IN THE EVENT OF LOSS OR DAMAGE WITCH MAY RESULT IN A CLAIM UNDER THIS POLICY, IMMEDIATE NOTICE MUST BE GIVEN TO THE</td></tr>
<tr><td colspan="3">COMPANY'S AGENT AS MENTIONED HEREUNDER. CLAIMS, IF ANY, ONE OF THE ORIGINAL POLICY WHICHHAS BEEN ISSUED IN</td><td></td><td>ORIGINAL(S)</td></tr>
<tr><td colspan="5">TOGETHER WITH THE RELEVANT DOCUMENTS SHALL BE SURRENDERED TO THE COMPANY. IF ONE OF THE ORIGINAL POLICY HAS BEEN</td></tr>
<tr><td colspan="3">ACCOMPLISHED. THE OTHERS TO BE VOID.</td><td colspan="2" rowspan="4">中国人民保险公司
The People's Insurance Company of China

关羽

Authorized Signature</td></tr>
<tr><td colspan="3"></td></tr>
<tr><td>赔款偿付地点:
CLAIM PAYABLE AT:</td><td>VANCOUVER
IN USD</td><td></td></tr>
<tr><td>出单日期:
ISSUING DATE:</td><td>MAY 20,2016</td><td></td></tr>
</table>

图　5-15（续）

课堂巩固

一、单项选择题

1. 如果信用证允许货物装在舱面,而提单也已经载明“on deck”的,保险单也应注明“on deck”。此时,应加保(　　)附加险,保险公司才承担赔偿责任。

A. special additional risk　　B. reject risk

C. jettison and/or washing overboard　　D. war risk

2. 非信用证方式收汇时,一般将合同的(　　)作为发票的抬头人。

A. 买方　　B. 卖方　　C. 第一受益人　　D. 第二受益人

3. 由出口商签发的、作为结算货款和报关纳税依据的核心单据是(　　)。

A. 海运提单　　B. 商业汇票　　C. 商业发票　　D. 海关发票

4. 在国际商务单据的分类中,根据 URC 522,商业单据通常是指(　　)。

A. 商业发票、装箱单和 GSP 产地证明书等

B. 商业汇票、重量单和保险单等

C. 商业发票、装箱单和商业汇票等

D. 商业发票、重量单和装箱单等

5. 出口单证中最重要的单据,能让有关当事人了解一笔交易的全貌,其他单据都是以其为依据的单据是(　　)。

A. 装箱单　　B. 产地证书　　C. 发票　　D. 提单

二、判断题

1. 商业发票是进口结汇的中心单据，也是制作其他单据的基础。（　）

2. 若商业发票货物名称是“100% Cotton towel”，则提单货物描述可以“Towel”。（　）

3. 商业发票是进口方向出口方开列的发货价目清单，是买卖双方记账的依据，也是进出口报关交税的总说明。（　）

4. 不可转让海运单是海上运输合同、货物收据和物权凭证，可以凭以提货，但不能背书转让。（　）

5. 一般银行不接受信用证项下的过期提单，所以过期提单是无效提单。（　）

6. 普惠制产地证中原产地标准一栏如填写“P”，表示完全原产品。（　）

课后实践

请根据所给资料缮制商业发票和装箱单。

出口商：TIANJIN TECHSUN CO.，LTD.
60 DONG FENG EAST ROAD，TIANJIN，CHINA

进口商：VESTE BEYAS ESYE SAN. TIC. A. Ş
ORGANIZE SANAY BOLGEST 45030，MANISA，TURKEY

开证行：ASYA KATILIM BANKASI A. S. ISTANBUL，TURKEY

信用证号：901L/C2519031

开证日期：2016 年 4 月 20 日

发票日期：2016 年 5 月 12 日

发票号：TECH126

合同号：TECH1305

装运港：TIANJIN，CHINA

目的港：IZMIR，TURKEY

运输标志：
VESTE
TECH126
IZMIR C/No. 1-1000

货名：CONDENSER

数量：20 000 PCS

包装：纸箱装，每箱 20 PCS

毛重：7 600 KGS

净重：7 400 KGS

体积：58 CBM

单价：USD 12.00/PC CIF IZMIR

付款期限：见票后 60 天

授权签署人：风光

1. 商业发票

商业发票见表 5-1。

表 5-1 商业发票

TIANJIN TECHSUN CO., LTD.

60 DONG FENG EAST ROAD, TIANJIN, CHINA

COMMERCIAL INVOICE

To：(1)		Invoice No.：(2) Invoice Date：(3) S/C No.：(4)	

From：(5)　　To：(6)

L/C No.：(7)　　Issued by：(8)

Marks & Nos.	Description of Goods	Quantity	Unit Price	Amount
(9)	(10)	(11)	(12)	(13)
TOTAL：				

SAY TOTAL：(14)

(15)

2. 装箱单

装箱单见表 5-2。

表 5-2　装箱单

TIANJIN TECHSUN CO., LTD.

60 DONG FENG EAST ROAD, TIANJIN, CHINA

PACKING LIST

To: (1)		Invoice No.: (2) Invoice Date: (3) S/C No.: (4)	

From: (5) L/C No.: (7)	To: (6) By: SEA

Marks & Nos.	Description of Goods	QUANTITY	PACKAGE	G. W.	N. W.	MEAS.
(8)	(9)	(10)	(11)	(12)	(13)	(14)
TOTAL						
SAY TOTAL: (15)						

TIANJIN TECHSUN CO., LTD.

第6章　通关单据缮制

主干案例

2016年5月13日，货运代理收到远程公司的订舱委托后，缮制集装箱货物海运托运单(又称十联单)，向船公司订舱。

2016年5月15日，远程公司向出入境检验检疫局办理出口商品报检手续。

2016年5月23日，远程公司收到出入境检验检疫局签章的普惠制原产地证书。

2016年5月25日，远程公司向上海海关申报货物出口。

6.1 出入境货物报检单

出入境货物报检单填制是办理报检手续最基础的工作，同时也是非常重要的一个环节。报检单填制看起来简单，但是在实际业务中，许多报检员在填制报检单时往往会出现各种错误或者填制不规范。报检单填制中一个小的错误或不规范都可能会对检验检疫工作产生非常大的影响。因此，报检单填制是每一名报检员必须熟练掌握的一项基本技能。

本节将对日常报检业务中经常使用的出境货物报检单、入境货物报检单的填制进行说明，内容既包括报检单填制的基本要求，也包括各报检单中每一项的填制要求。报检员必须全面掌握各项要求，并在日常工作中严格按填制规范缮制报检单，为做好报检工作奠定基础。

6.1.1　出境货物报检单

1. 出境货物报检单样表

中华人民共和国出境货物报检单见表 6-1。

表 6-1　中华人民共和国出境货物报检单

报检单位(加盖公章)：　　　　　　　　　　　　　　　　*编　号：

报检单位登记号：　联系人：　　　电话：　　　　　　　报检日期：　　年　月　日

<table>
<tr><td rowspan="2">发货人</td><td>(中文)</td><td colspan="6"></td></tr>
<tr><td>(外文)</td><td colspan="6"></td></tr>
<tr><td rowspan="2">收货人</td><td>(中文)</td><td colspan="6"></td></tr>
<tr><td>(外文)</td><td colspan="6"></td></tr>
<tr><td colspan="2">货物名称(中/外文)</td><td>H.S.编码</td><td>产地</td><td>数/重量</td><td>货物总值</td><td colspan="2">包装种类及数量</td></tr>
<tr><td colspan="2"></td><td></td><td></td><td></td><td></td><td colspan="2"></td></tr>
<tr><td colspan="2">运输工具名称号码</td><td colspan="2"></td><td>贸易方式</td><td></td><td>货物存放地点</td><td></td></tr>
<tr><td>合同号</td><td colspan="3"></td><td>信用证号</td><td></td><td>用途</td><td></td></tr>
<tr><td>发货日期</td><td></td><td colspan="2">输往国家(地区)</td><td colspan="2"></td><td>许可证/审批号</td><td></td></tr>
<tr><td>启运地</td><td></td><td colspan="2">到达口岸</td><td colspan="2"></td><td>生产单位注册号</td><td></td></tr>
<tr><td colspan="2">集装箱规格、数量及号码</td><td colspan="6"></td></tr>
<tr><td colspan="2">合同、信用证订立的检验检疫条款或特殊要求</td><td colspan="3">标 记 及 号 码</td><td colspan="3">随附单据(画"√"或补填)</td></tr>
<tr><td colspan="2"></td><td colspan="3"></td><td>□合同
□信用证
□发票
□换证凭单
□装箱单
□厂检单</td><td colspan="2">□包装性能结果单
□许可/审批文件
□
□
□
□</td></tr>
<tr><td colspan="5">需要证单名称(画"√"或补填)</td><td colspan="3">*检验检疫费</td></tr>
<tr><td colspan="2" rowspan="3">□品质证书　__正__副
□重量证书　__正__副
□数量证书　__正__副
□兽医卫生证书　__正__副
□健康证书　__正__副
□卫生证书　__正__副
□动物卫生证书　__正__副</td><td colspan="3" rowspan="3">□植物检疫证书　__正__副
□熏蒸/消毒证书　__正__副
□出境货物换证凭单　__正__副
□
□
□
□</td><td colspan="2">总金额
(人民币元)</td><td></td></tr>
<tr><td colspan="2">计费人</td><td></td></tr>
<tr><td colspan="2">收费人</td><td></td></tr>
</table>

续表

报检人郑重声明： 1. 本人被授权报检。 2. 上列填写内容正确属实，货物无伪造或冒用他人的厂名、标志、认证标志，并承担货物质量责任。 签名：________	领取证单	
	日期	
	签名	

◆国家出入境检验检疫局制

注：有“*”栏由出入境检验检疫机关填写。

2. 出境货物报检单填制规范

1）编号

编号是指检验检疫机构受理本批货物报检后生成的正式报检号。

填报要求及注意事项：“编号”栏由检验检疫机构受理报检人员填写。实行电子报检后，该编号可在电子报检的受理回执中自动生成。报检单编号由15位数字组成，前6位为检验检疫机构代码，第7位为报检类别代码(1代表入境、2代表出境、3代表包装)，第8、第9位为年度代码，第10～第15位为流水号。

2）报检单位(加盖公章)

报检单位是指由检验检疫机构核准，在检验检疫机构备案或注册登记，有权从事报检业务的法人或其他组织。

填报要求及注意事项：“报检单位”栏填写报检单位的中文名称，并加盖报检单位公章或已向检验检疫机构备案的“报检专用章”。

3）报检单位登记号

报检单位登记号是指报检单位在检验检疫机构备案或注册登记后取得的10位数代码。

填报要求及注意事项：“报检单位登记号”栏应准确填写报检单位在检验检疫机构备案或注册登记的10位数代码。该登记号为10位数字，前4位为检验检疫机构代码，第5位为企业类别(9代表代理报检单位、其他代表自理报检单位)，后5位为流水号。如某企业备案登记号为“1100600001”，通过该代码可知该企业是在北京检验检疫局备案登记的自理报检单位。报检单位登记号必须准确填写，在系统中报检单位名称是由登记号自动带出的，如登记号填写错误，将导致报检单位名称错误。

4）联系人和电话

联系人是指报检本批货物的报检员。电话是指报检员的联系电话。

填报要求及注意事项：“联系人”栏填写报检人员姓名。“电话”栏填写报检人员的联系电话。联系人和电话是比较容易出现空项的地方，报检员需注意。另外，当企业通过复制以往单据的方式制单时，一般会显示以往报检单据中的信息。当企业报检员或联系电话发生变更时，应注意修改有关信息。

5）报检日期

报检日期是指检验检疫机构接受出口货物的收发货人或受其委托的代理报检企业报检的日期。

填报要求及注意事项：在日常业务中，许多报检员在填制报检单时，"报检日期"一栏打印的是制单日期或电子数据发送的日期。对于直通式电子报检而言，数据发送的日期一般情况下就是受理报检日期，但是对于非直通式电子报检，受理报检日期和企业发送数据和制单的日期往往不一致，报检员对此应加以注意。

6）发货人

发货人是指外贸合同中的卖方。

填报要求及注意事项："发货人"栏应填写外贸合同中的卖方，中外文名称均需填写。对于出境货物，有时会出现贸易商和生产加工单位不一致的情况。有的报检员在报检时将"发货人"栏填制为生产加工单位，这是不符合规定的。另外，在输入电子报检数据时，报检员须同时输入发货人的备案登记号。在日常业务中，企业在输入时可能出现备案登记号与企业名称不一致的情况，这种错误不仅会影响报检数据的准确性，还会造成该批货物的电子通关数据在通关单联网核查时无法在海关正常申报，造成通关延误。

7）收货人

收货人是指外贸合同中的收货方。

填报要求及注意事项："收货人"栏填写要与外贸合同中的收货方一致。由于出境货物的收货人一般为国外公司，许多公司没有相对应的中文名称，因此，"收货人（中文）"一栏可以填写"***"。

8）货物名称（中/外文）

货物名称是指国际贸易缔约双方同意买卖的货物的名称。货物名称一般来源于主要用途、主要材料、主要成分或者货物的外观、制作工艺等。

填报要求及注意事项："货物名称（中/外文）"栏填写本批货物的品名及规格，应与进口合同、发票所列一致。货物名称应能反映货物的具体特性，不得填写笼统的名称或与客户约定的代码，如为废旧货物应注明。另外，有的报检员直接使用H.S.编码对应的品名，在多数情况下H.S.编码对应的品名过于笼统，这是不符合填制要求的。如某公司报检一批食品，H.S.编码为2106909090，品名申报为该编码对应的"其他编号未列明的食品"就是不符合填制要求的，必须清楚写明具体的食品名称。

9）H.S.编码

H.S.编码是指由进出口货物的税则号列及符合海关要求的附加号码组成的10位编号。

填报要求及注意事项："H.S.编码"栏应填写所报检货物的8位税则号列，以及第9、第10位附加编号。此编码以海关公布的最新的商品税则编码分类为准。H.S.编码应与货物报关时申报的编码一致。填制H.S.编码时，报检员应注意编码的新旧问题，一般每年年初海关都会对部分编码进行一次较大的调整，之后还有可能对个别编码再进行调整。在填制报检单时，如果填制了旧编码，将会造成电子通关数据在通关单联网核查时无法在海关正常申报。

10）产地

产地是指本批货物的生产（加工）地。

填报要求及注意事项："产地"栏应填写本批货物的生产（加工）地，填写省、市、县名。填制时，一般应具体到县市行政区名称。对于同一县市行政区内有超过一个检验检疫机构的，应根据当地检验检疫机构的要求对目的地进行进一步细化。对于经过几个地区加工制造的货物，以最后一个对货物进行实质性加工的地区作为该货物的产地。难以判定具体行政区名称的货物，如海洋资源，产地可填制为"中国"。进口货物复出口的，产地填制"境外"。

11）数/重量

数/重量是指所报检货物的数量/重量。

填报要求及注意事项："数/重量"栏应填写本批货物的数/重量，注明数/重量单位，应与合同、发票或报关单上所列一致。重量一般填写净重。填制数/重量时，对于H.S.编码对应的第一计量单位必须输入，且不得对计量单位进行修改。第一计量单位填制完毕后，可以同时填制另一项数/重量。如报检一批服装，H.S.编码为6201121000，1 000件/500千克。该编码的第一计量单位为"件"，在填制报检单时，必须填制数量1 000件。而且数量单位必须为件，不得输入为"套""条"等数量单位。填制数量后，可以同时填制重量500千克。由于该编码的第一计量单位为"件"，因此不能只填制重量而不填制数量。如果某些货物可能无法同时填写数/重量，则只需填制其标准计量单位的一项。如报检一批冻鱼片，H.S.编码为0304299090，其对应的计量单位为"千克"，在填制报检单时，按规范填制重量后，无须再填制数量。

12）货物总值

货物总值是指进出口货物实际成交的总价。

填报要求及注意事项："货物总值"栏应填报同一项号下进出口货物实际成交的货物价格，应按合同、发票所列的货物总值和币种填写。对于非贸易性进出口货物等没有合同、发票情况的，按报关价填制。

13）包装种类及数量

商品的包装是指包裹和捆扎货物用的内部或外部包装和捆扎物的总称。一般情况下，应以装箱单或提运单据所反映的货物处于运输状态时的最外层包装或将运输包装作为"包装种类"申报，并计算相应件数。

填报要求及注意事项："包装种类及数量"栏应根据进出口货物的实际外包装种类和数量，选择填写相应的包装种类及数量，注明包装的材质。如包装为木箱，包装必须填制"木箱"，不得填制为"箱"。对于在申报系统中无法选择对应的包装种类的，包装应选填

"其他",并手填具体的包装种类。

14) 运输工具名称号码

运输工具名称号码是指载运货物进出境所使用的运输工具的名称或运输工具编号,以及载运货物进出境的运输国际的航次编号。

填报要求及注意事项:"运输工具名称号码"栏填写装运本批货物的运输工具的名称和号码。出境货物在报检时,一般只能初步确定运输工具种类,运输工具名称号码一般还无法确定。因此,在填制报检单时,可只对运输工具类别进行填制,如"船舶",而船名和航次号可填制"***"。

15) 贸易方式

贸易方式是指该批进出口货物的交易方式。

填报要求及注意事项:"贸易方式"栏填写本批货物的贸易方式,根据实际情况选填一般贸易、来料加工、进料加工、易货贸易、补偿贸易、边境贸易、无偿援助、外商投资、对外承包工程进出口货物、出口加工区进出境货物、出口加工区进出区货物、退运货物、过境货物、保税区进出境仓储、转口货物、保税区进出区货物、暂时进出口货物、暂时进出口留购货物、展览品、样品、其他非贸易性物品、其他贸易性货物等。有的贸易方式直接与计费的优惠费率关联,输入时一定要选择正确的贸易方式。

16) 货物存放地点

货物存放地点是指本批货物存放的具体地点、厂库。

填报要求及注意事项:"货物存放地点"栏应准确填写本批货物存放的具体地点、厂库,以便检验检疫机构顺利验货。

17) 合同号

合同号是指在进出口贸易中,买卖双方或数方当事人根据国际贸易惯例或国家的法律.法规,自愿按照一定的条件买卖某种商品所签署的合同或协议的编号。

填报要求及注意事项:"合同号"栏填写对外贸易合同(包括协议和订单)的编号。若特殊情况无合同号的,应注明原因,如"长期客户无合同"。

18) 信用证号

填报要求及注意事项:填写本批货物对应的信用证号。对于不以信用证方式结汇的,应注明结汇方式,如"T/T "。

19) 用途

用途是指出口货物在境外的实际应用范围。

填报要求及注意事项:"用途"栏应填写本批货物的用途。根据实际情况,按照"用途代码表"选填种用或繁殖、食用、奶用、观赏或演艺、伴侣动物、实验、药用、饲用、介质土、食品包装材料、食品加工设备、食品添加剂、食品容器、食品洗涤剂、食品消毒剂、其他。对于选择"其他"的,应在报检单中手填具体的用途。

20）发货日期

发货日期是指出境货物预定装运发货的日期。

填报要求及注意事项："发货日期"栏填写预定的货物装运发货的日期，日期均为8位数字，顺序为年(4位)、月(2位)、日(2位)。

21）输往国家(地区)

输往国家(地区)是指出口货物离开我国关境直接运抵国家或地区，或者在运输中转国(地区)未发生任何商业性交易的情况下最后运抵的国家或地区。

填报要求及注意事项："输往国家(地区)"栏应按照"国别(地区)代码表"选择填报相应国别(地区)的中文名称，填制出境货物最终输往的国家或地区。对发生运输中转的货物，如中转地未发生任何商业性交易，则"输往国家(地区)"不变；如中转地发生商业性交易，则以中转地作为"输往国家(地区)"填报。此项应与企业报关时申报的"运抵国"一致，如不一致，会造成电子通关数据在通关单联网核查时无法在海关正常申报。如果出口到中国境内保税区、出口加工区的，填制"保税区"或"出口加工区"。

22）许可证/审批号

许可证/审批号是指需办理加工单位注册登记、备案登记等许可类手续的出境货物取得的相关许可证或审批的号码。

填报要求及注意事项："许可证/审批号"栏应准确填写有关许可证号或审批号。例如，对于须办理注册登记或备案登记的木制品、机电产品、玩具、食品等，此栏中应填制已取得的相关注册或备案证书的号码。

23）启运地

启运地是指出境货物的报关地。

填报要求及注意事项："启运地"栏应填制货物报关地的口岸。

24）到达口岸

到达口岸是指出境货物的境外运抵口岸。

填报要求及注意事项："到达口岸"栏应填写出境货物的境外运抵口岸。货物经海运至某口岸再陆运至最终收货地点的，按货物最终卸离船舶的口岸为到达口岸。如货物先从海运经新加坡至荷兰鹿特丹，再陆运至瑞士，报检单中"到达口岸"应填制为"鹿特丹"。

25）生产单位注册号

生产单位注册号是指本批货物生产、加工单位在检验检疫机构备案登记的10位数代码。

填报要求及注意事项："生产单位注册号"栏应准确填写本批货物生产、加工单位在检验检疫机构的10位数备案登记代码。

26）集装箱规格、数量及号码

集装箱规格、数量及号码是指装载出口货物(包括拼箱货物)的集装箱的具体规格、数量和集装箱体两侧标示的全球唯一编号。

填报要求及注意事项："集装箱规格、数量及号码"栏填写装载出口货物(包括拼箱货物)的集装箱的箱体信息，数据应与提(运)单一致。

27) 合同、信用证订立的检验检疫条款或特殊要求

合同、信用证订立的检验检疫条款或特殊要求是指合同中特别订立的有关质量、卫生等条款或报检单位对本批货物检验检疫、出证等工作的特殊要求。

填报要求及注意事项："合同、信用证订立的检验检疫条款或特殊要求"栏应准确填制合同中特别订立的有关质量、卫生等条款或报检单位对本批货物检验检疫、出证等工作的特殊要求。

28) 标记及号码

标记及号码是运输标志的俗称。进口货物报检单上的标记及号码专指货物的运输标志。

填报要求及注意事项："标记及号码"栏填写本批货物标记号码(唛头)中除了图形以外的所有文字和数字，应与合同、提单、发票和货物实际状况保持一致。若没有标记号码，填"N/M"，不能填制为"***"。

29) 随附单据

随附单据是指报检企业实际向检验检疫机构提供的报检单据。

填报要求及注意事项："随附单据"栏填制时，应根据实际选择向检验检疫机构提供的单据，在对应的"□"内打"√"或补填。许多企业在填制报检单时，由于在系统中复制以往的单据，经常会出现"随附单据"选项不全或错误的情况，对此应特别注意。

30) 需要证单名称

需要证单名称是指报检企业向检验检疫机构申请出具的证单。

填报要求及注意事项："需要证单名称"栏应根据实际选择向检验检疫机构申请出具的证单，在对应的"□"内打"√"或补填，并注明所需证单的正副本数量。

31) 报检人郑重声明

报检人郑重声明是报检员申报此批货物信息的确认。

填报要求及注意事项："报检人郑重声明"栏应由报检人员亲笔签名，不得打印。签名人应是负责办理本批货物报检手续的人员。

32) 检验检疫费

检验检疫费是对本批货物进行检验检疫应收取的费用。

填报要求及注意事项："检验检疫费"栏由检验检疫机构计/收费人员填写，应填写应收取的检验检疫费的实际费用。

33) 领取证单

领取证单是领取证单报检员和领取证单的确定日期。

填报要求及注意事项："领取证单"栏由报检员在领取证单时填写领证日期并签名。

6.1.2 入境货物报检单

1. 入境货物报检单样表

中华人民共和国入境货物报检单见表 6-2。

表 6-2 中华人民共和国入境货物报检单

报检单位(加盖公章)： *编 号

报检单位登记号： 联系人： 电话： 报检日期： 年 月 日

收货人	(中文)		企业性质(画“√”)	□合资 □合作 □外资	
	(外文)				
发货人	(中文)				
	(外文)				
货物名称(中/外文)	H. S. 编码	原产国(地区)	数/重量	货物总值	包装种类及数量
运输工具名称号码				合同号	
贸易方式		贸易国别(地区)		提单/运单号	
到货日期		启运国家(地区)		许可证/审批号	
卸毕日期		启运口岸		入境口岸	
索赔有效期至		经停口岸		目的地	
集装箱规格、数量及号码					
合同订立的特殊条款 以及其他要求			货物存放地点		
			用 途		
随附单据(画“√”或补填)		标记及号码	*外商投资财产(画“√”)		□是 □否
□合同 □发票 □提/运单 □兽医卫生证书 □植物检疫证书 □动物检疫证书 □卫生证书 □原产地证 □许可/审批文件	□到货通知 □装箱单 □质保书 □理货清单 □磅码单 □验收报告 □ □ □		*检验检疫费		
			总金额 (人民币元)		
			计费人		
			收费人		
报验人郑重声明： 1. 本人被授权报检。 2. 上列填写内容正确属实。 签名：________			领取证单		
			日期		
			签名		

◆国家出入境检验检疫局制

注：有“*”栏由出入境检验检疫机关填写。

2. 入境货物报检单填制规范

1）编号

编号是指检验检疫机构受理本批货物报检后生成的正式报检号。

填报要求及注意事项："编号"栏由检验检疫机构受理报检人员填写。实行电子报检后，该编号可在电子报检的受理回执中自动生成。报检单编号由 15 位数字组成，前 6 位为检验检疫机构代码，第 7 位为报检类别代码（1 代表入境、2 代表出境、3 代表包装），第 8、第 9 位为年度代码，第 10～第 15 位为流水号。如某批单据报检号为"110000110012345"，通过报检号可知该份报检单是北京检验检疫局 2010 年受理的入境第 12345 批货物报检。

2）报检单位（加盖公章）

报检单位是指由检验检疫机构核准，在检验检疫机构备案或注册登记，有权从事报检业务的法人或其他组织。

填报要求及注意事项："报检单位"栏填写报检单位的中文名称，并加盖报检单位公章或已向检验检疫机构备案的"报检专用章"。

3）报检单位登记号

报检单位登记号是指报检单位在检验检疫机构备案或注册登记后取得的 10 位数代码。

填报要求及注意事项："报检单位登记号"栏应准确填写报检单位在检验检疫机构备案或注册登记的 10 位数代码。该登记号为 10 位数字，前 4 位为检验检疫机构代码，第 5 位为企业类别（9 代表代理报检单位、其他代表自理报检单位），后 5 位为流水号。如某企业备案登记号为"1100600001"，通过该代码可知该企业是在北京检验检疫局备案登记的自理报检单位。报检单位登记号必须准确填写，在系统中报检单位名称是由登记号自动带出的，如登记号填写错误，将导致报检单位名称错误。

4）联系人和电话

联系人是指报检本批货物的报检员。电话是指报检员的联系电话。

填报要求及注意事项："联系人"栏填写报检人员姓名。"电话"栏填写报检人员的联系电话。联系人和电话是比较容易出现空项的地方，报检员需注意。另外，当企业通过复制以往单据的方式制单时，一般会显示以往报检单据中的信息。当企业报检员或联系电话发生变更时，应注意修改有关信息。

5）报检日期

报检日期是指检验检疫机构接受进口货物的收发货人或受其委托的代理报检企业报检的日期。

填报要求及注意事项：在日常业务中，许多报检员在填制报检单时，"报检日期"一栏打印的是制单日期或电子数据发送的日期。对于直通式电子报检而言，数据发送的日期一般情况下就是受理报检日期，但是对于非直通式电子报检，受理报检日期和企业发送数据和制单的日期往往不一致，报检员对此应加以注意。

6）收货人和企业性质

收货人是指外贸合同中的收货方。

填报要求及注意事项："收货人"栏填写要与外贸合同中的收货方一致。对于入境货物，有时会出现贸易商和最终生产加工单位不一致的情况。有的报检员在报检时将"收货人"栏填制为最终生产加工单位，这是不符合规定的。另外，在输入电子报检数据时，报检员须同时输入收货人的备案登记号。在日常业务中，企业在输入时可能出现备案登记号与企业名称不一致的情况，这种错误不仅会影响报检数据的准确性，还会造成该批货物的电子通关数据在通关单联网核查时无法在海关正常申报，造成通关延误。"企业性质"栏根据实际情况，在对应的"□"内打"√"。

7）发货人

发货人是指外贸合同中的发货方。

填报要求及注意事项："发货人"栏填写要与外贸合同中的发货方一致。由于入境货物的发货人一般为国外公司，许多公司没有相对应的中文名称，因此，"发货人(中文)"一栏可以填写"***"。

8）货物名称(中/外文)

货物名称是指国际贸易缔约双方同意买卖的货物的名称。货物名称一般来源于主要用途、主要材料、主要成分或者货物的外观、制作工艺等。

填报要求及注意事项："货物名称(中/外文)"栏填写本批货物的品名及规格，应与进口合同、发票所列一致。货物名称应能反映货物的具体特性，不得填写笼统的名称或与客户约定的代码，如为废旧货物应注明。另外，有的报检员直接使用 H. S. 编码对应的品名，在多数情况下 H. S. 编码对应的品名过于笼统，这是不符合填制要求的。如某公司报检一批食品，H. S. 编码为 2106909090，品名申报为该编码对应的"其他编号未列明的食品"就是不符合填制要求的，必须清楚写明具体的食品名称。

9）H. S. 编码

H. S. 编码是指由进出口货物的税则号列及符合海关要求的附加号码组成的 10 位编号。

填报要求及注意事项："H. S. 编码"栏应填写所报检货物的 8 位税则号列，以及第 9、第 10 位附加编号。此编码以海关公布的最新的商品税则编码分类为准。H. S. 编码应与货物报关时申报的编码一致。填制 H. S. 编码时，报检员应注意编码的新旧问题，一般每年年初海关都会对部分编码进行一次较大的调整，之后还有可能对个别编码再进行调整。在填制报检单时，如果填制了旧编码，将会造成电子通关数据在通关单联网核查时无法在海关正常申报。

10）原产国(地区)

原产国(地区)是指本批货物的生产、开采或加工制造的国家或地区。对经过几个国家或地区加工制造的货物，以最后一个对货物进行实质性加工的国家或地区作为该货物的原产国。

填报要求及注意事项："原产国(地区)"栏填写时应按照"国别(地区)代码表"选择填报相应的国家(地区)中文名称。同一批货物的原产地不同的,应当分别填报"原产国(地区)"。退运货物原产国填制为"中国"。在保税区(含保税港区、监管仓库)或加工区进行了实质性加工的货物出区输往国内时,原产国填制为"中国"。

11) 数/重量

数/重量是指所报检货物的数量/重量。

填报要求及注意事项："数/重量"栏应填写本批货物的数/重量,注明数/重量单位,应与合同、发票或报关单上所列一致。重量一般填写净重。填制数/重量时,对于 H. S. 编码对应的第一计量单位必须输入,且不得对计量单位进行修改。第一计量单位填制完毕后,可以同时填制另一项数/重量。如报检一批服装,H. S. 编码为 6201121000,1 000 件/500 千克。该编码的第一计量单位为"件",在填制报检单时,必须填制数量 1 000 件,而且数量单位必须为件,不得输入为"套""条"等数量单位。填制数量后,可以同时填制重量 500 千克。由于该编码的第一计量单位为"件",因此不能只填制重量而不填制数量。如果某些货物可能无法同时填写数/重量,则只需填制其标准计量单位的一项。如报检一批冻鱼片,H. S. 编码为 0304299090,其对应的计量单位为"千克",在填制报检单时,按规范填制重量后,无须再填制数量。

12) 货物总值

货物总值是指进出口货物实际成交的总价。

填报要求及注意事项："货物总值"栏应填报同一项号下进出口货物实际成交的货物价格,应按合同、发票所列的货物总值和币种填写。对于非贸易性进出口货物等没有合同、发票情况的,按报关价填制。

13) 包装种类及数量

商品的包装是指包裹和捆扎货物用的内部或外部包装和捆扎物的总称。一般情况下,应以装箱单或提运单据所反映的货物处于运输状态时的最外层包装或称运输包装作为"包装种类"申报,并计算相应件数。

填报要求及注意事项："包装种类及数量"栏应根据进出口货物的实际外包装种类和数量,选择填写相应的包装种类及数量,注明包装的材质。如包装为木箱,包装必须填制"木箱",不得填制为"箱"。对于在申报系统中无法选择对应的包装种类的,包装应选填"其他",并手填具体的包装种类。

14) 运输工具名称号码

运输工具名称号码是指载运货物进出境所使用的运输工具的名称或运输工具编号,以及载运货物进出境的运输国际的航次编号。

填报要求及注意事项："运输工具名称号码"栏填写装运本批货物的运输工具的名称和号码。运输工具名称号码应与提(运)单中所列一致。转船运输的,一般应填写最终航程运输工具的名称和号码。

15）合同号

合同号是指在进出口贸易中，买卖双方或数方当事人根据国际贸易惯例或国家的法律、法规，自愿按照一定的条件买卖某种商品所签署的合同或协议的编号。

填报要求及注意事项："合同号"栏填写对外贸易合同（包括协议和订单）的编号。若特殊情况无合同号的，应注明原因，如"长期客户无合同"。

16）贸易方式

贸易方式是指该批进出口货物的交易方式。

填报要求及注意事项："贸易方式"栏填写本批货物的贸易方式，根据实际情况选填一般贸易、来料加工、进料加工、易货贸易、补偿贸易、边境贸易、无偿援助、外商投资、对外承包工程进出口货物、出口加工区进出境货物、出口加工区进出区货物、退运货物、过境货物、保税区进出境仓储、转口货物、保税区进出区货物、暂时进出口货物、暂时进出口留购货物、展览品、样品、其他非贸易性物品、其他贸易性货物等。有的贸易方式直接与计费的优惠费率关联，输入时一定要选择正确的贸易方式。

17）贸易国别（地区）

贸易国别（地区）一般是指外贸合同卖方所在的国家（地区）。

填报要求及注意事项："贸易国别（地区）"栏填写本批货物的真实的贸易国别（地区）。

18）提单/运单号

提单/运单号是指进出口货物提单或运单的编号。

填报要求及注意事项："提单/运单号"栏填写本批货物海运提单号、空运单号或铁路运单号。该号码必须与运输部门的载货清单所列相应内容一致（包括数码、英文大小写、符号、空格等）。转船运输的，一般应填写最终航程的提单/运单号。

19）到货日期

到货日期是指运载所申报进口货物的运输工具到达进境口岸的日期。

填报要求及注意事项："到货日期"栏填写准确的到达口岸的日期。日期均为8位数字，顺序为年（4位）、月（2位）、日（2位）。企业通过申报系统填制报检单及发送电子数据时，系统默认显示的是当前的日期，企业应根据实际情况填制准确的日期。

20）启运国家（地区）

启运国家（地区）是指进口货物起始发出直接运抵我国的国家或地区，或者在运输中转国（地区）未发生任何商业性交易的情况下运抵我国的国家或地区。

填报要求及注意事项："启运国家（地区）"栏应按照"国别（地区）代码表"选择填报相应国别（地区）的中文名称。对发生运输中转的货物，如中转地未发生任何商业性交易，则"启运国家（地区）"不变；如中转地发生商业性交易，则以中转地作为"启运国家（地区）"填报。从中国境内保税区、出口加工区入境的，填制"保税区"或"出口加工区"，如填制为“中国”，则会造成通关单联网核查数据比对不成功。

21）许可证/审批号

许可证/审批号是指需办理进境许可证或审批的货物取得的相关许可证或审批的号码。

填报要求及注意事项：“许可证/审批号”栏应准确填写有关许可证号或审批号。例如，对于须办理检疫审批手续的进境动植物产品，此栏中应填制已取得的《进境动植物检疫许可证》或农业、林业部门的检疫审批单的号码。

22）卸毕日期

卸毕日期是指本批货物在口岸卸毕的日期。

填报要求及注意事项：“卸毕日期”栏应准确填写本批货物在口岸卸毕的日期。企业通过申报系统填制报检单及发送电子数据时，系统默认显示的是当前的日期。企业应根据实际情况填制准确的日期。

23）启运口岸

启运口岸是指装运本批货物的交通工具起始发出直接运抵我国的口岸。

填报要求及注意事项：“启运口岸”栏应根据“国别（地区）代码表”选择填报相应口岸的中文名称。货物从内陆国家经陆运至他国海港口岸装船出运的，按第一海港口岸填制。如货物从瑞士陆运至荷兰鹿特丹，从鹿特丹装船经新加坡转船运至国内口岸，则报检单中“启运口岸”栏应填制“鹿特丹”。从中国境内保税区、出口加工区入境的，填制“保税区”或“出口加工区”。

24）入境口岸

入境口岸是指本批货物实际进入我国国境的口岸。

填报要求及注意事项：“入境口岸”栏填写本批货物从运输工具卸离的第一个境内口岸。填写时要准确选择口岸检验检疫机构的名称及代码。

25）索赔有效期至

索赔有效期至是指因贸易合同约定的进口货物不合格对外提出索赔要求的有效期限。

填报要求及注意事项：“索赔有效期至”栏填写明确的期限，如 60 天、90 天等。合同中未约定索赔有效期的，应注明“无索赔期”。

26）经停口岸

经停口岸是指货物随运输工具离开第一个境外口岸后，在抵达中国入境口岸之前所抵靠的发生货物（含集装箱）装卸的境外口岸。

填报要求及注意事项：“经停口岸”栏应根据“国别（地区）代码表”选择填报相应口岸的中文名称，在抵达中国入境口岸之前未经停有关口岸的，此栏可填“***”。

27）目的地

目的地是指已知的进境货物在我国国内的消费、使用地区或最终运抵的地点。

填报要求及注意事项："目的地"应准确填写进境货物在我国国内的消费、使用地区或最终运抵的地点。填制时，一般应具体到县市行政区名称。对于同一县市行政区内有超过一个检验检疫机构的，应根据当地检验检疫机构的要求对目的地进行进一步细化。

28）集装箱规格、数量及号码

集装箱规格、数量及号码是指装载进出口货物（包括拼箱货物）的集装箱的具体规格、数量和集装箱体两侧标示的全球唯一编号。

填报要求及注意事项："集装箱规格、数量及号码"栏填写装载进口货物（包括拼箱货物）的集装箱的箱体信息，数据应与提（运）单一致。

29）合同订立的特殊条款以及其他要求

合同订立的特殊条款以及其他要求是指合同中特别订立的有关质量、卫生等条款或报检单位对本批货物检验检疫、出证等工作的特殊要求。

填报要求及注意事项："合同订立的特殊条款以及其他要求"栏应准确填制合同中特别订立的有关质量、卫生等条款或报检单位对本批货物检验检疫、出证等工作的特殊要求。

30）货物存放地点

货物存放地点是指货物进境后拟存放的地点。

填报要求及注意事项："货物存放地点"栏应准确填写货物进境后拟存放的地点，以便检验检疫机构顺利验货。

31）用途

用途是指进口货物在境内的实际应用范围。

填报要求及注意事项："用途"栏应填写本批货物的用途。根据实际情况，按照"用途代码表"选填种用或繁殖、食用、奶用、观赏或演艺、伴侣动物、实验、药用、饲用、介质土、食品包装材料、食品加工设备、食品添加剂、食品容器、食品洗涤剂、食品消毒剂、其他。对于选择"其他"的，应在报检单中手填具体的用途。

32）随附单据

随附单据是指报检企业实际向检验检疫机构提供的报检单据。

填报要求及注意事项："随附单据"栏填制时，应根据实际选择向检验检疫机构提供的单据，在对应的"□"内打"√"或补填。许多企业在填制报检单时，由于在系统中复制以往的单据，经常会出现"随附单据"选项不全或错误的情况，对此应特别注意。

33）标记及号码

标记及号码是运输标志的俗称。进口货物报检单上的标记及号码专指货物的运输标志。

填报要求及注意事项："标记及号码"栏填写本批货物标记号码（唛头）中除了图形以外的所有文字和数字，应与合同、提单、发票和货物实际状况保持一致。若没有标记号码，填“N/M ”，不能填制为“***”。

34）外商投资财产

外商投资财产是确认进口的设备是否属于外商投资财产。

填报要求及注意事项：“外商投资财产”栏本应由检验检疫机构受理报检人员填写，但企业通过申报系统填制报检单及发送电子数据时，可以在此项中选择“是”或者“否”。由于检验检疫机构已不再进行强制性的价值鉴定工作，因此，企业在填制报检单时均应选择“否”。

35）报检人郑重声明

报检人郑重声明是报检员申报此批货物信息的确认。

填报要求及注意事项：“报检人郑重声明”栏应由报检人员亲笔签名，不得打印。签名人应是负责办理本批货物报检手续的人员。

36）检验检疫费

检验检疫费是对本批货物进行检验检疫应收取的费用。

填报要求及注意事项：“检验检疫费”栏由检验检疫机构计/收费人员填写，应填写应收取的检验检疫费的实际费用。

37）领取证单

领取证单是领取证单报检员和领取证单的确定日期。

填报要求及注意事项：“领取证单”栏由报检员在领取证单时填写领证日期并签名。

6.2 进/出口货物报关单

6.2.1 进/出口货物报关单样表

中华人民共和国海关进口货物报关单（最新版）见表 6-3；中华人民共和国海关出口货物报关单（最新版）见表 6-4。

表 6-3　中华人民共和国海关进口货物报关单（最新版）

预录入编号：　　　　　　　　　　　　　　　　　　　海关编号：

收发货人	进口口岸	进口日期	申报日期
消费使用单位	运输方式	运输工具名称	提运单号
申报单位	监管方式	征免性质	备案号
贸易国（地区）	启运国（地区）	装货港	境内目的地

续表

许可证号	成交方式	运费	保费	杂费
合同协议号	件数	包装种类	毛重（千克）	净重（千克）
集装箱号	随附单证			
标记唛码及备注				

项号	商品编号	商品名称、规格型号	数量及单位	原产国（地区）	单价	总价	币制	征免

特殊关系确认：	价格影响确认：	支付特许权使用费确认：
录入员　录入单位	兹申明对以上内容承担如实申报、依法纳税之法律责任	海关批注及签章
报关人员　申报单位（签章）		

表 6-4　中华人民共和国海关出口货物报关单（最新版）

预录入编号：　　海关编号：

收发货人	出口口岸	出口日期	申报日期	
生产销售单位	运输方式	运输工具名称	提运单号	
申报单位	监管方式	征免性质	备案号	
贸易国（地区）	运抵国（地区）	指运港	境内货源地	
许可证号	成交方式	运费	保费	杂费
合同协议号	件数	包装种类	毛重（千克）	净重（千克）
集装箱号	随附单证			
标记唛码及备注				

续表

项号	商品编号	商品名称、规格型号	数量及单位	最终目的国(地区)	单价	总价	币制	征免

特殊关系确认:	价格影响确认:	支付特许权使用费确认:
录入员 录入单位	兹申明对以上内容承担如实申报、依法纳税之法律责任	海关批注及签章
报关人员 申报单位(签章)		

6.2.2 进/出口货物报关单填制规范

2016年3月,为规范进出口货物收发货人的申报行为,统一进/出口货物报关单填制要求,海关总署对原《中华人民共和国海关进出口货物报关单填制规范》(海关总署2008年第52号公告)再次进行了修订。以下为最新的填制规范。

1. 预录入编号

本栏目填报预录入报关单的编号,预录入编号规则由接受申报的海关决定。

2. 海关编号

本栏目填报海关接受申报时给予报关单的编号,一份报关单对应一个海关编号。报关单海关编号为18位,其中第1～4位为接受申报海关的编号(海关规定的"关区代码表"中相应海关代码),第5～8位为海关接受申报的公历年份,第9位为进出口标志("1"为进口,"0"为出口;集中申报清单"I"为进口,"E"为出口),后9位为顺序编号。

3. 收发货人

本栏目填报在海关注册的对外签订并执行进出口贸易合同的中国境内法人、其他组织或个人的名称及编码。编码可选填18位法人和其他组织统一社会信用代码或10位海关注册编码任一项。

特殊情况填报要求如下。

(1) 进出口货物合同的签订者和执行者非同一企业的,填报执行合同的企业。

(2) 外商投资企业委托进出口企业进口投资设备、物品的,填报外商投资企业,并在"标记唛码及备注"栏注明"委托某进出口企业进口",同时注明被委托企业的18位法人和其他组织统一社会信用代码。

(3) 有代理报关资格的报关企业代理其他进出口企业办理进出口报关手续时,填报委托的进出口企业。

(4) 使用海关核发的《中华人民共和国海关加工贸易手册》、电子账册及其分册(以下统称《加工贸易手册》)管理的货物，收发货人应与《加工贸易手册》的“经营企业”一致。

4. 进口口岸/出口口岸

本栏目应根据货物实际进出境的口岸海关，填报海关规定的“关区代码表”中相应口岸海关的名称及代码。

特殊情况填报要求如下。

(1) 进口转关运输货物应填报货物进境地海关名称及代码，出口转关运输货物应填报货物出境地海关名称及代码。按转关运输方式监管的跨关区深加工结转货物，出口报关单填报转出地海关名称及代码，进口报关单填报转入地海关名称及代码。

(2) 在不同海关特殊监管区域或保税监管场所之间调拨、转让的货物，填报对方特殊监管区域或保税监管场所所在的海关名称及代码。

(3) 其他无实际进出境的货物，填报接受申报的海关名称及代码。

5. 进口日期/出口日期

进口日期填报运载进口货物的运输工具申报进境的日期。

出口日期是指运载出口货物的运输工具办结出境手续的日期，本栏目供海关签发打印报关单证明联用，在申报时免予填报。

无实际进出境的报关单填报海关接受申报的日期。

本栏目为8位数字，顺序为年(4位)、月(2位)、日(2位)。

6. 申报日期

申报日期是指海关接受进出口货物收发货人、受委托的报关企业申报数据的日期。以电子数据报关单方式申报的，申报日期为海关计算机系统接受申报数据时记录的日期。以纸质报关单方式申报的，申报日期为海关接受纸质报关单并对报关单进行登记处理的日期。

申报日期为8位数字，顺序为年(4位)、月(2位)、日(2位)。

本栏目在申报时免予填报。

7. 消费使用单位/生产销售单位

(1) 消费使用单位填报已知的进口货物在境内的最终消费、使用单位的名称，包括：①自行从境外进口货物的单位；②委托进出口企业进口货物的单位。

(2) 生产销售单位填报出口货物在境内的生产或销售单位的名称，包括：①自行出口货物的单位；②委托进出口企业出口货物的单位。

本栏目可选填18位法人和其他组织统一社会信用代码或10位海关注册编码或9位组织机构代码任一项。没有代码的应填报“NO”。

(3) 有10位海关注册编码或18位法人和其他组织统一社会信用代码或加工企业编码的消费使用单位/生产销售单位，本栏目应填报其中文名称及编码；没有编码的应填报其中文名称。

使用《加工贸易手册》管理的货物，消费使用单位/生产销售单位应与《加工贸易手册》的“加工企业”一致；减免税货物报关单的消费使用单位/生产销售单位应与《中华人民共和国海关进出口货物征免税证明》(以下简称《征免税证明》)的“减免税申请人”一致。

8. 运输方式

运输方式包括实际运输方式和海关规定的特殊运输方式，前者是指货物实际进出境的运输方式，按进出境所使用的运输工具分类；后者是指货物无实际进出境的运输方式，按货物在境内的流向分类。

本栏目应根据货物实际进出境的运输方式或货物在境内流向的类别，按照海关规定的“运输方式代码表”选择填报相应的运输方式。

(1) 特殊情况填报要求如下。

① 非邮件方式进出境的快递货物，按实际运输方式填报。

② 进出境旅客随身携带的货物，按旅客所乘运输工具填报。

③ 进口转关运输货物，按载运货物抵达进境地的运输工具填报；出口转关运输货物，按载运货物驶离出境地的运输工具填报。

④ 不复运出(入)境而留在境内(外)销售的进出境展览品、留赠转卖物品等，填报“其他运输”(代码9)。

(2) 无实际进出境货物在境内流转时填报要求如下。

① 境内非保税区运入保税区货物和保税区退区货物，填报“非保税区”(代码0)。

② 保税区运往境内非保税区货物，填报“保税区”(代码7)。

③ 境内存入出口监管仓库和出口监管仓库退仓货物，填报“监管仓库”(代码1)。

④ 保税仓库转内销货物，填报“保税仓库”(代码8)。

⑤ 从境内保税物流中心外运入中心或从中心运往境内中心外的货物，填报“物流中心”(代码W)。

⑥ 从境内保税物流园区外运入园区或从园区内运往境内园区外的货物，填报“物流园区”(代码X)。

⑦ 保税港区、综合保税区、出口加工区、珠澳跨境工业区(珠海园区)、中哈霍尔果斯边境合作区(中方配套区)等特殊区域与境内(区外)(非特殊区域、保税监管场所)之间进出的货物，区内、区外企业应根据实际运输方式分别填报“保税港区/综合保税区”(代码Y)、“出口加工区”(代码Z)。

⑧ 境内运入深港西部通道港方口岸区的货物，填报“边境特殊海关作业区”(代码H)。

⑨ 经横琴新区和平潭综合试验区(以下简称综合试验区)二线指定申报通道运往境内区外或从境内经二线指定申报通道进入综合试验区的货物，以及综合试验区内按选择性征收关税申报的货物，填报“综合试验区”(代码T)。

⑩ 其他境内流转货物，填报“其他运输”(代码 9)，包括特殊监管区域内货物之间的流转、调拨货物，特殊监管区域、保税监管场所之间相互流转货物，特殊监管区域外的加工贸易余料结转、深加工结转、内销等货物。

9. 运输工具名称

本栏目填报载运货物进出境的运输工具名称或编号。填报内容应与运输部门向海关申报的舱单(载货清单)所列相应内容一致。具体填报要求如下。

(1) 直接在进出境地或采用“区域通关一体化”模式办理报关手续的报关单填报要求如下。

① 水路运输：填报船舶编号(来往港澳小型船舶为监管簿编号)或者船舶英文名称。

② 公路运输：启用公路舱单前，填报该跨境运输车辆的国内行驶车牌号，深圳提前报关模式的报关单填报国内行驶车牌号＋“/”＋“提前报关”。启用公路舱单后，免予填报。

③ 铁路运输：填报车厢编号或交接单号。

④ 航空运输：填报航班号。

⑤ 邮件运输：填报邮政包裹单号。

⑥ 其他运输方式：填报具体运输方式名称，如管道、驮畜等。

(2) 转关运输货物的报关单填报要求如下。

① 进口。

水路运输：直转、提前报关填报“@”＋16 位转关申报单预录入号(或 13 位载货清单号)；中转填报进境英文船名。

铁路运输：直转、提前报关填报“@”＋16 位转关申报单预录入号；中转填报车厢编号。

航空运输：直转、提前报关填报“@”＋16 位转关申报单预录入号(或 13 位载货清单号)；中转填报“@”。

公路及其他运输方式：填报“@”＋16 位转关申报单预录入号(或 13 位载货清单号)。

以上各种运输方式使用广东地区载货清单转关的提前报关货物填报“@”＋13 位载货清单号。

② 出口。

水路运输：非中转填报“@”＋16 位转关申报单预录入号(或 13 位载货清单号)。如多张报关单需要通过一张转关单转关的，“运输工具名称”字段填报“@”。

中转货物，境内水路运输填报驳船船名；境内铁路运输填报车名(主管海关 4 位关区代码＋“TRAIN”)；境内公路运输填报车名(主管海关 4 位关区代码＋“TRUCK”)。

铁路运输：填报“@”＋16 位转关申报单预录入号(或 13 位载货清单号)，如多张报关单需要通过一张转关单转关的，填报“@”。

航空运输：填报“@”＋16位转关申报单预录入号(或13位载货清单号)，如多张报关单需要通过一张转关单转关的，填报“@”。

其他运输方式：填报“@”＋16位转关申报单预录入号(或13位载货清单号)。

(3) 采用“集中申报”通关方式办理报关手续的，报关单本栏目填报“集中申报”。

(4) 无实际进出境的报关单，本栏目免予填报。

10. 航次号

本栏目填报载运货物进出境的运输工具的航次编号。

具体填报要求如下。

(1) 直接在进出境地或采用“区域通关一体化”模式办理报关手续的报关单填报要求如下。

① 水路运输：填报船舶的航次号。

② 公路运输：启用公路舱单前，填报运输车辆的8位进出境日期[顺序为年(4位)、月(2位)、日(2位)，下同]。启用公路舱单后，填报货物运输批次号。

③ 铁路运输：填报列车的进出境日期。

④ 航空运输：免予填报。

⑤ 邮件运输：填报运输工具的进出境日期。

⑥ 其他运输方式：免予填报。

(2) 转关运输货物的报关单填报要求如下。

① 进口。

水路运输：中转转关方式填报“@”＋进境干线船舶航次。直转、提前报关免予填报。

公路运输：免予填报。

铁路运输：“@”＋8位进境日期。

航空运输：免予填报。

其他运输方式：免予填报。

② 出口。

水路运输：非中转货物免予填报。中转货物：境内水路运输填报驳船航次号；境内铁路、公路运输填报6位启运日期[顺序为年(2位)、月(2位)、日(2位)]。

铁路拼车拼箱捆绑出口：免予填报。

航空运输：免予填报。

其他运输方式：免予填报。

(3) 无实际进出境的报关单，本栏目免予填报。

11. 提运单号

本栏目填报进出口货物提单或运单的编号。

一份报关单只允许填报一个提单号或运单号，一票货物对应多个提单或运单时，应分单填报。

具体填报要求如下。

(1) 直接在进出境地或采用“区域通关一体化”模式办理报关手续的报关单填报要求如下。

水路运输：填报进出口提单号。如有分提单的，填报进出口提单号＋“*”＋分提单号。

公路运输：启用公路舱单前，免予填报；启用公路舱单后，填报进出口总运单号。

铁路运输：填报运单号。

航空运输：填报总运单号＋“_”＋分运单号，无分运单号的填报总运单号。

邮件运输：填报邮运包裹单号。

(2) 转关运输货物的报关单填报要求如下。

① 进口。

水路运输：直转、中转填报提单号。提前报关免予填报。

铁路运输：直转、中转填报铁路运单号。提前报关免予填报。

航空运输：直转、中转货物填报总运单号＋“_”＋分运单号。提前报关免予填报。

其他运输方式：免予填报。

以上运输方式进境货物，在广东省内用公路运输转关的，填报车牌号。

② 出口。

水路运输：中转货物填报提单号；非中转货物免予填报；广东省内汽车运输提前报关的转关货物，填报承运车辆的车牌号。

其他运输方式：免予填报。广东省内汽车运输提前报关的转关货物，填报承运车辆的车牌号。

(3) 采用“集中申报”通关方式办理报关手续的，报关单填报归并的集中申报清单的进出口起止日期[按年(4 位)、月(2 位)、日(2 位)至年(4 位)、月(2 位)、日(2 位)]。

(4) 无实际进出境的，本栏目免予填报。

12. 申报单位

自理报关的，本栏目填报进出口企业的名称及编码；委托代理报关的，本栏目填报报关企业名称及编码。

本栏目可选填 18 位法人和其他组织统一社会信用代码或 10 位海关注册编码任一项。

本栏目还包括报关单左下方用于填报申报单位有关情况的相关栏目，包括报关人员、申报单位(签章)。

13. 监管方式

监管方式是以国际贸易中进出口货物的交易方式为基础，结合海关对进出口货物的征税、统计及监管条件综合设定的海关对进出口货物的管理方式。其代码由 4 位数字构成，前两位是按照海关监管要求和计算机管理需要划分的分类代码，后两位是参照国际标准编制的贸易方式代码。

本栏目应根据实际对外贸易情况按海关规定的“监管方式代码表”选择填报相应的监管方式简称及代码。一份报关单只允许填报一种监管方式。

特殊情况下加工贸易货物监管方式填报要求如下。

(1) 进口少量低值辅料(即 5 000 美元以下,78 种以内的低值辅料)按规定不使用《加工贸易手册》的,应填报“低值辅料”。使用《加工贸易手册》的,应按《加工贸易手册》上的监管方式填报。

(2) 外商投资企业为加工内销产品而进口的料件,属非保税加工的,填报“一般贸易”。外商投资企业全部使用国内料件加工的出口成品,填报“一般贸易”。

(3) 加工贸易料件结转或深加工结转货物,按批准的监管方式填报。

(4) 加工贸易料件转内销货物以及按料件办理进口手续的转内销制成品、残次品、未完成品,应填制进口报关单,填报“来料料件内销”或“进料料件内销”;加工贸易成品凭《征免税证明》转为减免税进口货物的,应分别填制进/出口货物报关单,出口报关单本栏目填报“来料成品减免”或“进料成品减免”,进口报关单本栏目按照实际监管方式填报。

(5) 加工贸易出口成品因故退运进口及复运出口的,填报“来料成品退换”或“进料成品退换”;加工贸易进口料件因换料退运出口及复运进口的,填报“来料料件退换”或“进料料件退换”;加工贸易过程中产生的剩余料件、边角料退运出口,以及进口料件因品质、规格等原因退运出口且不再更换同类货物进口的,分别填报“来料料件复出”“来料边角料复出”“进料料件复出”“进料边角料复出”。

(6) 备料《加工贸易手册》中的料件结转转入加工出口《加工贸易手册》的,填报“来料加工”或“进料加工”。

(7) 保税工厂的加工贸易进出口货物,根据《加工贸易手册》填报“来料加工”或“进料加工”。

(8) 加工贸易边角料内销和副产品内销,应填制进口报关单,填报“来料边角料内销”或“进料边角料内销”。

(9) 企业销毁处置加工贸易货物未获得收入,销毁处置货物为料件、残次品的,填报“料件销毁”;销毁处置货物为边角料、副产品的,填报“边角料销毁”。

企业销毁处置加工贸易货物获得收入的,填报为“进料边角料内销”或“来料边角料内销”。

14. 征免性质

本栏目应根据实际情况按海关规定的“征免性质代码表”选择填报相应的征免性质简称及代码,持有海关核发的《征免税证明》的,应按照《征免税证明》中批注的征免性质填报。一份报关单只允许填报一种征免性质。

加工贸易货物报关单应按照海关核发的《加工贸易手册》中批注的征免性质简称及代码填报。

特殊情况填报要求如下。

(1) 保税工厂经营的加工贸易,根据《加工贸易手册》填报“进料加工”或“来料加工”。

(2) 外商投资企业为加工内销产品而进口的料件,属非保税加工的,填报“一般征税”或其他相应征免性质。

(3) 加工贸易转内销货物,按实际情况填报(如一般征税、科教用品、其他法定等)。

(4) 料件退运出口、成品退运进口货物填报“其他法定”(代码0299)。

(5) 加工贸易结转货物,本栏目免予填报。

15. 备案号

本栏目填报进出口货物收发货人、消费使用单位、生产销售单位在海关办理加工贸易合同备案或征、减、免税备案审批等手续时,海关核发的《加工贸易手册》《征免税证明》或其他备案审批文件的编号。

一份报关单只允许填报一个备案号。具体填报要求如下。

(1) 加工贸易项下货物,除少量低值辅料按规定不使用《加工贸易手册》及以后续补税监管方式办理内销征税的外,填报《加工贸易手册》编号。

使用异地直接报关分册和异地深加工结转出口分册在异地口岸报关的,本栏目应填报分册号;本地直接报关分册和本地深加工结转分册限制在本地报关,本栏目应填报总册号。

加工贸易成品凭《征免税证明》转为减免税进口货物的,进口报关单填报《征免税证明》编号,出口报关单填报《加工贸易手册》编号。

对加工贸易设备之间的结转,转入和转出企业分别填制进/出口报关单,在报关单“备案号”栏目填报《加工贸易手册》编号。

(2) 涉及征、减、免税备案审批的报关单,填报《征免税证明》编号。

(3) 涉及优惠贸易协定项下实行原产地证书联网管理(如香港CEPA、澳门CEPA)的报关单,填报原产地证书代码“Y”和原产地证书编号。

(4) 减免税货物退运出口,填报《中华人民共和国海关进口减免税货物准予退运证明》编号;减免税货物补税进口,填报《减免税货物补税通知书》编号;减免税货物进口或结转进口(转入),填报《征免税证明》编号;相应的结转出口(转出),填报《中华人民共和国海关进口减免税货物结转联系函》编号。

16. 贸易国(地区)

本栏目填报对外贸易中与境内企业签订贸易合同的外方所属的国家(地区)。进口填报购自国,出口填报售予国。未发生商业性交易的填报货物所有权拥有者所属的国家(地区)。

本栏目应按海关规定的“国别(地区)代码表”选择填报相应的贸易国(地区)或贸易国(地区)中文名称及代码。

无实际进出境的,填报“中国”(代码142)。

17. 启运国(地区)/运抵国(地区)

启运国(地区)填报进口货物起始发出直接运抵我国或者在运输中转国(地区)未发生任何商业性交易的情况下运抵我国的国家(地区)。

运抵国(地区)填报出口货物离开我国关境直接运抵或者在运输中转国(地区)未发生任何商业性交易的情况下最后运抵的国家(地区)。

不经过第三国(地区)转运的直接运输进出口货物,以进口货物的装货港所在国(地区)为启运国(地区),以出口货物的指运港所在国(地区)为运抵国(地区)。

经过第三国(地区)转运的进出口货物,如在中转国(地区)发生商业性交易,则以中转国(地区)作为启运国(地区)/运抵国(地区)。

本栏目应按海关规定的"国别(地区)代码表"选择填报相应的启运国(地区)/运抵国(地区)中文名称及代码。

无实际进出境的,填报"中国"(代码 142)。

18. 装货港/指运港

装货港填报进口货物在运抵我国关境前的最后一个境外装运港。

指运港填报出口货物运往境外的最终目的港;最终目的港不可预知的,按尽可能预知的目的港填报。

本栏目应根据实际情况按海关规定的"港口代码表"选择填报相应的港口中文名称及代码。装货港/指运港在"港口代码表"中无港口中文名称及代码的,可选择填报相应的国家中文名称及代码。

无实际进出境的,填报"中国"(代码 142)。

19. 境内目的地/境内货源地

境内目的地填报已知的进口货物在国内的消费、使用地或最终运抵地,其中最终运抵地为最终使用单位所在的地区。最终使用单位难以确定的,填报货物进口时预知的最终收货单位所在地。

境内货源地填报出口货物在国内的产地或原始发货地。出口货物产地难以确定的,填报最早发运该出口货物的单位所在地。

本栏目按海关规定的"国内(地区)代码表"选择填报相应的国内(地区)名称及代码。

20. 许可证号

本栏目填报以下许可证的编号:进(出)口许可证、两用物项和技术进(出)口许可证、两用物项和技术出口许可证(定向)、纺织品临时出口许可证。

一份报关单只允许填报一个许可证号。

21. 成交方式

本栏目应根据进出口货物实际成交价格条款,按海关规定的"成交方式代码表"选择填报相应的成交方式代码。

无实际进出境的报关单,进口填报 CIF,出口填报 FOB。

22. 运费

本栏目填报进口货物运抵我国境内输入地点起卸前的运输费用，出口货物运抵我国境内输出地点装载后的运输费用。

运费可按运费单价、运费总价或运费率 3 种方式之一填报，注明运费标记（运费标记“1”表示运费率，“2”表示每吨货物的运费单价，“3”表示运费总价），并按海关规定的“货币代码表”选择填报相应的币种代码。

23. 保费

本栏目填报进口货物运抵我国境内输入地点起卸前的保险费用，出口货物运抵我国境内输出地点装载后的保险费用。

保费可按保险费总价或保险费率两种方式之一填报，注明保险费标记（保险费标记“1”表示保险费率，“3”表示保险费总价），并按海关规定的“货币代码表”选择填报相应的币种代码。

24. 杂费

本栏目填报成交价格以外的、按照《中华人民共和国进出口关税条例》相关规定应计入完税价格或应从完税价格中扣除的费用。可按杂费总价或杂费率两种方式之一填报，注明杂费标记（杂费标记“1”表示杂费率，“3”表示杂费总价），并按海关规定的“货币代码表”选择填报相应的币种代码。

应计入完税价格的杂费填报为正值或正率，应从完税价格中扣除的杂费填报为负值或负率。

25. 合同协议号

本栏目填报进出口货物合同（包括协议或订单）编号。未发生商业性交易的免予填报。

26. 件数

本栏目填报有外包装的进出口货物的实际件数。

特殊情况填报要求如下：①舱单件数为集装箱的，填报集装箱个数；②舱单件数为托盘的，填报托盘数。

本栏目不得填报为零，裸装货物填报为“1”。

27. 包装种类

本栏目应根据进出口货物的实际外包装种类，按海关规定的“包装种类代码表”选择填报相应的包装种类代码。

28. 毛重（千克）

本栏目填报进出口货物及其包装材料的重量之和，计量单位为千克，不足一千克的填报为“1”。

29. 净重（千克）

本栏目填报进出口货物的毛重减去外包装材料后的重量，即货物本身的实际重量，计量单位为千克，不足 1 千克的填报为“1”。

30. 集装箱号

本栏目填报装载进出口货物（包括拼箱货物）集装箱的箱体信息。一个集装箱填一条记录，分别填报集装箱号（在集装箱箱体上标示的全球唯一编号）、集装箱的规格和集装箱的自重。非集装箱货物填报为“0”。

31. 随附单证

本栏目根据海关规定的“监管证件代码表”选择填报除本规范第十八条规定的许可证件以外的其他进出口许可证件或监管证件代码及编号。

本栏目分为随附单证代码和随附单证编号两栏，其中“随附单证代码”栏应按海关规定的“监管证件代码表”选择填报相应证件代码；“随附单证编号”栏应填报证件编号。

（1）加工贸易内销征税报关单，“随附单证代码”栏填写“c”，“随附单证编号”栏填写海关审核通过的内销征税联系单号。

（2）优惠贸易协定项下进出口货物

有关优惠贸易协定项下报关单填制要求将另行公告。

32. 标记唛码及备注

本栏目填报要求如下。

（1）标记唛码中除图形以外的文字、数字。

（2）受外商投资企业委托代理其进口投资设备、物品的进出口企业名称。

（3）与本报关单有关联关系的，同时在业务管理规范方面又要求填报的备案号，填报在电子数据报关单中“关联备案”栏。

加工贸易结转货物及凭《征免税证明》转内销货物，其对应的备案号应填报在“关联备案”栏。

减免税货物结转进口（转入），报关单“关联备案”栏应填写木次减免税货物结转所申请的《中华人民共和国海关进口减免税货物结转联系函》编号。

减免税货物结转出口（转出），报关单“关联备案”栏应填写与其相对应的进口（转入）报关单“备案号”栏中《征免税证明》编号。

（4）与本报关单有关联关系的，同时在业务管理规范方面又要求填报的报关单号，填报在电子数据报关单中“关联报关单”栏。

加工贸易结转类的报关单，应先办理进口报关，并将进口报关单号填入出口报关单的“关联报关单”栏。

办理进口货物直接退运手续的，除另有规定外，应当先填写出口报关单，再填写进口报关单，并将出口报关单号填入进口报关单的“关联报关单”栏。

减免税货物结转出口（转出），应先办理进口报关，并将进口（转入）报关单号填入出口（转出）报关单的“关联报关单”栏。

（5）办理进口货物直接退运手续的，本栏目填报《进口货物直接退运表》或者《海关责令进口货物直接退运通知书》编号。

(6) 保税监管场所进出货物，在“保税/监管场所”栏填写本保税监管场所编码，其中涉及货物在保税监管场所间流转的，在本栏填写对方保税监管场所代码。

(7) 涉及加工贸易货物销毁处置的，填写《海关加工贸易货物销毁处置申报表》编号。

(8) 当监管方式为“暂时进出货物”(2600)和“展览品”(2700)时，如果为复运进出境货物，在进出口货物报关单的本栏内分别填报“复运进境”“复运出境”。

(9) 跨境电子商务进出口货物，在本栏目内填报“跨境电子商务”。

(10) 加工贸易副产品内销，在本栏内填报“加工贸易副产品内销”。

(11) 公式定价进口货物应在报关单“备注”栏内填写公式定价备案号，格式为“公式定价”＋备案编号＋“@”。对于同一报关单下有多项商品的，如需要指明某项或某几项商品为公式定价备案的，则“备注”栏内应填写为：“公式定价”＋备案编号＋“#”＋商品序号＋“@”。

(12) 获得《预审价决定书》的进出口货物，应在报关单“备注”栏内填报《预审价决定书》编号，格式为预审价(P＋2 位商品项号＋决定书编号)，若报关单中有多项商品为预审价，需依次写入括号中，如预审价(P01VD511500018P02VD511500019)。

(13) 含预归类商品报关单，应在报关单“备注”栏内填写预归类 R-3-关区代码-年份-顺序编号，其中关区代码、年份、顺序编号均为 4 位数字，例如 R-3-0100-2016-0001。

(14) 含归类裁定报关单，应在报关单“备注”栏内填写归类裁定编号，格式为“c”＋四位数字编号，例如 c0001。

(15) 申报时其他必须说明的事项填报在本栏目。

33. 项号

本栏目分两行填报及打印。第 1 行填报报关单中的商品顺序编号；第 2 行专用于加工贸易、减免税等已备案、审批的货物，填报和打印该项货物在《加工贸易手册》或《征免税证明》等备案、审批单证中的顺序编号。

有关优惠贸易协定项下报关单填制要求将另行公告。

加工贸易项下进出口货物的报关单，第 1 行填报报关单中的商品顺序编号，第 2 行填报该项商品在《加工贸易手册》中的商品项号，用于核销对应项号下的料件或成品数量。其中第 2 行特殊情况填报要求如下。

(1) 深加工结转货物，分别按照《加工贸易手册》中的进口料件项号和出口成品项号填报。

(2) 料件结转货物(包括料件、制成品和未完成品折料)，出口报关单按照转出《加工贸易手册》中进口料件的项号填报；进口报关单按照转进《加工贸易手册》中进口料件的项号填报。

(3) 料件复出货物(包括料件、边角料)，出口报关单按照《加工贸易手册》中进口料件的项号填报；如边角料对应一个以上料件项号时，填报主要料件项号。料件退换货物(包括料件、不包括未完成品)，进出口报关单按照《加工贸易手册》中进口料件的项号填报。

(4) 成品退换货物，退运进境报关单和复运出境报关单按照《加工贸易手册》原出口成品的项号填报。

(5) 加工贸易料件转内销货物(以及按料件办理进口手续的转内销制成品、残次品、未完成品)应填制进口报关单，填报《加工贸易手册》进口料件的项号；加工贸易边角料、副产品内销，填报《加工贸易手册》中对应的进口料件项号。如边角料或副产品对应一个以上料件项号时，填报主要料件项号。

(6) 加工贸易成品凭《征免税证明》转为减免税货物进口的，应先办理进口报关手续。进口报关单填报《征免税证明》中的项号，出口报关单填报《加工贸易手册》原出口成品项号，进出口报关单货物数量应一致。

(7) 加工贸易货物销毁，本栏目应填报《加工贸易手册》中相应的进口料件项号。

(8) 加工贸易副产品退运出口、结转出口，本栏目应填报《加工贸易手册》中新增的变更副产品的出口项号。

(9) 经海关批准实行加工贸易联网监管的企业，按海关联网监管要求，企业需申报报关清单的，应在向海关申报进出口(包括形式进出口)报关单前，向海关申报“清单”。一份报关清单对应一份报关单，报关单上的商品由报关清单归并而得。加工贸易电子账册报关单中项号、品名、规格等栏目的填制规范比照《加工贸易手册》。

34. 商品编号

本栏目填报的商品编号由10位数字组成。前8位为《中华人民共和国进出口税则》确定的进出口货物的税则号列，同时也是《中华人民共和国海关统计商品目录》确定的商品编码，后2位为符合海关监管要求的附加编号。

35. 商品名称、规格型号

本栏目分两行填报及打印。第1行填报进出口货物规范的中文商品名称；第2行填报规格型号。

具体填报要求如下。

(1) 商品名称及规格型号应据实填报，并与进出口货物收发货人或受委托的报关企业所提交的合同、发票等相关单证相符。

(2) 商品名称应当规范，规格型号应当足够详细，以能满足海关归类、审价及许可证件管理要求为准，可参照《中华人民共和国海关进出口商品规范申报目录》中对商品名称、规格型号的要求进行填报。

(3) 加工贸易等已备案的货物，填报的内容必须与备案登记中同项号下货物的商品名称一致。

(4) 对需要海关签发《货物进口证明书》的车辆，“商品名称”栏应填报“车辆品牌＋排气量(注明cc)＋车型(如越野车、小轿车等)”。进口汽车底盘不填报排气量。车辆品牌应按照《进口机动车辆制造厂名称和车辆品牌中英文对照表》中“签注名称”一栏的要求填报。“规格型号”栏可填报“汽油型”等。

(5) 由同一运输工具同时运抵同一口岸并且属于同一收货人、使用同一提单的多种进口货物,按照商品归类规则应当归入同一商品编号的,应当将有关商品一并归入该商品编号。商品名称填报一并归类后的商品名称,规格型号填报一并归类后商品的规格型号。

(6) 加工贸易边角料和副产品内销,边角料复出口,本栏目填报其报验状态的名称和规格型号。

(7) 进口货物收货人以一般贸易方式申报进口属于《需要详细列名申报的汽车零部件清单》(海关总署2006年第64号公告)范围内的汽车生产件的,应按以下要求填报。

① 商品名称填报进口汽车零部件的详细中文商品名称和品牌,中文商品名称与品牌之间用“/”相隔,必要时加注英文商业名称;进口的成套散件或者毛坯件应在品牌后加注“成套散件”“毛坯”等字样,并与品牌之间用“/”相隔。

② 规格型号填报汽车零部件的完整编号。在零部件编号前应当加注“S”字样,并与零部件编号之间用“/”相隔,零部件编号之后应当依次加注该零部件适用的汽车品牌和车型。

汽车零部件属于可以适用于多种汽车车型的通用零部件的,零部件编号后应当加注“TY”字样,并用“/”与零部件编号相隔。

与进口汽车零部件规格型号相关的其他需要申报的要素,或者海关规定的其他需要申报的要素,如“功率”“排气量”等,应当在车型或“TY”之后填报,并用“/”与之相隔。

汽车零部件报验状态是成套散件的,应当在“标记唛码及备注”栏内填报该成套散件装配后的最终完整品的零部件编号。

(8) 进口货物收货人以一般贸易方式申报进口属于《需要详细列名申报的汽车零部件清单》(海关总署2006年第64号公告)范围内的汽车维修件的,填报规格型号时,应当在零部件编号前加注“W”,并与零部件编号之间用“/”相隔;进口维修件的品牌与该零部件适用的整车厂牌不一致的,应当在零部件编号前加注“WF”,并与零部件编号之间用“/”相隔。其余申报要求同上条执行。

36. 数量及单位

本栏目分3行填报及打印。

(1) 第1行应按进出口货物的法定第一计量单位填报数量及单位,法定计量单位以《中华人民共和国海关统计商品目录》中的计量单位为准。

(2) 凡列明有法定第2计量单位的,应在第二行按照法定第二计量单位填报数量及单位。无法定第二计量单位的,本栏目第2行为空。

(3) 成交计量单位及数量应填报并打印在第3行。

(4) 法定计量单位为千克的数量填报,特殊情况下填报要求如下。

① 装入可重复使用的包装容器的货物,应按货物扣除包装容器后的重量填报,如罐

装同位素、罐装氧气及类似品等。

② 使用不可分割包装材料和包装容器的货物，按货物的净重填报(即包括内层直接包装的净重重量)，如采用供零售包装的罐头、化妆品、药品及类似品等。

③ 按照商业惯例以公量重计价的商品，应按公量重填报，如未脱脂羊毛、羊毛条等。

④ 采用以毛重作为净重计价的货物，可按毛重填报，如粮食、饲料等大宗散装货物。

⑤ 采用零售包装的酒类、饮料，按照液体部分的重量填报。

(5) 成套设备、减免税货物如需分批进口，货物实际进口时，应按照实际报验状态确定数量。

(6) 具有完整品或制成品基本特征的不完整品、未制成品，根据《商品名称及编码协调制度》归类规则应按完整品归类的，按照构成完整品的实际数量填报。

(7) 加工贸易等已备案的货物，成交计量单位必须与《加工贸易手册》中同项号下货物的计量单位一致，加工贸易边角料和副产品内销、边角料复出口，本栏目填报其报验状态的计量单位。

(8) 优惠贸易协定项下进出口商品的成交计量单位必须与原产地证书上对应商品的计量单位一致。

(9) 法定计量单位为立方米的气体货物，应折算成标准状况(即摄氏零度及 1 个标准大气压)下的体积进行填报。

37. 原产国(地区)

原产国(地区)应依据《中华人民共和国进出口货物原产地条例》《中华人民共和国海关关于执行〈非优惠原产地规则中实质性改变标准〉的规定》以及海关总署关于各项优惠贸易协定原产地管理规章规定的原产地确定标准填报。同一批进出口货物的原产地不同的，应分别填报原产国(地区)。进出口货物原产国(地区)无法确定的，填报“国别不详”(代码 701)。

本栏目应按海关规定的“国别(地区)代码表”选择填报相应的国家(地区)名称及代码。

38. 最终目的国(地区)

最终目的国(地区)填报已知的进出口货物的最终实际消费、使用或进一步加工制造国家(地区)。不经过第三国(地区)转运的直接运输货物，以运抵国(地区)为最终目的国(地区)；经过第三国(地区)转运的货物，以最后运往国(地区)为最终目的国(地区)。同一批进出口货物的最终目的国(地区)不同的，应分别填报最终目的国(地区)。进出口货物不能确定最终目的国(地区)时，以尽可能预知的最后运往国(地区)为最终目的国(地区)。

本栏目应按海关规定的“国别(地区)代码表”选择填报相应的国家(地区)名称及代码。

39. 单价

本栏目填报同一项号下进出口货物实际成交的商品单位价格。无实际成交价格的，本栏目填报单位货值。

40. 总价

本栏目填报同一项号下进出口货物实际成交的商品总价格。无实际成交价格的，本栏目填报货值。

41. 币制

本栏目应按海关规定的“货币代码表”选择相应的货币名称及代码填报，如“货币代码表”中无实际成交币种，需将实际成交货币按申报日外汇折算率折算成“货币代码表”列明的货币填报。

42. 征免

本栏目应按照海关核发的《征免税证明》或有关政策规定，对报关单所列每项商品选择海关规定的“征减免税方式代码表”中相应的征减免税方式填报。

加工贸易货物报关单应根据《加工贸易手册》中备案的征免规定填报；《加工贸易手册》中备案的征免规定为“保金”或“保函”的，应填报“全免”。

43. 特殊关系确认

本栏目根据《中华人民共和国海关审定进出口货物完税价格办法》(以下简称《审价办法》)第十六条，填报确认进出口行为中买卖双方是否存在特殊关系，有下列情形之一的，应当认为买卖双方存在特殊关系，在本栏目应填报“是”；反之则填报“否”。

(1) 买卖双方为同一家族成员的。

(2) 买卖双方互为商业上的高级职员或者董事的。

(3) 一方直接或者间接地受另一方控制的。

(4) 买卖双方都直接或者间接地受第三方控制的。

(5) 买卖双方共同直接或者间接地控制第三方的。

(6) 一方直接或者间接地拥有、控制或者持有对方 5%以上(含 5%)公开发行的有表决权的股票或者股份的。

(7) 一方是另一方的雇员、高级职员或者董事的。

(8) 买卖双方是同一合伙的成员的。

买卖双方在经营上相互有联系，一方是另一方的独家代理、独家经销或者独家受让人，如果符合前款的规定，也应当视为存在特殊关系。

44. 价格影响确认

本栏目根据《审价办法》第十七条，填报确认进出口行为中买卖双方存在的特殊关系是否影响成交价格，纳税义务人如不能证明其成交价格与同时或者大约同时发生的下列任何一款价格相近的，应当视为特殊关系对进出口货物的成交价格产生影响，在本栏目应填报“是”；反之则填报“否”。

(1) 向境内无特殊关系的买方出售的相同或者类似进出口货物的成交价格。

(2) 按照《审价办法》倒扣价格估价方法的规定所确定的相同或者类似进出口货物的

完税价格；

(3) 按照《审价办法》计算价格估价方法的规定所确定的相同或者类似进出口货物的完税价格。

45. 支付特许权使用费确认

本栏目根据《审价办法》第十三条，填报确认进出口行为中买方是否存在向卖方或者有关方直接或者间接支付特许权使用费。特许权使用费是指进出口货物的买方为取得知识产权权利人及权利人有效授权人关于专利权、商标权、专有技术、著作权、分销权或者销售权的许可或者转让而支付的费用。如果进出口行为中买方存在向卖方或者有关方直接或者间接支付特许权使用费的，在本栏目应填报“是”；反之则填报“否”。

46. 版本号

本栏目适用加工贸易货物出口报关单。本栏目应与《加工贸易手册》中备案的成品单耗版本一致，通过《加工贸易手册》备案数据或企业出口报关清单提取。

47. 货号

本栏目适用加工贸易货物进出口报关单。本栏目应与《加工贸易手册》中备案的料件、成品货号一致，通过《加工贸易手册》备案数据或企业出口报关清单提取。

48. 录入员

本栏目用于记录预录入操作人员的姓名。

49. 录入单位

本栏目用于记录预录入单位名称。

50. 海关批注及签章

本栏目供海关作业时签注。

6.3 原产地证书

6.3.1 一般原产地证书

1. 一般原产地证书概述

一般原产地证书(Certificat of Origin of the People's Republic of China)简称“产地证”，又称“普通产地证书”，通常用于不使用海关发票或领事发票的国家(地区)，以确定对货物征税的税率。若信用证或合同未作具体规定，一般由检验检疫局出具。

另外，根据进口商的不同要求，进口国海关除了认可由出入境检验检疫局或中国国际贸易促进委员会(以下简称贸促会)签发的中华人民共和国原产地证外，有时也认可由出口商、生产厂家等单位出具证明货物原产地的文件。因此，一般原产地证书有4种形式。

(1) 检验检疫局出具的《中华人民共和国原产地证书》。

（2）贸促会出具的《中华人民共和国原产地证书》。

（3）出口商出具的《原产地证书》。

（4）生产厂家出具的《原产地证书》。

其中，以第一种、第二种形式最具有权威性。

2. 一般原产地证书的申领手续

1）申领的时间

根据我国有关规定，出口企业最迟于货物出运 3 天前，持签证机构规定的正本文件，向签证机构申请办理原产地证书。

2）申领所需要的文件

（1）提供规定格式并已缮制的《一般原产地证明书申请单》一份。

（2）提供缮制完毕的《中华人民共和国原产地证明书》一套（一正三副）。

（3）提供出口商业发票正本一份。

（4）发证机构所需的其他证明文件，如《加工工序清单》等。

3. 一般原产地证书的缮制要求

一般原产地证书共有 12 项内容，除证书号（Certification No.）由发证机构指定，第 5 栏签证机构使用，第 12 栏签证机构证明以外，其余各栏均由出口企业用英文规范打印。

1）Exporter(full name, address, country)（出口商名称、地址、国家）

出口商名称是指具有进出口经营权的专业外贸公司、工贸公司、民营出口企业和三资企业的正式名称。一般与外贸合同的卖方一致。

本栏填报出口商的企业全称、详细地址、国家全称。

（1）此栏不能填报境外中间商名称，即使信用证有规定也不可以。

（2）出口商名称要完整。信用证项下，一般为受益人；托收项下，一般为托收人。

（3）地址要详细完整，包括街道名称、门牌号码和邮政编码。

（4）中国地名的英文翻译采用汉语拼音，如广东（GUANGDONG）、广西（GUANGXI）等。

2）Consignee(full name, address, country)（收货人名称、地址、国家）

本栏填报本批货物最终目的地收货人的名称、地址、国家全称。

收货人通常是外贸合同的买方或信用证规定的提单通知人。但由于外贸需要，有时信用证规定所有单证收货人一栏留空。在这种情况下，有以下两种方法：①此栏加注“to whom it may concern”；②此栏加注“to order”。

如果需要填写转口商时，可在收货人后面加注英文“VIA”+转口商名称、地址、国家。

3）Means of transport and route（运输方式和路线）

本栏填报装运港、目的港、中转港的名称，并说明运输方式（如海运、空运、陆运等）。

例 1：From Shanghai to Hamburg by sea.

例 2：By S. S. from Shanghai to Hamburg via Hong Kong.

本栏一般还需要加注预计离开中国的日期，此日期必须真实，不得捏造。

例 3：On/after 06 Nov 2016 From Shantou to HongKong By Truck.

4) Country/region of destination(运抵国/地区)

一般按信用证或合同规定的目的港和国家，填报港口名称和国家(地区)名称。

例：New York，U. S. A.

转口贸易时，一般不能填报转口商的国家，而填报最终进口国的国名(地区)。

5) For certifying authority use only(供签证机构使用)

本栏供签证机构对后发证书、补发证书、签发副本或其他事项加注声明时使用，证书申领单位应将此栏留空。

6) Marks and numbers(唛头和包装号)

(1) 填报的唛头应按信用证或合同中的规定填写，且与商业发票和提单的同项内容一致(图案、文字、数字和包装号)。如唛头过多此栏不够，可填报在第 7 栏、第 8 栏、第 9 栏、第 10 栏目的空白处，或另加附页并在附页右上角显示原证号，由签证机构人员手签、加盖签证章。

(2) 唛头不能出现中国以外的国家(地区)制造的字样，如"Made in HongKong"等。

(3) 若没有唛头，应填写"N/M"或"No Marks"。

7) Number & kind of packag;description of goods(商品名称、包装件数和种类)

填报的商品名称应是发票中所描述的货物，但可采用与其他单据无矛盾的统称。包装件数和种类与货运单据一致，即为外包装数量及相应包装种类。若为散装货，用"In Bulk"表示。

(1) 包装件数和包装种类必须用英文大写字母和阿拉伯数字同时表示。如"ONE HUNDRED AND TWENTY(120)CARTONS OF WORKING GLOVES"。

(2) 商品名称必须具体，其详细程度应可以在商品 H. S. 编码的 8 位数中准确找到，不能填报笼统名称，因为笼统名称无法确定商品编码。

(3) 与商品名称有关的商标、品牌无须显示。因为这些与商品编码和海关税则无关。

(4) 商品名称填完后，在下一行加上表示结束的符号"*********"，以防伪造。

(5) 有时国外信用证要求在产地证上显示信用证号，可加注在此栏结束符号下方。

8) H. S. Code(商品编码)

根据《中华人民共和国进出口商品目录对照表》中规定的商品名称和编码，本栏应按正确的商品编码填入 8 位数或 10 位数。

(1) 同一张产地证中包含几种不同商品时，应分别标明不同的商品编码并全部填报。

(2) 此栏有时填报 10 位数商品编号，其中最后两位数为补充编码。

(3) 填报的商品编号必须与实际货名一致，并与报关单中显示的商品编码完全一致。

9) Quantity or weight(毛重或其他数量)

依据发票和货运单据中显示的毛重或其他数量填报。

(1) 若计量单位为重量,应标明毛重或净重,如“GW400kg”或“NW400kg”。

(2) 用规范英文或缩写表示计量单位,如“件(Pieces/PCS)”或“打(Dozen/DOZ)”等。

10) Number and date of invoices(发票号码及日期)

按发票实际号码及日期填写,发票日期不得迟于出货日期。

(1) 月份一律用英文缩写表示,顺序为月、日、年,如“OCT 17, 2016”。

(2) 发票号与日期分行填报。一般第1行为发票号,第2行为日期。此栏不得为空。

11) Declaration by the exporter(出口商声明)

出口商声明已事先印制,内容为“兹出口商声明以上所列内容正确无误,本批出口商品的生产地在中国,完全符合中华人民共和国出口货物原产地规则”。

出口商在此“声明”栏空白处,由法人或手签人员签字并盖公章(有中英文),并且还需填制申报地点、申报日期(此栏日期不得早于本证第10栏内的发票日期)。

12) Certification(签证机构证明)

签证机构证明已事先印制,内容为“兹证明出口商的声明是正确无误的”。签证机构在此加盖签证机构印章并由授权人签名,两者不能重叠。签证机构在此注明签发地点和签发日期,签发日期不得早于发票日期和申请日期。

由贸促会签发的产地证书一般在机构印章中还加注下列声明: China Council for the Promotion of International Trade (CCPIT) is China Chamber of International Commerce.

6.3.2 普惠制产地证

1. 普惠制产地证概述

普惠制原产地证(generalized system of preferences certificate of origin),简称“GSP产地证”,又称为“FORM A”(格式A)。

普遍优惠制度是发达国家给予发展中国家出口制成品和半制成品(包括某些初级产品)普遍的、非歧视性的、非互惠的一种关税优惠制度。普惠制产地证是一种受惠国有关机构就本国出口商品向给惠国出口受惠商品而签发的用以证明原产地的证明文件。

在我国,普惠制产地证由各口岸的检验检疫机构办理签证、发证和管理工作。出口商在对给惠国出口可受惠商品时,不管信用证是否要求提供GSP产地证,都应申领此证交收货人,使其能享受普惠制的待遇。目前,给予我国出口产品普惠制待遇的国家共有39个:英国、法国、德国、意大利、卢森堡、比利时、希腊、爱尔兰、荷兰、瑞典、芬兰、奥地利、葡萄牙、西班牙、丹麦、爱沙尼亚、波兰、立陶宛、捷克、斯洛伐克、匈牙利、塞浦路斯、马耳他、拉脱维亚、斯洛文尼亚、罗马尼亚、保加利亚(以上27个为欧盟成员国)、挪威、瑞士、土耳其、列支敦士登、俄罗斯、白俄罗斯、乌克兰、哈萨克斯坦、日本、加拿大、澳大利亚、新西兰。

普惠制产地证主要有3种格式:普惠制产地证格式A、普惠制产地证格式59A和普惠制产地证格式 APR。其中,“格式 A”(FORM A)使用范围较广。

需要说明的是,在给惠国中,有两个国家的证书格式特殊:新西兰只用 FORM 59A;澳大利亚则不用任何规定的格式,只需在商业发票上加注指定声明文句即可。

2. 普惠制产地证的申领手续

1) 申领的时间

根据我国检验检疫局有关规定,出口企业最迟于货物出运 5 天前,持签证机构规定的正本文件,向签证机构申请办理普惠制产地证。

2) 申领所需要的文件

(1) 提供规定格式并已缮制的《普惠制产地证明书申请单》一份。

(2) 提供缮制完毕的《普惠制产地证明书 FORM A》一套(一正两副)。

(3) 提供出口商《商业发票》正本一份。

(4) 发证机构所需的其他证明文件,如《加工工序清单》等。

(5) 如果出口商品含有进口成分,还应交纳《含进口成分受惠商品成本明细单》一式两份。

3. 普惠制产地证的内容和缮制要求

普惠制产地证 FORM A 共有 12 项内容,其中,证书右上角标题栏已显示签证机构所编制的证书号(Certificate No.),在标题横线上方必须填上中华人民共和国签发的英文字样,即“Issued in the People's Republic of China”。其他内容缮制要求如下。

1) Goods consigned from(Exporter's business name, address, country)(出口商的名称、地址、国家)

此栏是带有强制性的,应填报在中国境内的出口商详细地址,包括街道名、门牌号、邮政编码、城市、国家。信用证项下,一般按信用证规定的受益人全称、地址、国别填制。

2) Goods consigned to(consignee's name, address, country)(收货人名称、地址、国家)

本栏显示本批货物最终目的地给惠国收货人的名称、地址、国别。信用证项下,一般为开证申请人。如果预先不确定最终收货人,则可显示提单上通知人或发票抬头人。银行接受开证申请人、提单通知人、发票抬头人等作为收货人,一般银行也接受下列表述“to whom it may concern”。

需要提醒的是,不可将中间商的名称填入此栏;收货人应位于给惠国。

3) Means of transport and route(as far as known)(运输方式和路线,就所知而言)

填本批货物最终装运港、目的港或到货地点的名称,并说明运输方式。

(1) 如因运输的需要而发生转运,应注明转运地。不明确转运地时用“W/T ”表示。

(2) 若目的地为内陆地,则允许产地证上目的地名称与提运单上卸货港名称不一致。

(3) 对于输往没有海岸的给惠国,如瑞士(Switzerland)、奥地利(Austria)等,如确系海运,填证时需注明“从××港口经转××港口抵达××给惠国”。

(4) 本栏一般还需要加注预计离开中国的日期,此日期必须真实,不得捏造。

例如,2016 年 10 月 6 日,从上海港经汉堡港转运至瑞士,产地证运输方式和路线填报为: Country/region of destination On/After 6th OCT 2016 By Sea From SHANGHAI to Hamburg Transit to Switzerland。

4) For official use(供签证方使用)

本栏留空,供签证机构加注说明时用。若为"后发"证书,签证机构在此栏加盖"ISSUED RETROSPECTIVELY"红色印章。若为"副本"证书,签证机构在此栏加盖"DUPLICATE"章,同时还注明"本证为某月某日签发第××号证书的副本,原证书作废"字样(This Certificate is in Replacement of Certificate of Original No Dated Which Cancelled)。

5) Item number(商品顺序号)

如果同一批出口货物有不同种类商品品种,则按每一项商品归类品种后,用阿拉伯数字 1、2、3 编一个顺序编号填入此栏。单项商品用"1"表示,或省略不填。

6) Marks and number of packages(唛头和包装号)

与一般原产地证相应栏目填法相同。

7) Number and kind of packages; description of goods(商品名称、包装件数及种类)

与一般原产地证相应栏目填法相同。

8) Origin criterion(see notes overleaf)(原产地标准)

此栏文字最少,但却是国外海关审核的核心项目。对含有进口成分的商品,国外要求严格而且极容易退证。一般应根据原产地标准选择正确代码填报本栏(见表 6-5)。

表 6-5 原产地标准及填报代码

填报代码	出 口 国 家	原产地标准
P	所有给惠国家	完全原产品
WHS	欧盟、挪威、瑞士、日本	产品列入给惠国"加工清单"并符合其加工条件; 产品未列入"加工清单"但产品使用的进口原料或零部件经过充分加工,产品 H. S. 编号不同于原材料或零部件的 H. S. 编号
F	加拿大	有进口成分,但进口成分价值未超过产品出厂价的 40%
Y	俄罗斯、乌克兰、哈萨克斯坦	有进口成分,但进口成分价值未超过 FOB 价的 50%
(空白)	澳大利亚、新西兰	

9) Gross weight or other quantity(毛重或其他数量)

与一般原产地证相应栏目填法相同。

10) Number and date of invoices(发票号码及日期)

与一般原产地证相应栏目填法相同。

11) Certification(签证机构证明)

签证机构证明事先已印制,内容为"兹证明出口商的声明是正确无误的,本批货物已由承运人运出”。本栏需填写以下4项内容。

(1) 中华人民共和国出入境检验检疫局公章;只签一份正本,副本不予盖章。

(2) 由机构授权人手签。

(3) 签发日期,与原产地证一致的日期。

(4) 签发地点,具体的城市名和国家。

12) Declaration by the exporter(出口商声明)

出口商声明已事先印制,内容大意为“兹由出口商声明以上所列内容正确无误”。本栏需填写以下4项内容:

(1) 用英文填报生产国国名;

(2) 用英文填报进口国国名;

(3) 申报单位签署,且加盖申报单位公章(正副本均须手签并盖章);

(4) 申报日期、地点,应填写申报的具体日期及城市名、国别。申报日期应合理。

6.3.3 区域性经济集团互惠原产地证书

目前主要有《〈中国—东盟自由贸易区〉优惠原产地证书》《〈亚太贸易协定〉原产地证书》《〈中国—巴基斯坦自由贸易区〉原产地证书》《〈中国—智利自由贸易区〉原产地证书》等。区域优惠原产地证书是具有法律效力的在协定成员国之间就特定产品享受互惠减免关税待遇的官方凭证。

1. 新版《中国—东盟自由贸易区》优惠原产地证书(FORM E)

自2004年1月1日起,凡出口到东盟的农产品(H.S.第1章到第8章)凭借检验检疫机构签发的《中国—东盟自由贸易区》优惠原产地证书(FORM E)可以享受关税优惠待遇。2005年7月20日起,7 000多种正常产品开始全面降税。中国和东盟6个老成员国(即文莱、印度尼西亚、马来西亚、菲律宾、新加坡和泰国)全2005年7月40%税目的关税降到0~5%;2007年1月60%税目的关税要降到0~5%;2010年1月1日将关税最终削减为零;老挝、缅甸至2009年1月、柬埔寨至2012年1月50%税目的关税降到0~5%;2013年40%税目的关税降到零;越南2010年50%税目的关税降到0~5%;2015年其他四国(老挝、缅甸、柬埔寨、越南)将关税降为零。可以签发《中国—东盟自由贸易区》优惠原产地证书的国家有文莱、柬埔寨、印度尼西亚、老挝、马来西亚、缅甸、菲律宾、新加坡、泰国、越南、中国。

2. 《亚太贸易协定》原产地证书(FORM B)

2006年9月1日起签发《亚太贸易协定》原产地证书。可以签发《亚太贸易协定》原产地证书的国家有韩国、斯里兰卡、印度、孟加拉国、老挝、中国6个,降税幅度从5%到100%不等。

3. 《中国—巴基斯坦自由贸易区》原产地证书(FORM P)

对巴基斯坦可以签发《〈中国—巴基斯坦自由贸易区〉原产地证书》,2006年

1 月 1 日起，双方先期实施降税的 3 000 多个税目产品，分别实施零关税和优惠关税。原产于中国的 486 个 8 位零关税税目产品的关税将在 2 年内分 3 次逐步下降，2008 年 1 月 1 日全部降为零，原产于中国的 486 个 8 位零关税税目产品实施优惠关税，平均优惠幅度为 22%，给予关税优惠的商品其关税优惠幅度为 1%～10%不等。

4.《中国—智利自由贸易区》原产地证书(FORM F)

自 2006 年 10 月 1 日起，各地出入境检验检疫机构开始签发《〈中国—智利自由贸易区〉原产地证书》(FORM F)，该日起对原产于我国的 5 891 个 6 位税目产品关税降为零。出口企业取得关税优惠待遇的唯一条件是向各地出入境检验检疫机构申请 FORM F，证明产自中国。

5. CEPA 原产地证书

CEPA(Closer Economic Partnership Arrangement)是“关于建立更紧密经贸关系的安排”的英文简称，包括我国中央政府与香港特区政府签署的《内地与香港关于建立更紧密经贸关系的安排》、中央政府与澳门特区政府签署的《内地与澳门关于建立更紧密经贸关系的安排》。

CEPA 原产地证书是指内地、香港、澳门更紧密经贸关系的相关协定下使用的原产地证。

出口商或生产商在香港、澳门，向特区政府授权的原产地证书发证机构申请可以享受 CEPA 原产地证书。目前，根据 CEPA 规定，香港的发证机构共有 6 个，分别是香港工业贸易署、香港中华总商会、香港中华厂商联合会、香港工业总会、香港总商会和香港印度商会；澳门的发证机构只有 1 个，即澳门经济局。

进口商或其代理人在进口报关时，应主动向进境地海关申明有关货物为 CEPA 货物，并提交有效的原产地证书正本。进境地海关经联网核对无误后，准予进口货物享受零关税待遇；因故不能联网核对的，应进口人要求，申报地海关可按规定办理进口手续并放行货物，但对该货物按非“关于建立更紧密经贸关系的安排”下适用的进口关税税率征收相当于税款的保证金。申报地海关自该货物放行之日起 90 天内核对其原产地证情况，根据核查结果办理退还保证金手续或将其保证金转为进口关税手续。CEPA 货物的审价、归类和化验工作仍按照内地海关现行的规定办理，应当符合海关的要求，对 CEPA 货物实行零关税待遇，但属于国内税的增值税部分仍需征收。

6. ECFA 原产地证书

ECFA(Economic Cooperation Framework Agreement)是《海峡两岸经济合作框架协议》的英文简称。《海峡两岸经济合作框架协议》已于 2010 年 9 月 12 日正式生效，协议目的是加强和增进海峡两岸双方之间的经济、贸易和投资合作，促进双方货物和服务贸易进一步自由化，逐步建立公平、透明、便利的投资及其保障机制，扩大经济合作领域，建立合作机制。协议规定：其中货物贸易早期收获项目将于 2011 年 1 月 1 日正式实施，届时中国内地方面将对 539 项原产于中国台湾的产品实施降税，包括轻纺产品、化工产品、机械电子产品等；中国台湾方面将对 267 项原产于内地的产品实施降税，包括石化产品、机械电子、轻纺产品等，双方将在早期收获产品计划实施后不超过两年时间分 3 步对早期收获产品实现零关税。

《海峡两岸经济合作框架协议》从 2011 年 1 月 1 日正式实施，各地出入境检验检疫机构可开始签发《海峡两岸经济合作框架协议原产地证书》(ECFA 原产地证书)。凡符合《海峡两岸经济合作框架协议》原产地规则的出口企业，可向出入境检验检疫局申请《海峡两岸经济合作框架协议原产地证书》，申请办理《海峡两岸经济合作框架协议原产地证书》。签证时，出口企业必须提交《海峡两岸经济合作框架协议原产地证书申请书》、按规定填制的《海峡两岸经济合作框架协议原产地证书》、出口商品的商业发票副本及必要的其他材料。出口企业持 ECFA 原产地证书，出口到中国台湾的货物将获得关税减免的优惠。

主干案例制单演示

(1) 请根据第 3 章的出口合同(见图 3-21)、第 4 章修改后的信用证(见表 4-2)，使用 Word 软件手工制作出境货物报检单(见表 6-6)。

表 6-6　出境货物报检单

报检单位(加盖公章)：上海远程国际贸易有限公司　　　　　　　　*编　　号：

报检单位登记号：3100916822　联系人：许文强　电话：02156690513　报检日期：2016 年 5 月 15 日

<table>
<tr><td rowspan="2">发货人</td><td>(中文)</td><td colspan="4">上海远程国际贸易有限公司</td></tr>
<tr><td>(外文)</td><td colspan="4">SHANGHAI YUANCHENG INTERNATIONAL TRADE CO., LTD.</td></tr>
<tr><td rowspan="2">收货人</td><td>(中文)</td><td colspan="4">***</td></tr>
<tr><td>(外文)</td><td colspan="4">VANCOUVER INTERNATIONAL TRADE CORPORATION</td></tr>
<tr><td>货物名称(中/外文)</td><td>H.S.编码</td><td>产地</td><td>数/重量</td><td>货物总值</td><td>包装种类及数量</td></tr>
<tr><td>毛绒玩具</td><td>9503.0021</td><td>上海市</td><td>2 080 套</td><td>26 660.80 美元</td><td>386 纸箱</td></tr>
<tr><td>运输工具名称号码</td><td>船舶 HEPING/013W</td><td>贸易方式</td><td>一般贸易</td><td>货物存放地点</td><td>***</td></tr>
<tr><td>合同号</td><td>16HQ-VANT</td><td>信用证号</td><td>AM/VA07721SLC</td><td>用途</td><td>***</td></tr>
<tr><td>发货日期</td><td>***</td><td>输往国家(地区)</td><td>加拿大</td><td>许可证/审批号</td><td>***</td></tr>
<tr><td>启运地</td><td>上海</td><td>到达口岸</td><td>温哥华</td><td>生产单位注册号</td><td>***</td></tr>
<tr><td>集装箱规格、数量及号码</td><td colspan="5">2 个海运 20 尺普通箱</td></tr>
</table>

续表

<table>
<tr><td>合同、信用证订立的检验检疫条款或特殊要求</td><td>标 记 及 号 码</td><td colspan="2">随附单据(画"√"或补填)</td></tr>
<tr><td>检验证书须注明下列内容：
CREDIT NUMBER：
AM/VA07721SLC</td><td>参见发票 INV-VAN01</td><td>☑合同
☑信用证
☑发票
☐换证凭单
☑装箱单
☑厂检单</td><td>☑包装性能结果单
☐许可/审批文件
☐
☐
☐
☐</td></tr>
</table>

<table>
<tr><td colspan="2">需要证单名称(画"√"或补填)</td><td colspan="2">*检验检疫费</td></tr>
<tr><td rowspan="3">☑品质证书 1正1副
☐重量证书 __正__副
☐数量证书 __正__副
☐兽医卫生证书 __正__副
☐健康证书 __正__副
☐卫生证书 __正__副
☐动物卫生证书 __正__副</td><td rowspan="3">☐植物检疫证书 __正__副
☐熏蒸/消毒证书 __正__副
☐出境货物换证凭单 __正__副
☑出境货物通关单 1正2副
☐
☐</td><td>总金额
(人民币元)</td><td></td></tr>
<tr><td>计费人</td><td></td></tr>
<tr><td>收费人</td><td></td></tr>
</table>

<table>
<tr><td rowspan="3">报检人郑重声明：
1. 本人被授权报检。
2. 上列填写内容正确属实，货物无伪造或冒用他人的厂名、标志、认证标志，并承担货物质量责任。
签名：许文强</td><td colspan="2">领 取 证 单</td></tr>
<tr><td>日期</td><td></td></tr>
<tr><td>签名</td><td></td></tr>
</table>

◆国家出入境检验检疫局制

注：有"*"栏由出入境检验检疫机关填写。

(2) 请根据第3章的出口合同(见图3-21)、第4章修改后的信用证(见表4-2)，使用Word软件手工制作出口货物报关单(见表6-7)。

表6-7 出口货物报关单

预录入编号：　　　　　　海关编号：

<table>
<tr><td colspan="2">收发货人
上海远程国际贸易有限公司 310111××××</td><td colspan="2">出口口岸
上海海关 2201</td><td>出口日期</td><td>申报日期
20160525</td></tr>
<tr><td colspan="2">生产销售单位
扬州普华玩具有限公司</td><td>运输方式
水路运输</td><td colspan="2">运输工具名称
HEPING/013W</td><td>提运单号
COSU89302173</td></tr>
<tr><td colspan="2">申报单位
上海远程国际贸易有限公司 310111××××</td><td>监管方式
一般贸易</td><td colspan="2">征免性质
一般征税</td><td>备案号</td></tr>
<tr><td>贸易国(地区)
加拿大</td><td colspan="2">运抵国(地区)
加拿大</td><td colspan="2">指运港
温哥华</td><td>境内货源地
扬州</td></tr>
<tr><td>许可证号</td><td>成交方式
CIF</td><td colspan="2">运费
502/3000/3</td><td>保费
502/190.63/3</td><td>杂费</td></tr>
<tr><td>合同协议号
16HQ-VANT</td><td>件数
386</td><td colspan="2">包装种类
纸箱</td><td>毛重(千克)
3 155</td><td>净重(千克)
2 190</td></tr>
</table>

续表

集装箱号 CBHU75989732/20/2200 CBHU75989733/20/2200	随附单据 A:310823059054873	
标记唛码及备注 SHYC 16-HQ-VANT VANCOUVER C/NO. 1-UP		

项号	商品编号	商品名称、规格型号	数量及单位	最终目的国（地区）	单价	总价	币制	征免
01	9503002100	毛绒玩具 PLUSH TOYS	5 232 只 2 080 套	加拿大	12.817 7	266 660.8	USD	照章征税

特殊关系确认：是	价格影响确认：否	支付特许权使用费确认：是
录入员　　录入单位	兹申明对以上内容承担如实申报、依法纳税之法律责任	海关批注及签章
报关人员 张飞	申报单位(签章) 上海远程国际贸易有限公司	

(3) 请根据第 3 章中的出口合同(见图 3-21)、第 4 章修改后的信用证(见表 4-2)，使用 Word 软件手工制作普惠制原产地证(见表 6-8)。

表 6-8　普惠制原产地证

1. Goods consigned from (Exporter's business name, address, Country). SHANGHAI YUANCHEN TRADING CO., LTD. NO. 1800 PANGU ROAD YANGPU DISTRICT SHANGHAI CHINA	Reference No. G16/067273/M973 GENERALIZED SYSTEM OF PREFERENCES CERTIFICATE OF ORIGIN (Combined declaration and certificate) FORM A Issued in THE PEOPLE'S REPUBLIC OF CHINA (country) See Notes. overleaf
2. Goods consigned to (Consignee's name, address, country) VANCOUVER INTERNATIONAL TRADE CORPORATION 99 PURCELL ROAD NORTH VANCOUVER BC CANADA	
3. Means of transport and route(as far as known) FROM SHANGHAI, CHINA TO VANCOUVER, CANADA BY SEA	4. For official use

续表

5. Item No.	6. Marks and numbers of packages	7. Number and kind of packages; description of goods	8. Origin criterion (see Notes overleaf)	9. Gross weight or other quantity	10. Number and date of invoices
01	SHYC 16-HQ-VANT VANCOUVER C/NO. 1-UP	386 (THREE HUNDRED AND EIGHT SIX) CARTONS OF PLUSH TOYS ****************************** THE GOODS ARE OF CHINESE ORIGIN. CREDIT NUMBER: AM/VA07721SLC	"P"	3,155kgs	INV-VAN01 MAY 12, 2016

11. Certification	12. Declaration by the exporter
It is hereby certified, on the basis of control carried out, that the declaration by the exporter is correct. 上海出入境检验检疫局 SHANGHAI MAY 22,2016 Place and date, signature and stamp of certifying authority	The undersigned hereby declares that the above details and statements are correct; that all the goods were produced in CHINA (Country) and that they comply with the origin requirement specified for those goods in the Generalized System of Preferences for goods exported to CANADA (Importing Country) SHANGHAI MAY 21,2016 Place and date, signature of authorized signatory

课堂巩固

一、单项选择题

1. 海关对进口货物凭出入境检验检疫机构签发的(　　)办理海关通关手续。

A. 进口许可证　　B. 进口货物报关单

C. 查验通知　　D. 入境货物通关单

2. 法国某公司受联合国世界卫生组织委托，将数台法国产运输设备运至我国天津。在进口报关单"启运国(地区)"和"原产国(地区)"栏目分别填报(　　)。

A. 联合国，法国　　B. 法国，法国

C. 法国，联合国　　D. 联合国，联合国

3. 出口报关的时间应是(　　)。

A. 装船前　　B. 装船后　　C. 货到目的港后　　D. 交单后

4. generalized system of preferences certificate of origin 是(　　)。

A. 一般原产地证书

B. ECFA 原产地证书

C.《中国—东盟自由贸易区》优惠原产地证书

D. GSP 产地证

5. 出口贸易中,采用信用证和托收方式收汇时,常用的汇票是(　　)。

A. 银行汇票　　B. 商业汇票　　C. 商业承兑汇票　　D. 光票

6. 普惠制原产地证书(FORM A)中的原产地标准栏目,如果出口商品为完全原产品,不含有任何进口成分,出口到所有给惠国,正确填写代码是(　　)。

A. "P"　　B. "F"　　C. "Y"　　D. "W"

7. 如果合同和信用证没有特殊规定,一般原产地证书由(　　)出具。

A. 外汇管理局　　B. 检验检疫局　　C. 工商局　　D. 海关总署

8. 根据我国有关规定,出口商最迟于货物出运前(　　)天向签证机关申请办理原产地证书。

A. 5　　B. 4　　C. 2　　D. 3

9. 出口人得到托运确认后,应填制(　　),连同发票等相关单据向海关申报出口货物。

A. 汇票　　B. 入境货物报检单

C. 出口货物报关单　　D. 装货单

10. CEPA 原产地证书是指(　　)。

A.《中国—东盟自由贸易区》优惠原产地证书

B.《中国—巴基斯坦自由贸易区》原产地证书

C.《中国—智利自由贸易区》原产地证书

D. 内地与港澳建立更紧密经贸关系原产地证书

11. 出口商最迟于货物装运前(　　)天向出入境检验检疫局申请办理普惠制原产地证。

A. 3　　B. 5　　C. 7　　D. 10

12. 根据海关规定,进口货物的进口日期是指(　　)。

A. 载货的运输工具申报的日期

B. 货物进口报关的日期

C. 申报货物准予提取的日期

D. 申报货物进入海关监管仓库的日期

13. 进口商在货物到达目的港后,应在运输工具进境之日起(　　)天内向海关申报。

A. 3　　B. 7　　C. 14　　D. 15

14.《出境货物报检单》中的“启运地”栏目，根据规定应填报(　　)。

A. 货物最后离境的口岸　　B. 货物存放地

C. 装货地　　D. 原产地

15. 检验证书的作用不包括(　　)。

A. 作为证明买方所交货物的品质、重量(数量)、包装以及卫生条件等是否符合合同规定及索赔、理赔依据

B. 确定检验标准和检验方法的依据

C. 作为卖方向银行议付货款的单据之一

D. 作为海关验关放行的凭证

二、判断题

1. 法定检验是指由我国检验检疫机构依法对规定的进出口商品和有关检验检疫事项进行的强制性检验。(　　)

2. 一般而言，办理报检手续在先，办理报关手续在后。(　　)

3. 原产地证明必须显示发货人或出口商的名称。(　　)

4. 根据我国检验检疫的有关规定，出口商应最迟于货物出口前3天向签证机构申请办理普惠制产地证。(　　)

5. 一般原产地证书就是GSP证书。(　　)

课后实践

一、出境货物报检单改错

上海新星有限责任公司(自理报检单位备案号：3100600759)与日本HAMOJIKA公司签订外贸合同，出口冷冻蔬菜，合同编号为LV201102FM，以信用证方式结汇，货物生产商为四川绿田蔬菜有限公司(自理报检单位备案号：5100600335)。请根据所提供的材料判断出境货物报检单(见表6-9)中有关内容的正误(见报检单上标注的题号)。

FORM OF DOCUMENTAPY CREDIT：IRREVOCABLE

DOCUMENTARY CREDIT NUMBER：CJ20110326

DATE OF ISSUE：20160120

DATE AND PLACE OF EXPIRY：20160501 CHINA

APPLICANT：HAMOJIKA CO.，LTD. NO. 1 KOMEIROAD，TOKYO，JAPAN

BENEFICIARY：SHANGHAI NEW STAR CO.，LTD. NO. 3 CHANGNING ROAD SHANGHAI，CHINA

CURRENCY：USD(US DOLLOR)

AMOUNT：$98，000

AVAHABLE WTTH/BY：ANY BANK IN CHINA ON SIGHT BASIS

BY NEGOTIATION

PARTIAI SHIPMENT: ALLOWED

TRANSSHIPMENT: PROHIBTTED

PORTOFLOADING: ANY MAN PORT OF CHINA

PORT OF DISCHARGE: ANY MAIN PORT OF JAPAN

LATEST DATE OF SHIPMENT: 20160218

DESCRIPTION OF GOODS AND/OR SERVICES:

FROZEN POTATO 1 000PACKAGES/10 000KGS

USD 9.8 PER KG

PACKING IN CARTON INNER PLASTIC BAG

ACCORDING TO SAEES CONTRACT NO. LV201102FM

TRADE TERMS CAND F OSAKA

DOCUMENTS REQUIRED:

1. SIGNED COMMERCIAL INVOICE IN ONE ORIGINAL AND TOW COPIES

2. PACKING LIST IN ONE ORIGINAL SHOWING WEIGHT AND ME ASUREMENT PER PACKAGE

3. ORIGINAL CLEAN ON BOARD OCEAN BILLS OF LADING MADE OUT TO ORDER OF HAMOOJIKA CO. LTD. MARKED"FREIGHT COLLLECT"

4. INSPECTION CERTIFICATE ISSUED AND SIGNED BY HEAD OF SHANGHAIREPRESENTATIVE OFFICE OF HAMOJIKA CO. LYD.

5. QUALITY CERTIFICATE AND PHYTOSANITARY CERTIFICATE ISSUED BY CIQ(THE CONSIGNEE MUST BE HAMOJIKA CO. LTD.)

ADDITIONAL CONDITIONS:

+INSURANCE TO BE COVERED BY ULTIMATE BUYER

+BILLS OF LADING MUST NOT SHOW THISL/C NO.

表 6-9　出境货物报检单

(1) 报检(加盖公章): 四川绿田蔬菜有限公司　　　　*编　号: ________

报检单位登记号: 5100600333　联系人: 宋新平　电话: 02883357975　报检日期: 2016年2月14日

(2) 发货人	(中文)四川绿田蔬菜有限公司
	(外文)LV. Tian Vegetable Corp SiChuan China
收货人	(中文)日本禾木佳公司
	(外文)HAMOJIKA CO.,LTD.

(3) 货物名称(中/外文)	(4) H.S.编码	产地	(5) 数/重量	货物总值	(6) 包装种类及数量
冷冻蔬菜 FEOZEN POTATO	0710100000	四川	1 000件	USD 98 000	1 000纸箱

续表

<table>
<tr><td>运输工具名称号码</td><td>船舶</td><td>贸易方式</td><td>一般贸易</td><td>货物存放地点</td><td>工厂仓库</td></tr>
<tr><td>合同号</td><td>LV201102FM</td><td>(7) 信用证号</td><td>CJ20110326</td><td>用途</td><td>食用</td></tr>
<tr><td>发货日期</td><td>2016.02</td><td>输往国家(地区)</td><td>日本</td><td>(8) 许可证/审批号</td><td>***</td></tr>
<tr><td>启运地</td><td>上海</td><td>(9) 到达口岸</td><td>日本大阪</td><td>生产单位注册号</td><td>5100600335</td></tr>
<tr><td colspan="4">集装箱规格、数量及号码</td><td colspan="2">***</td></tr>
<tr><td>合同、信用证订立的检验检疫条款或特殊要求</td><td colspan="3">标记及号码</td><td colspan="2">随附单据(画"√"或补填)</td></tr>
<tr><td>***</td><td colspan="2">NewStar/HAMOJIKA</td><td colspan="2">□合同
□信用证
□发票
□换证凭单
□装箱单
□厂检单</td><td>□包装性能结果单
□许可/审批文件
□
□
□
□</td></tr>
<tr><td colspan="4">(10) 需要单证名称(画"√"或补填)</td><td colspan="2">* 检验检疫费</td></tr>
<tr><td colspan="2" rowspan="3">□品质证书 __正__副
□重量证书 __正__副
□数量证书 __正__副
□兽医卫生证书 __正__副
□健康证书 __正__副
□卫生证书 __正__副
□动物卫生证书 __正__副</td><td colspan="2" rowspan="3">□植物检疫证书 __正__副
□熏蒸/消毒证书 __正__副
□出境货物换证凭单 __正__副
□出境货物通关单 __正__副
□
□
□</td><td>总金额
(人民币元)</td><td></td></tr>
<tr><td>计费人</td><td></td></tr>
<tr><td>收费人</td><td></td></tr>
<tr><td colspan="4" rowspan="4">报检人郑重声明:
1. 本人被授权报检。
2. 上列填写内容正确属实,货物无伪造或冒用他人的厂名、标志、认证标志,并承担货物质量责任。
签名:________</td><td colspan="2">领 取 证 单</td></tr>
<tr><td>日期</td><td></td></tr>
<tr><td>签名</td><td></td></tr>
</table>

◆国家出入境检验检疫局制

注:有"*"栏由出入境检验检疫机关填写。

二、缮制报关单

请根据以下业务资料,使用Excel软件缮制出口货物报关单(见表6-10)。

表6-10 出口货物报关单

预录入编号:　　　　　　　　海关编号:

收发货人	出口口岸	出口日期	申报日期
生产销售单位	运输方式	运输工具名称	提运单号
申报单位	监管方式	征免性质	备案号
贸易国(地区)	运抵国(地区)	指运港	境内货源地

续表

<table>
<tr><td>许可证号</td><td>成交方式</td><td>运费</td><td>保费</td><td>杂费</td></tr>
<tr><td>合同协议号</td><td>件数</td><td>包装种类</td><td>毛重(千克)</td><td>净重(千克)</td></tr>
<tr><td>集装箱号</td><td colspan="4">随附单证</td></tr>
<tr><td colspan="5">标记唛码及备注</td></tr>
<tr><td colspan="5">项号　商品编号　商品名称、规格型号　数量及单位　最终目的国(地区)单价　总价　币制　征免</td></tr>
<tr><td colspan="5"></td></tr>
<tr><td colspan="5"></td></tr>
<tr><td colspan="5"></td></tr>
<tr><td colspan="5"></td></tr>
<tr><td>特殊关系确认：</td><td colspan="2">价格影响确认：</td><td colspan="2">支付特许权使用费确认：</td></tr>
<tr><td>录入员　　录入单位</td><td colspan="2">兹申明对以上内容承担如实申报、依法纳税之法律责任</td><td colspan="2">海关批注及签章</td></tr>
<tr><td colspan="5">报关人员　　　　申报单位(签章)</td></tr>
</table>

大连欣海报关有限公司报关员张飞接到客户以下一笔业务，要求尽快完成报关手续。

资料 1：大连万凯化工贸易公司(210291××××)代理辽宁顺达化工有限公司(210225××××)对外签约出口三氯硝基甲烷(无出口税，法定计量单位为千克)。经营单位持有毒化学品出口环境管理放行通知单(代码 X，证号 TE050616005)、出口农药登记证明(代码 S，证号 CH200511818)和两用物项出口许可证(05-AA-701226)，于 2015 年 5 月 31 日委托大连欣海报关有限公司向大连海关申报。海关于 6 月 3 日受理，次日货物出口。出口收汇核销单号是 764994123。

资料 2：商业发票(见图 6-1)。

资料 3：装箱单(见图 6-2)。

三、原产地证书改错

根据以下相关资料修改原产地证书(见表 6-11)中的错误。

大連萬凱化工貿易公司
DALIAN PAN-CHEM TRADING CORPORATION

INVOICE

Invoice No. 82N3430213　　　　Dalian, 23 MAY 2015
To:PAN-CHEM COMPOUNDS SINGAPORE LTD.　　　　Contract No. XM2014NA266
Shipped per ______ from DALIAN to SINGAPORE on or about ______

Shipping Mark		Amount
SINGAPORE FOR TRANSSHIPMENT TO CHITTAGONG,BANGLADESH GROSS WEIGHT: 294KGS TARE WEIGHT: 24KGS SHIPMENT No .: 2	CHLOROPICRIN 99.5% MIN. AT USD 459/DRUM FOB DALIAN QUANTITY:680 DRUMS TERM:D/A 60 DAYS FROM B/L DATE BCL REF No .:02/3314 ACIDITY:70PPM MAX. WATER:150PPM MAX. DENSITY:1.654~1.663 TOXOCITY:HIGH POISONOUS	USD312,120.00
	LESS PREPAYMENT 10%	USD31,212.00
	LESS DISCOUNT 5%	USD15,606.00
	TOTAL TO BE INVOICED:	USD265,302.00

DALIAN PAN-CHEM TRADING CORPORATION

E.& O.E.

图 6-1　商业发票

大連萬凱化工貿易公司
DALIAN PAN-CHEM TRADING CORPORATION

PACKING LIST

Invoice No. 82N3430213　　　　　　　　Dalian, 23 MAY 2015
COMMODITY　CHLOROPICRIN 99.5% MIN
NAME OF STEAMER CSCL YANTIAN 0042S NO.& DATE OF B/LZIMUDA927057/31.05.15

Shipping Mark

SINGAPORE	183.6 MT CHLOROPICRIN 99.5% MIN.
FOR TRANSSHIPMENT TO	PACKING:270KGS NET IN GALVANIZED IRON DRUMS
CHITTAGONG,BANGLADESH	QUANTITY: 680 DRUMS IN 170 PALLETS
GROSS WEIGHT: 294KGS	GROSS WEIGHT:
TARE WEIGHT: 24KGS	MEASUREMENT:
SHIPMENT No.: 2	BCL P.O. No.:02/3341
	DELIVERY UNDER 2 CONSECUTIVE SHIPMENTS

CONTAINER No.	SEAL No.	TYPE	TARE KGS
CLHU3122339		20′DRY	2275
CLHU3122597		20′DRY	2275
CLHU3122811		20′DRY	2275
CLHU3122827		20′DRY	2275
CLHU3122869		20′DRY	2275
CLHU3122940		20′DRY	2275
CLHU3122961		20′DRY	2275
CLHU3122977		20′DRY	2275
CLHU3122979		20′DRY	2275
CLHU0762612		40′DRY	4080

DALIAN PAN-CHEM
TRADING CORPORATION

E.& O.E.

图 6-2　装箱单

卖方：MIGUEL PEREZ TRADING COMPANY LIMITED

2811 47th TER SW NAPLES HAIFA，SRAEL

买方：TIANJIN ESHOW IMPORT AND EXPORT CO.，LTD.

NO. 21 JIANGSU ROAD，HEXI DISTRICT，TIANJIN，CHINA

货物描述：12 000PCS OF CANNED MUSHROOM

包装：2 000 CARTONS W. G：21 000KGS N. W：15 000KGS MEAS.：31 CBM

唛头：ESHOW

TIANJIN

NOS. 1-2000

收货人抬头：To order

发票号：LBC201501578

发票日期：2015 年 5 月 20 日

贸易术语：FOB HAIFA

装运期：2015 年 5 月 30 日

装运港：HAIFA

目的港：TIANJIN

原产地证书签发日期：2015 年 5 月 25 日

提单号：CKG1358/90

船名、航次：RIWA V. 123

表 6-11　原产地证书

<table>
<tr><td colspan="3">1. Exporter(name, address, country)
TIANJIN ESHOW IMPORT AND EXPORT CO.，LTD.</td><td colspan="2" rowspan="3">2.　ORIGINAL
The Manufacturers Association of Israel
Industery House 29 Hamered St. Tel - Aviv 68125
P.O.B. 50022 T.A. Fax: 03-5162026
CERTIFICATE OF ORIGIN
No. 02 7707</td></tr>
<tr><td colspan="3">3. Consignee(name, address, country)
MIGUEL PEREZ TRADING COMPANY LIMITED</td></tr>
<tr><td colspan="3">4. Particulars of transport(where required)
FROM TIANJIN TO HAFAI BY AIR</td></tr>
<tr><td>5. Marks and numbers

ESHOW TIANJIN
NOS. 1-12000</td><td>6. Number and kind of packages

12,000PCS</td><td>7. Description of the Goods
CANNED MUSHROOM</td><td>8. Gross Weight

15,000KGS</td><td>9. Number and date of invoices
201501578
MAY 30,2015</td></tr>
</table>

续表

10. Certification

The Manufacturers Association of Israel has examined the manufacturer's/exporter's invoice and declaration concerning the origin of the merchandise and, according to the best of its knowledge and believe, finds that the products listed above are of Israel origin.

The Manufacturers Association of Israel
(Authorised Signature)
Date of Issue MAY 20,2015

התאחדות התעשיינים בישראל
The Manufacturers Association
(Authorised Signature)
№ 6154 №
MANUFACTURERS' ASSOCIATION OF ISRAEL

第 7 章 运输单据缮制

主干案例

2016 年 5 月 11 日，远程公司接到供应商扬州普华玩具有限公司通知货物备妥，公司向其支付货款。2016 年 5 月 12 日，远程公司委托货运代理向船公司订舱，缮制出口货物订舱委托书。货物装运后，船公司将签发已装船提单。出口商可凭场站收据向其换领。

7.1 运输单据概述

7.1.1 运输单据的分类

1. 海运提单

海运提单是由承运人、船长或代理人签发，证明已收到指定的货物，并允诺将货物运至指定目的地交付收货人的书面凭证。它具有货物收据、运输合同证明、物权凭证的作用。UCP 600 对海运提单的规定主要集中在第二十条、第二十六条、第二十七条和第三十一条。

2. 不可转让海运单

不可转让海运单是海上运输合同的证明和货物收据，不是物权凭证，不能凭以提货，不能背书转让。如果信用证没有表示可接受此类提单时，银行就不能接受。UCP 600 对不可转让海运单的规定主要集中在第二十一条、第二十六条、第二十七条和第三十一条。

海运单除了在名称上注明“不可转让海运单”以及收货人必须做成指定抬头外，其他格式和内容与一般海运提单相同，其审核要点可参见 7.2 节“海运提单”。

3. 租船合约提单

租船运输是一种无固定船期、航线的不定期船运输，根据船东和承租人双方签订的租船合同来实施运输。而由船方根据租船合同签发的提单就是租船合约提单。这类提单不能作为一个完整的独立文件，它受租船合同条款的约束，是否代表物权凭证完全取决于租船合同所订立的内容。租船合约提单只有在信用证允许使用的情况下才能使用。UCP 600 对租船合约提单的规定主要集中在第二十二条、第二十六条、第二十七条和第三十一条。

4. 多式联运提单

多式联运提单是指必须至少使用两种不同的运输方式，将货物从一国境内接管货物的地点运至另一国指定交付的地点。这种运输方式可以是由陆海、陆空、海空组成。多式联运提单可分为可流通形式和不可流通形式，可流通形式的第一程一般是海运运输，并可凭此作为提货依据；而不可流通形式的第一程一般是陆/空运输。该单据不能背书转让，不能作为提货依据。UCP 600 对多式联运提单的规定主要集中在第二十二条、第二十六条、第二十七条和第三十一条。

5. 航空运单

航空运单是货物通过航空方式运输时，由航空公司或其代理人在接管货物后签发的一种货运单据。它不是货权凭证，不能凭以提货，不能背书转让。UCP 600 对航空运单的规定主要集中在第二十三条、第二十六条、第二十七条和第三十一条。

6. 公路、铁路或内陆水运运输单据

公路、铁路或内陆水运运输单据是当采用公路、铁路或内陆水运运输方式，将货物从一国运至另一国时，由承运人或他们的代理人签发的单据。这些单据不是物权凭证，不能转让。UCP 600 对这类单据的规定主要集中在第二十四条、第二十六条、第二十七条和第三十一条。

7. 快递收据、邮政收据或投邮证明

快递收据是由快递机构签发给托运人的运输单据。邮政收据或投邮证明是盖有邮戳的，由邮局签发的运输单据。UCP 600 对这类单据的规定主要集中在第二十五条、第二十六条、第二十七条和第三十一条。

7.1.2 运输单据的作用

运输单据是出口商作为托运人委托装运、交付货物后，由承运人或其代理签发的、证明收到货物并且证明货物已经装船或已经发运或已由承运人接受监督的单据。某些单据还具有代表货物所有权或构成托运人和承运人的运输契约的作用。运输单据是国际贸易实务中非常重要的单据。

7.2 海运提单

7.2.1 海运提单的定义和作用

1. 海运提单的定义

海运提单(以下简称提单)是用以证明海上货物运输合同和货物已由承运人接受或装船，以及承运人保证据以交付货物的单据。承运人根据提单中载明的向记名人交付货物，或者按照指示人的指示交付货物，或者向提单持有人交付货物的条款，构成承运人据以交付货物的保证。

在国际货物运输中，提单是最具特色、最完整的运输单据。在国际贸易中，提单是一种有价证券，同时代表物权和债权。在各国有关运输法律中，提单都被认定是一份非常重要的法律文件，提单上权利的实现必须以交还提单为要件。

2. 海运提单的作用

从法律规定角度来看，提单的基本作用有：①提单是海上货物运输合同的证明(evidence of the contract of carriage)；②提单是货物已由承运人接受或装船的收货证据(evidence of receipt for the cargos)；③提单是承运人保证凭以交付货物的物权凭证(documents of title)。

从外贸业务和运输业务角度来看，提单的基本作用有：①提单是承运人有条件地为托运人运输货物的书面确认。托运人签发托运单与承运人签发提单，相互构成运输契约，共同成为托运人与承运人之间关于责任、费用、风险的划分依据；②提单是银行结汇文件中最重要的文件，买卖双方的交货收款和收货付款，必须借助于能同时代表物权和债权的提单，借助于有资金信誉的银行机构来实现操作；③提单是货主与货代之间、货代与承运人之间或货主与承运人之间支付或收取运费的凭证，也是相互在经济上制约的有效文件。付款交单就是利用提单实现经济制约的一种手段。

7.2.2 海运提单的种类

常见的提单分类方法、提单种类和英文名称见表 7-1。

表 7-1　常见的提单分类方法、提单种类和英文名称

分类方法	提单种类	英文名称
按表现形式分	纸质提单	bill of lading, B/L
	电子报文提单	electronics bill of lading
按货物是否已装船分	已装船提单	on board B/L
	收货待运提单	received for shipment B/L
按货物外包装状况分	清洁提单	clean B/L
	不清洁提单	unclean B/L
按提单收货人分	记名提单	straight B/L
	不记名提单	open B/L
	指示提单	order B/L
按不同运输方式分	直达提单	direct B/L
	转船提单	transhipment B/L
	多式联运提单	combined transport B/L
按提单签发人不同分	承运人提单	master B/L
	无船承运人提单	NVOCC B/L
	货代提单	house B/L
按提单签发时间不同分	预借提单	advanced B/L
	倒签提单	anti date B/L
	顺签提单	post date B/L

7.2.3　海运提单的内容

提单的内容一般有正反两面内容，正面载有的主要内容有：船名、航次、提单号、承运人名称、托运人名称、收货人名称、通知人名称、装货港、卸货港、转运港、货物名称、标志、包装、件数、重量、体积、运费、提单签发日、提单签发地点、提单签发份数、承运人或船方或其授权人的签字或盖章等。提单的这些内容，在缮制提单中会详细介绍。

在提单的正面和背面还分别印有承运人条款。通常这些条款是根据国际公约、各国法律和承运人规则而印制，对于托运人和承运人双方都有约束，不同的提单印制不同的条款，但基本条款相似，主要有以下 5 个方面。

1. 提单正面的确认条款

Received in apparent good order and condition except as otherwise noted the total number of containers or other packages or unites enumerated below for transportation from the place of receipt to the place of delivery subject to the terms and conditions hereof.

上述英文措辞条款的大意是，承运人在货物或集装箱外表状况良好的条件下接受货物或集装箱，并同意承担按照提单所列条款，将货物或集装箱从起运地运往交货地，把货

物交付给收货人。

2. 提单正面的不知条款

Weight, measure, marks, numbers, quality, contents and value of mentioned in this bill of lading are to considered unknown unless the contrary has expressly acknowledged and agreed to. The signing of this bill of lading is not to be considered as such an agreement.

上述英文措辞条款的大意是,承运人没有适当的方法对接受的货物或集装箱进行检查,所有货物的重量、尺码、标志、数量、品质和货物价值等都由托运人提供,对此,承运人并不知晓。

3. 提单正面的承诺条款

On presentation of this bill of lading duly endorsed to the carrier by or on behalf of the Holder of Bill of Lading, the rights and liabilities arising in accordance with the terms and conditions hereof shall, without prejudice to any rule of common law or stature rendering them of the Bill of Lading as though the contract evidenced hereby had been made between them.

上述英文措辞条款的大意是,经承运人签发的提单是有效的,承运人承诺按照提单条款的规定,承担义务和享受权利,公平地也要求货主承诺接受提单条款规定,承担义务和享受权利。

4. 提单正面的签署条款

On presentation of this bill of lading duly endorsed in exchange for the goods or delivery order. In witness whereof the number of original bill of lading stated under have been signed, all of this tenor and date, one of which being accomplished, the other to stand void.

上述英文措辞条款的大意是,承运人签发的正本提单份数,具有相同法律效力,提取货物时必须交出经背书的一份正本提单,其中一份完成提货后,其余各份自行失效。

5. 提单背面的承运人赔偿责任条款

承运人责任限制是用以明确承运人对货物的灭失和损坏负有赔偿责任应支付赔偿金时,承运人对每一件货物或每单位货物支付最高赔偿金额的条款。

此外,提单正面还印有单据名称、承运人名称和地址,或代理人名称和地址。提单背面还有许多其他条款,如承运人的运价本条款、通知与支付条款、承运人的集装箱条款、托运人的集装箱条款、索赔通知与时效条款、运费与附加费条款、共同海损与救助条款、管辖权条款和新杰森条款等。

7.2.4 海运提单的缮制规范

UCP 600 对海运提单的规定主要集中在第二十条,其中有 a、b、c、d 4 款的具体规定。

1. 托运人(shipper)

与海运托运单相应栏目填法相同,若信用证没有特别规定可以是任何人。

2. 收货人

与海运托运单相应栏目填法相同,必须与信用证规定的收货人(consignee)一致。

(1) 如果提单的"收货人"一栏只填写"to order",则称为托运人指示提单。记载"to order of shipper"与记载"to order"一样,也是托运人指示提单。在托运人未指定收货人或受让人以前,货物仍然属于托运人。

(2) 如果提单的"收货人"一栏填写"to order of ×××",则称为记名指示提单。在这种情况下,由记名的指示人指定收货人或受让人。记名的指示人可以是银行也可以是贸易商。

(3) 记名抬头的填写。现在的实务中,出口用FOB贸易术语的很多,这类提单大多数是做记名抬头的。

3. 通知人

几乎所有的提单上都有通知人(notify party)这一项,但在记名提单上就没有必要再填写通知人。这时可以填写"same as consignee"。

(1) 通知人有时还作为预定收货人、第二收货人或代理人。

(2) 通知人必须与信用证规定的完全一致。如信用证没有规定,此栏可不填,即使已经填写了内容,银行可以接受但不必进行审核。

4. 收货地(port of loading)

此栏填报实际收货地点,如工厂、仓库等。在一般海运提单中,没有此栏目,但在多式联运提单中有此栏目。

5. 装运港

与海运托运单相应栏目填法相同,必须与信用证规定的装运港(port of loading)一致。

根据UCP 600,通过预先印就的文字,或已装船批注注明货物的装运日期表明货物已在信用证规定的装运港装上具名船只,银行可以接受。

6. 船名

(1) 若是已装船提单,此栏注明船名(name of the vessel)和航次。若是收货待运提单,在货物实际装船完毕后再填写船名。该项记载的意义有多方面:便于购买保险、便于跟踪查询、便于发生合同纠纷时法院有确定的客体,可采取诉讼保全等。

(2) 根据UCP 600,如果提单没有标明信用证规定的装货港为装货港,或者载有"预期的"或类似的关于装运港的限定语,则需以已装船批注表明信用证规定的装货港、发运日期以及实际船名。即使提单已事先印就的文字表明了货物已装载或装运于具名船只,本规定仍适用。

(3) 根据UCP 600,如果提单载有"预期船只"或类似的关于船名的限定语,则需以已装船批注明确发运日期以及实际船名。

(4) 此栏必须填写船名和航次(Voy No.),如没有航次,允许航次空白。

7. 转运港

就提单而言,转运是指在信用证规定的装货港到卸货港之间的运输过程中,将货物从一船卸下再装上另一船的行为。发生转运时,填写转运港(port of transshipment)名称,必要时加注所在国家名称。

(1) 根据 UCP 600,提单可以标明货物将要或可能被转运,只要全程运输由同一提单涵盖。

(2) 即使信用证禁止转运,注明将要或可能发生转运的提单,银行仍可接受,只要其标明货物由集装箱(container)、拖车(trailer)或子船(LASH barge)运输。

(3) 提单中声明承运人保留转运权利的条款将被银行不予理会。

8. 卸货港

与海运托运单相应栏目填法相同。在使用信用证结汇方式时,提单须标明货物从信用证规定的装货港发运至卸货港(port of discharge)。

9. 交付地(place of delivery)

根据实际情况填写交货地名称。如果收货地与交货地都空白,则该提单就是海运提单,而不是多式联运提单。

10. 签发的提单份数(number of original B/Ls)

与海运托运单相应栏目填法相同。

(1) 根据 UCP 600,信用证规定的每一种单据须至少提交一份正本。银行应将任何带有看似出单人的原始签名、标记、印戳或标签的单据视为正本单据(original),除非单据本身表明其非正本。

(2) 如果信用证要求提交单据的副本,提交正本或副本均可。

(3) 提单为唯一的正本提单,如果出具多份正本,提单中须标明全套正本的份数。

11. 提单号

提单号(B/L No.)一般按装货单上的关单号填写在提单规定的此栏内。

不同船公司有不同的提单号组成规则。通常,提单号由代表船公司名称的英文代码,加上装运港英文代码或目的港的英文代码,或加上代表该航次数字和订舱顺序号数字等组成。提单号是查询、报检、报关、跟踪货物、收运杂费、归档等环节中不可缺少的一项重要内容。

12. 标记与号码,箱号与封号(marks & Nos, container/seal No.)

与海运托运单相应栏目填法相同。

(1) 提单上的标记、号码应与信用证和其他单据中的唛头一致。若没有唛头时,用"N/M"表示,不得空白。

(2) 托运时,一般箱封号可以不填,但在提单上必须填报每一个集装箱的箱号、封号。

13. 箱数与件数(No of pkgs or shipping units)

与海运托运单相应栏目填法相同。

一般提单上的箱数或件数不允许作任何更改,也不允许盖更正章。一旦发生赔偿时,此箱数或件数是计赔的一个计量数,即赔偿金额=件数×赔偿费率。

14. 货物名称与包装种类(description of goods and pkgs)

与海运托运单相应栏目填法相同。

15. 毛重(gross weight)

与海运托运单相应栏目填法相同。

当货物没有毛重只有净重时,可以在“毛重”栏目内显示净重“NW××KGS”,不允许空白。

16. 体积(measurement)

与海运托运单相应栏目填法相同,一般以立方米(CBM)为计量单位。

17. 总箱数/货物总件数(total number of container and/or packages in words)

用英文大写字母来填写集装箱的总箱数或货物的总件数。

一般提单上的总箱数或总件数不允许作任何更改,也不允许盖更正章。

18. 控制温度指令(temper control instruction)

如果为冷藏集装箱,此栏填写要求的冷藏温度。非冷藏货物,此栏为空。

19. 运费的支付(payment of freight)

与海运托运单相应栏目填法相同。

20. 货物价值申报(excess value declaration)

如果托运人有货物价值向承运人申报,可填写在此栏内。如果不需要对货物价值进行申报,此栏为空。

21. 已装船批注、装船日期、装运日期(shipped on board the vessel date、signature)

根据 UCP 600,通过以下两种方式表明货物已在信用证规定的装货港上具名船只。

(1) 提单上预先印就“已装船”文字或相同意思。如“shipped on board the vessel named here in apparent good order and condition”或“shipped in apparent good order and condition”。这种提单通常被称为“已装船提单”,不必另行加注“已装船”批注。提单的出具日期就是发运日期,除非提单载有表明发运日期的已装船批注,此时已装船批注中显示的日期将被视为发运日期。

(2) 如果提单载有“预期船只”或类似的关于船名的限定语,则需已装船批注明确发运日期以及实际船名。通常这种提单被称为“收妥备运提单”,提单上加注“已装船”(On board)批注旁边显示的装船日期即为发运日期,而提单的出具日期不能视为发运日期。

22. 签发的提单日期和地点(place and date of issue)

与海运托运单相应栏目填法相同。

(1) 签发地点一般是装货港的所在地,如与该地不一致,银行也可以接受。

(2) 每张提单必须有签发日期。

23. 承运人或承运人代理人签字、盖章(sign or authenticate)

根据 UCP 600,提单,无论名称如何,须表明承运人名称并由下列人员签署和证实:①承运人或具名代理人;②船长或具名代理人;③承运人、船长或代理人的任何签字,必须标明其承运人、船长或代理人的身份;④代理人的任何签字必须标明其系代表承运人还是船长签字。

常见提单签发人和表示方法见表 7-2。

表 7-2 常见提单签发人和表示方法

签 发 人	表 示 方 法	备 注
由承运人或其具名代理人	××× as carrier	承运人、船长或代理人的任何签字必须标明其身份
	as agent for or on behalf of the carrier	
由船长或其具名代理人	××× as master	代理人签字必须标明其系代表承运人还是船长签字
	as agent for or on behalf of the master	

24. 目的港提货代理(F/agent name for delivery)

填写承运人或其代理人在目的港提货点联系的公司名称、地址、电话、传真等。

25. 单据名称(title)

根据 UCP 600,提单无论名称如何,须标明承运人名称并由承运人、船长或其具名代理人签署的,标明货物已在信用证规定的装货港装上具名船只,并从信用证规定的装货港发运至卸货港的运输单据,都被银行接受。

26. 清洁提单

清洁提单(clean B/L)是指承运人对货物表面状况未载有明确宣称"货物或包装有缺陷"的条款或批注。根据 UCP 600 第二十七条规定,银行只接受清洁运输单据。"清洁"一词并不需要在运输单据上出现,即使信用证要求运输单据为"清洁已装船"。

7.2.5 海运提单的使用

1. 提单的确认

提单的确认(confirm)包括提单内容的确认和提单签发人、签发日期、签发地点、签发份数的确认。在信用证项下,提单的确认应严格做到"单单相符、单证相符、单货相符",并符合 UCP 600 有关运输单据的规定。

提单确认有以下两个环节。

1) 托运人在报关后开船前的确认

托运人在报关后将提单的每一项内容按照托运单据输入规定格式的电子提单中,然后打印成纸质"提单确认样张",将此样张传真或电子传送给委托人,在载货船舶起航之前进行书面核对，及时修改，并将修改后的“提单确认样张”保存在计算机规定的文档中。

2）货物装上船离境后的确认

将已经委托人确认后的“提单确认样张”打印在承运人规定格式的提单上，持凭有承运人签收的“场站收据”或持凭有 EDI 系统显示海关“已放关和货已装运”的装运记载，交由承运人盖章并签发正本提单。取得提单后应再核对承运人签发的日期、地点、份数，使签发的提单同时符合信用证要求和 UCP 600 中对签单人的有关规定。

2. 提单的背书(endorse)

提单是“物权凭证”，不论是记名提单、不记名提单，还是指示提单，收货人在持凭提单换取提货单时都要在提单上载有提货意思的表示。通常由收货人在提单背面盖章、签字。

1）关于提单的背书与转让

关于提单的背书与转让：按国际惯例，记名提单不得转让；不记名提单无须背书即可转让，此单提货时的盖章、签字仅仅是记载提货的表示；指示提单必须经过记名背书或空白背书才可以转让，此单提货时的盖章、签字才是真正意义上提单的背书。

2）关于背书形式

(1) 记名背书。

记名背书是指背书人在提单背面写明被背书人(受让人)的名称，并由背书人签发背书形式。经过记名背书的提单称为记名提单性质的指示提单。

(2) 不记名背书。

不记名背书也称为空白背书，是指背书人在提单背面由自己签名但不记载任何受让人的背书形式。经过空白背书的提单称为不记名提单性质的指示提单。

(3) 指示背书。

指示背书是指背书人在提单背面写明“凭×××指示”的字样，同时由背书人签名的背书形式。经过指示背书的指示提单还可以继续进行背书，但背书必须连续。

3. 提单的更正

1）开船前的提单更正

托运人在开船前要求提单更正(amendment)时，在不损害承运人、其他托运人的利益，也不违反海关的有关规定下，一般船公司或其代理应予以满足。

2）船已驶离、收货人尚未提货前的提单更正

托运人在船已驶离、收货人尚未提货前提出要求更正提单时，必须出示书面的正式更改申请书并保证支付由此产生的一切费用，在不损害承运人、其他托运人利益，也不违反海关的有关规定情况下，一般船公司或其代理也应予以满足。但有时这种更改的费用相当昂贵。

4. 倒签提单

倒签提单(anti dated bill of lading)是指在货物装船完毕后，承运人或其代理人应托运人的要求，由承运人或其代理人签发提单，但提单上的签发日期应该早于该批货物实际装船

完毕的日期，以符合信用证装运期的规定。这种倒填日期签发的提单称为倒签提单。

表面上倒签提单使得提单签发日期与信用证规定的装运期吻合，方便了结汇，但它改变不了实际开航日期和抵达日期的真实情况。一旦这种倒签日期预先没有征得收货人同意而被发现，后果是严重的。承运人的这种倒签提单行为虽然是在托运人的正式请求下进行，但也要承担由此带来的风险和责任。

5. 过期提单

过期提单(stale bill of lading)是指出口商取得提单后未能及时到银行，或过了银行规定的交单期限未议付而形成过期提单，习惯上也称为滞期提单。

按照UCP 600规定，凡超过发运日期21个日历日后提交的提单为过期提单，但在任何情况下都不得迟于信用证的截止日。如信用证有效期或信用证规定的交单期早于此限期，则以有效期或规定的交单期为最后期限。

一般银行不接受过期提单，但过期提单并非无效提单，提单持有人仍然可持凭提单要求承运人交付货物。

6. 预借提单

由于信用证发运日和截止日都将到期而货物因故尚未装船，或已开始装船尚未完毕，在这种情况下，托运人为了交单结汇往往向承运人或其代理人提出预先签发并借到“已装船提单”，这种行为称为预借，借得的提单称为预借提单(advanced bill of lading)。

预借提单必然是倒签提单，承运人承担的风险比倒签提单更大。按照许多国家的规定，承运人签发预借提单将丧失享受责任限制和免责的权利。

7. 电子提单

电子提单(electronic bill of lading)是为适应EDI需要而设计的非书面化提单，每个环节(包括签发、通知、放货)都是以电子报文和回执确认的方式进行。承运人在接受发货人货物后给予发货人一个收到货物的电子报文，该报文中除了纸质提单的正面全部内容外，还包括一个传输电信报文的“密码”，发货人收到后必须确认该项收信，承运人或其代理人根据该项确认认可发货人为提单持有人。如果提单持有人要求承运人放货或指定收货人或向另一方转让货物时，都必须用含有该“密码”的电信报文通知承运人或其代理人。

电子提单转让时由原持有人向承运人发出通知并指明受让人的名称和详细地址，承运人据以向受让人发出电信回执，以示同意。如受让人电信确认接受转让，承运人销毁“原密码”，并向新收货人发出一个“新密码”以确认。电子提单每经过一次转让，都须换一个新密码。

电子提单的所有电信都通过EDI程序处理，其电子数据等同于书面形式。在承运人交货之前的任何时间，提单持有人都有权索要书面提单或保持电子提单。

8. 电放提单

1) 电放提单(telex release bill of lading)的含义

在货物装船完毕，承运人或其代理人已经签发了提单或已将提单交给了托运人，应托运人的要求，承运人或其代理人收回全套正本提单，并以电传、传真、电子文件、电报等形式通知其在卸货港代理将货交给提单收货人。这种操作方式称为“电放”，这种方式下的提单称为“电放提单”。

2）电放提单的形式

在实际业务中，主要有两种电放提单形式。

（1）承运人或其代理人在每张正本提单上加盖“电放”（SURRENDERED）或（TELEX RELEASE ORIGINAL B/L）字样的图章，并将盖章后的提单发送给承运人卸货港代理，凭以放货。

（2）承运人或其代理人收回全套正本提单，出具一张“电放电文”并发送给其卸货港代理，凭以放货。电放电文大意：“Herewith advised that full sets original hand already surrendered at ××× by carrier in ××× please release the shipment to consignee called ‘×××’ against this surrender notice after collect relevant charges at your side without original Bill of Lading.”

3）电放提单的适用性

（1）对于不记名提单或记名提单中收货人通信方式不详细者，承运人或其代理人不接受电放。

（2）对于运费未结清的提单，承运人或其代理人不接受电放。

（3）对于提单正本份数不齐全，承运人或其代理人也不接受电放。

7.3 不可转让海运单

不可转让海运单（non-negotiable sea waybill）是海上运输合同的证明和货物收据，它不是物权凭证，不可背书转让。如果信用证没有表示可接受此类单据时，银行就不能接受。不可转让海运单的正面内容与海运提单基本一致。

7.3.1 不可转让海运单与海运提单的区别

1. 海运提单具有3项作用而不可转让海运单仅有其中的两项

海运提单是承运人收到托运人货物的收据；是承运人与托运人之间运输合同契约的证明；是收货人在货物到达地提取货物的物权凭证。作为物权凭证，海运提单是可以转让的运输单据。而不可转让海运单仅具有海运提单的第1项和第2项作用，但它不是物权凭证，不可以背书转让。

2. 海运提单有正反两面内容而不可转让海运单仅有正面内容

海运提单的背面一般印有各种条款，受国际规则《海牙规则》《海牙—维斯比规则》《汉堡规则》等制约。海运提单中托运人是运输契约的关系人，有权对承运人提出任何主张。但是不可转让海运单背面一般没有任何条款,托运人无权对承运人提出任何主张。

3. 不可转让海运单的其他作用

不可转让海运单是近年来新兴的一种海运单据,尚未纳入国际法规范畴,但却在世界各地被普遍使用。其原因在于,不可转让海运单除了以上两项作用外,从贸易和运输业务角度来看还有以下作用:①对进口商而言,用不可转让海运单方便、及时、节省费用、手续简便;②对托运人和承运人而言,容易推行EDI电子数据交换;③不可转让海运单容易与空运、陆运等运单统一使用。

7.3.2 不可转让海运单的可适用性

(1) 货运代理公司拼箱业务中的"总运单"一般采用不可转让海运单。

(2) 货代接受货主委托,但以自己名义向承运人托运时,收货人显示货代公司目的港代理人,则"总运单"采用不可转让海运单,货代公司再签发"分运单"交货主。

(3) 跨国总公司与其子公司或与其相关公司间采用汇付、托收结汇方式时,常用不可转让海运单。

(4) 贸易双方交往悠久、彼此信任、关系密切的业务,常采用不可转让海运单。

(5) 对于货物价值低、数量少或样品的业务,常采用不可转让海运单。

(6) 出口商已收到买方部分或全部货款的业务,也常采用不可转让海运单。

7.3.3 不可转让海运单尚需进一步解决的主要问题

(1) 制约不可转让海运单的国际规则和必要条款问题。

(2) 信用证方式下使用不可转让海运单对进口方、出口方和银行等各方利益保障问题。

7.4 航空运单

7.4.1 航空运单简介

航空运单(air waybill,AWB)是航空运输公司及其代理人(即承运人)签发给托运人表示已收妥货物并接受托运的货物收据。航空运单也是承运人与托运人之间签订的运输契约,不仅应有承运人或其代理人签字,还必须有托运人签字。航空运单还可作为核收运费的依据和海关查验放行的基本单据。但是,航空运单不同于提单,不能凭以提取货物,也不能背书转让(运单或上方印有"Non-Negotiable"字样),必须做成记名抬头。

由于航空运输的承运人有航空运输公司和航空货运代理公司两类,因此航空运单主要分为两大类:一类是由航空运输公司签发的航空运单,又叫主运单(Master Air Waybill,MAWB),如中国民航签发的空运单;另一类是由航空货运代理公司签发的航空运单。两类运单的内容基本相同，法律效力相当，对于托运人或发货人而言，只是承担货物运输的当事人不同。

航空运单正本一式三份，分 3 种不同颜色：蓝色的交托运人，绿色的承运人留存，粉红色的随货同行，在目的地交收货人。副本至少 6 份，有需要还可以增加份数，分别发给代理人、目的港，第一、第二、第三承运人和用作提货收据。副本除提货收据为黄色外，其余均为白色。

7.4.2 航空运单的填制

航空运单与海运提单类似，也有正面、背面条款之分，不同的航空公司也会有自己独特的航空运单格式。但各航空公司所使用的航空运单大多借鉴 IATA 所推荐的标准格式，差别并不人，在此介绍一下主要的栏目内容。

1. 货运单号码(the air waybill number)

货运单号码应清晰地印在货运单的左右上角及右下角。编号的前 3 位是 IATA 统一编制的航空公司代码，如我国的国际航空公司的代码就是 999，后面的数码是由航空公司填入的货运单序号及检验号。

2. 始发站机场(airport of departure)

需填写 IATA 统一制定的始发站机场三字代码(如果始发站机场名称不明确，可填制机场所在城市的 IATA 三字代码)。

3. 托运人(shipper's name and address)

填写托运人姓名(名称)、地址、国家(或国家两字代码)以及托运人的电话、传真、电传号码等联络方法。信用证方式下必须与受益人名称地址一致。

4. 发货人账号(shipper's account number)

此栏不需要填写，除非承运人需要。

5. 收货人姓名、住址(consignee's name and address)

应填写收货人姓名(名称)、地址、所在国家(或国家两字代码)以及收货人的电话、传真、电传号码等联络方法。与海运提单不同，因为航空运单不可转让，所以“凭指示”之类的字样不得出现。

6. 收货人账号(consignee's account number)

此栏只在必要时填写。

7. 承运人代理的名称和所在城市(issuing carrier's agent name and city)

若运单由承运人的代理人签发时，本栏填写实际代理人的名称及城市名；如果运单直接由承运人本人签发时，此栏可空白不填。

8. 代理人的 IATA 代号(agent's IATA code)

IATA 系“international air transport association”的简写。代理人的国际航协代号一般可不填。

9. 代理人账号(account number)

本栏一般不需要填写,除非承运人需要。

10. 始发站机场及所要求的航线(airport of departure and requested routing)

此栏填制与第 2 栏中一致的始发站机场或所在城市的名称即可。

11. 运输路线和目的站(routing and destination)

(1) 至(第一承运人),To(by first carrier):如无转运,填制目的站机场名称;如需转运,填第一个转运点的 IATA 三字代码。

(2) 由(第一承运人),By(first carrier):填制第一承运人的全称或 IATA 两字代码。

(3) 至(第二承运人),To(by second carrier):填制目的站机场或第二个转运点的 IATA 三字代码。

(4) 由(第二承运人),By(second carrier):填制第二承运人的全称或代码。

以此类推。

常用的航空货运代码见表 7-3。

表 7-3　常用的航空货运代码

名　称	代　码	名　称	代　码
中国	CN	芝加哥	CHI
美国	US	东京	TYO
英国	GB	大阪	OSA
德国	GE	中国国际航空公司	CA
法国	FR	中国南方航空公司	CZ
日本	JP	中国东方航空公司	MU
韩国	KR	美洲航空公司	AA
新加坡	SG	加拿大航空公司	AC
加拿大	CA	大韩航空公司	KE
澳大利亚	AU	日本航空公司	JL
北京	BJS	美国西北航空公司	NW
广州	CAN	中国首都国际机场	PEK
上海	SHA	日本成田机场	NRT
重庆	CKG	法国戴高乐机场	CDG
天津	TSN	美国奥黑尔国际机场	ORD
深圳	SZX	货运单	AIR WAYBILL AWB
杭州	HGH	运费到付	CHARGES COLLECT CC
伦敦	LON	无声明价值	NO VALUE DECLARED NVD
首尔	SEL	运费预付	CHARGES PREPAID(PP)
巴黎	PAR	分运单	HOUSE AIR WAYBILL HWB
纽约	NYC	主运单	MASTER AIR WAYBILL MWB

12. 财务说明(accounting information)

此栏填制与费用结算有关的事项。

付款方式：现金支票或其他方式。

货物到达目的站无法交付收货人而需退运的，应将原始货运单号码填入新货运单的本栏内。

13. 货币(currency)

填制始发国的 ISO(国际标准组织)货币代码。

14. 运费代号(CHGS code)

表明支付方式，一般不需填写。

15. 运费及声明价值费(WT/VAL，weight charge/valuation charge)

"WT"是指航空运费，是根据货物计费重量乘以适用的运价收取的运费；VAL 是指声明价值费(valuation charge)，向承运人申报价值时必须与运费一起交付。若该栏费用是预付，则在 PPD 栏(prepaid)栏内打"×"；若是待付，则在 COLL(collect)栏内打"×"，此栏应注意与第 12 栏保持一致。

16. 其他费用(other)

在始发站的其他费用预付和到付。

17. 供运输用声明价值(declared value for carriage)

在此栏填入发货人要求的用于运输的声明价值，一般可按发票金额填列。如果发货人不要求声明价值，则填入"NVD"(no value declared，无申报价值)。

18. 海关声明价值(declared value for customs)

此栏所填价值是提供给海关的征税依据。当以出口货物报关单或商业发票作为征税标准时，本栏可空白不填或填"AS PER INV."；如果货物样品等数量少且无商业价值，可填"NCV"(no customs valuation)，表明没有商业价值。

19. 目的地机场(airport of destination)

填写最终目的地机场的全称。

20. 航班及日期(flight/date)

本栏一般不需填写，除非参加运输各有关承运人需要。

21. 保险金额(amount of insurance)

只有在航空公司提供代保险业务而客户也有此需要时才填写，如没有则打"×××"符号。

22. 运输处理注意事项(handling information)

可利用本栏填写需要注明的内容，如：①被通知人；②飞机随带的有关商业单据名称；③包装情况；④发货人对货物在途时的某些特别指示；⑤对第二承运人的要求。

23. 货物件数和运价组合点(No. of pieces,RCP)

填入货物包装件数,如10包即填"10"。如果使用非公布直达运价计算运费时,在件数的下面还应打印运价组合点城市的IATA三字代码。

24. 毛重(gross weight)

适用于运价的货物实际毛重(以千克为单位时可保留至小数点后一位)。

25. 重量单位(kg/lb)

以千克为单位用代号"K",以磅为单位用代号"L"。

26. 运价等级(rate class)

针对不同的航空运价共有10种代码。

M——最低运费(minimum charge)。

N——45千克以下(或100千克以下)货物适用的普通货物运价(normal rate)。

Q——45千克以上货物适用的普通货物运价(quantity rate)。

C——指定商品运价(specific commodity rate)。

R——等级货物附减运价(class rate reduction)。

S——等级货物附加运价(class rate surcharge)。

U——集装化设备基本运费或运价(unit load device basic charge or rate)。

E——集装化设备附加运价(unit load device additional rate)。

X——集装化设备附加说明(unit load device additional information)。

Y——集装化设备折扣(unit load device discount)。

27. 商品代码(commodity item No.)

在使用特种运价时需要在此栏填写商品代码。

使用指定商品运价时,此栏打印指定商品品名代号;使用等级货物运价时,此栏打印附加或附减的比例(百分比);如果是集装货物,打印集装货物运价等级。

28. 计费重量(chargeable weight)

此栏填入航空公司据以计算运费的计费重量,该重量可以与货物毛重相同也可以不同。

29. 运价(rate/charge)

填写该货物适用的费率。

30. 运费总额(total)

填计运费的总额,即计费重量与适用费率的乘积。

31. 货物的品名、数量(含尺码或体积)[nature and quantity of goods (incl. dimensions or volume)]

填合同或信用证中规定的货物的名称和数量(数量指尺码或体积)。尺码应以厘米或英尺为单位,尺寸分别以货物最长、最宽、最高边为基础;体积则是上述3边的乘积,单位为立方厘米或立方英寸。

32. 计重运费(weight charge)

在对应的“预付”或“到付”栏内填写按重量计算的运费额。

33. 声明价值费、税费(valuation charge,tax)

声明价值费和适用的税款与货物计重运费一起必须全部预付或到付。

34. 其他费用(other charges)

其他费用是指除运费和声明价值附加费以外的费用。根据 IATA 规则,各项费用分别用 3 个英文字母表示。其中前两个字母是某项费用的代码,如运单费就表示为 AW(air waybill fee)。第三个字母是 C 或 A,分别表示费用应支付给承运人(carrier)或货运代理人(agent)。

35. 代理人收取的其他费用(total other charges due agent)

预付或到付由代理人收取的其他费用。

36. 承运人收取的其他费用(total other charges due carrier)

预付或到付由承运人收取的其他费用。

37. 预付费用总额/到付费用总额(total prepaid/total collect)

预付或到付的费用及其他费用总额。

38. 托运人签字栏(signature of shipper or his agent)

打印托运人名称并令其在本栏内签字或盖章。

39. 承运人填写栏

1) 填开日期(executed on date)

本栏所表示的日期为签发本运单的日期,也就是本批货物的装运日期。如果信用证规定运单必须注明实际起飞日期,则以该所注的实际起飞日期作为装运日期。本栏的日期不得晚于信用证规定的装运日期。

2) 填开地点(at place)

填写机场或城市的全称或缩写。

3) 承运人或代理人签字(signature of issuing carrier or as agent)

承运人或其代理人签字,和提单一样需标明签字人的身份。如果是承运人签字,需加注“AS CARRIER”;如果是代理人签字,需加注“AS AGENTS”。

主干案例制单演示

请根据第 3 章中的出口合同(见图 3-21)、第 4 章修改后的信用证(见表 4-2)以及其他资料,使用 Word 软件制作海运提单(见图 7-1)。

BILL OF LADING

1)SHIPPER SHANGHAI YUANCHENG INTERNATIONAL TRADE CO., LTD. NO.1800 PANGU ROAD YANGPU DISTRICT SHANGHAI CHINA	10)B/L NO. COSU89302173 *CARRIER*
2)CONSIGNEE TO ORDER	**C O S C O** **中国远洋运输（集团）总公司** **CHINA OCEAN SHIPPING (GROUP) CO.**
3)NOTIFY PARTY VANCOUVER INTERNATIONAL TRADE CORPORATION. 99 PURCELL ROAD NORTH VANCOUVER BC CANADA	

4)PLACE OF RECEIPT	5)OCEAN VESSEL HEPING	*ORIGINAL*
6)VOYAGE NO. 013W	7)PORT OF LOADING SHANGHAI	
8)PORT OF DISCHARGE VANCOUVER	9)PLACE OF DELIVERY	Combined Transport BILL OF LADING

11)MARKS	12) NOS. & KINDS OF PKGS.	13)DESCRIPTION OF GOODS	14) G.W.(kg)	15) MEAS(cbm)
SHYC 16-HQ-VANT VANCOUVER C/NO.1-UP	386CTNS	PLUSH TOYS SHIPPER'S LOAD, COUNT AND SEAL FREIGHT PREPAID CREDIT NUMVER:AM/VA07721SLC	3,155.000	49.646

CBHU75989732	/35736 /252CTNS	CY/CY	20'GP
CBHU75989733	/35738/134CTNS	CY/CY	20'GP

16)TOTAL NUMBER OF CONTAINERS OR PACKAGES(IN WORDS) SAY TWO TWENTY FEET CONTAINERS ONLY

FREIGHT & CHARGES	REVENUE TONS	RATE	PER	PREPAID	COLLECT

PREPAID AT	PAYABLE AT	17)PLACE AND DATE OF ISSUE
TOTAL PREPAID	18)NUMBER OF ORIGINAL B(S)L	21) 中国外轮代理公司上海分公司 HINA OCEAN SHIPPING AGENCY,SHANGHAI BRANC 章建国 FOR THE CARRIER NAMED ABOVE
LOADING ON BOARD THE VESSEL 19)DATE MAY 27,2016	20)BY 中国外轮代理公司上海分公司 HIINA OCEAN SHIPPING AGENCY,SHANGHAI BRANC 章建国 FOR THE CARRIER NAMED ABOVE	

图 7-1 海运提单

课堂巩固

一、单项选择题

1. 下面属于海运单特征的是(　　)。

A. 物权凭证　　B. 运输合同的证明

C. 背面一般印有各种条款　　D. 可以背书转让

2. 经过背书才能转让的提单是(　　)。

A. 记名提单　　B. 不记名提单　　C. 指示提单　　D. 清洁提单

3. 货物装船完毕后,承运人或其代理人应托运人的要求,由承运人或其代理人签发提单,但签发的日期早于该批货物实际装船的日期,这种提单是(　　)。

A. 过期提单　　B. 倒签提单　　C. 预借提单　　D. 电放提单

4. 提单的抬头是指提单的(　　)。

A. 托运人　　B. 被通知人　　C. 收货人　　D. 收款人

5. (　　)是买卖双方交接货物的主要依据和支付货款的唯一凭证。

A. 提单　　B. 信用证　　C. 商务单证　　D. 发票

6. 海运提单中,价格条件为(　　)时,应有"freight collect"字样。

A. CFR 或 CIF　　B. FCA 或 FOB　　C. CFR 或 FCA　　D. CIF 或 FOB

7. 根据 UCP 600 规定,海运提单的签发日期应理解为(　　)。

A. 货物开始装船的日期　　B. 货物装船完毕的日期

C. 货物装运过程中的任何一天　　D. 运输合同中的装运日

8. 海运提单日期应理解为(　　)。

A. 签订运输合同的日期　　B. 货物开始装船的日期

C. 货物装船过程中的任何一天　　D. 货物装船完毕的日期

9. 海运提单的抬头是指提单的(　　)。

A. Shipper　　B. Consignee　　C. Notify Party　　D. Voyage No.

10. 航空运单(　　)。

A. 代表物权,经背书可转让

B. 代表物权,但不能转让

C. 不代表物权,也不能凭以向承运人提货

D. 不代表物权,但可以作为提货凭证

11. 海洋运输的船舶按照运营方式一般分为租船运输和(　　)。

A. 不定期运输　　B. 专线运输　　C. 内河运输　　D. 班轮运输

12. 在集装箱运输中,能够实现"门到门"运输的集装箱货物交接方式是(　　)。

A. LCL/LCL　　B. FCL/FCL　　C. LCL/FCL　　D. FCL/LCL

13. 当空运货物为重货时,一般按照货物的(　　)作为计费重量。

A. 实际净重　　B. 体积重量
C. 实际毛重　　D. 较高重量较低运价的分界点重量

二、判断题

1. 某公司出口一批货物，合同规定2016年5月装船。信用证规定："shipment after April 10th till 30th"。该公司于5月7日装船，并取得提单。交单时遭到拒付，银行拒付是无理的。 (　　)

2. 货物装船后，托运人凭船公司的装货单换取已装船提单。 (　　)

课后实践

一、纠错练习

请根据以下相关资料指出海运提单(见表7-4)中错误的地方。

买方：QINGDAO ECONOMIC TRADE INT'L CO. ,LTD.
NO. 19,ZHUZHOU ROAD, QINGDAO

卖方：VICTOR MACHINERY INDUSTRY CO. ,LTD.
NO. 338,BA DE STREET,SHU LIN CITY,TAIBEI
TEL/FAX: 886-2-26689666/26809123

信用证对海运提单的要求：

FULL SET(INCLUDING 3 ORIGINALS AND 3 NON-NEGOTIABLE COPIES) OF CLEAN ON BOARD OCEAN BILLS OF LADING MARKED "FREIGHT PREPAID" MADE OUT TO ORDER AND BLANK ENDORSED NOTIFYING APPLICANT WITH ITS FULL NAME AND ADDRESS.

发票号：FU1011103

提单号：KEETAO100933

船名、航次：YM HORIZON UT018NCNC

装船日期：MAY 10,2016

装运港：TAIWAN MAIN PORT

目的港：QINGDAO

唛头：E. T. I
QINGDAO
NOS. 1-2

货物描述：ONE COMPLETE STE OF SHEET CUTTER

毛重：15 600KGS

体积：51CBM

包装：PACKED IN TWO WOODEN CASES

贸易术语：CIF QINGDAO

表 7-4　海运提单

<table>
<tr><td colspan="2">Shipper　Insert Name, Address and Phone
TO ORDER</td><td colspan="3" rowspan="5">B/L No. KEETAO100935

EASY LINK OCEAN FREIGHT FORWARDER CO., LTD.
迅通海運承攬運送股份有限公司
TEL：(02) 2562-7299　FAX：(02) 2568-4558
海攬（基）字第1041號
台北市南京東路2段8號10樓-1

BILL of LADING</td></tr>
<tr><td colspan="2">Consignee　Insert Name, Address and Phone
VICTOR MACHINERY INDUSTRY CO. ,LTD.
NO. 338,BA DE STREET,SHU LIN CITY, TAIBEI
TEL/FAX: 886-2-26689666/26809123</td></tr>
<tr><td colspan="2">Notify Party　Insert Name, Address and Phone
VICTOR MACHINERY INDUSTRY CO. ,LTD.
NO. 338,BA DE STREET,SHU LIN CITY, TAIBEI
TEL/FAX: 886-2-26689666/26809123</td></tr>
<tr><td>Ocean Vessel Voy. No.
YM HORIZON UT018NCNC</td><td>Port of Loading
QINGDAO</td></tr>
<tr><td>Port of Discharge
KEELUNG</td><td>Port of Destination</td></tr>
<tr><td>Marks & Nos.</td><td>No. of Containers or Packages</td><td>Description of Goods</td><td>Gross Weight Kgs</td><td>Measurement</td></tr>
<tr><td rowspan="2">E. T. I
QINGDAO
NOS. 1-5</td><td>5 WOODEN CASES</td><td>ONE COMPLETE OF SHEET CUTTER</td><td>15,600KGS
FREIGHT</td><td>51CBM
COLLECT</td></tr>
<tr><td colspan="4">Description of Contents for Shipper's Use Only(Not part of This B/L Contract)</td></tr>
<tr><td colspan="5">Total Number of Containers and/or Packages(in words)
SAY TWO WOODEN CASES ONLY</td></tr>
<tr><td>Ex. Rate</td><td>Prepaid at</td><td>Payable at</td><td colspan="2">Place and date of issue</td></tr>
<tr><td rowspan="4"></td><td></td><td>QINGDAO</td><td colspan="2">QINGDAO　MAY. 13,2016</td></tr>
<tr><td>Total Prepaid</td><td>No. of Original</td><td colspan="2">Signed for the Carrier</td></tr>
<tr><td></td><td>THREE(3)</td><td colspan="2">EASY LINK OCEAN FREGHT FORWARDER CO. LTD.
TONY</td></tr>
</table>

LADEN ON BOARD THE VESSEL YM HORIZON UT018NCNC

DATE: MAY. 13, 2016　　BY: EASY LINK OCEAN FREIGHT FORWARD CO. ,LTD.

二、填制航空运单

请根据国际货物托运书(见图 7-2)填制航空运单(见图 7-3)。

国际货物托运书（SHIPPERS LETTER OF INSTRUCTION）

<table>
<tr><td>托运人姓名及地址
SHIPPER'S NAME AND ADDRESS

CHINA LIGHT HOUSEWARE CO., LTD., BEIJING P. R. CHINA
TEL:86(010)64596666 FAX:86(010)64598888</td><td>托运人账号
SHIPPER'S ACCOUNT NUMBER</td><td>供承运人用
FOR CARRIAGE USE ONLY
班期/日期 FLIGHT/DAY　航班/日期 FLIGHT/DAY
CA921/30 JUL, 2016</td></tr>
<tr><td>收货人姓名及地址
CONSIGNEE'S NAME AND ADDRESS
NEW YORK LIGHT HOUSEWARE IMPORTERS, NEW YORK, U.S.A
TEL:78789999</td><td>收货人账号
CONSIGNEE'S ACCOUNT NUMBER</td><td>已预留吨位
BOOKED

运费 CHARGES
CHARGES PREPAID</td></tr>
<tr><td colspan="2">代理人的名称和城市
ISSUING CARRIER'S AGENT NAME AND CITY

KUNDAAIR FRIGHT CO., LTD.</td><td rowspan="3">ALSO NOTIFY</td></tr>
<tr><td colspan="2">始发站 AIRPORT OF DEPARTURE
CAPITAL INTERNATIONAL AIRPORT</td></tr>
<tr><td colspan="2">到达站 AIRPORT OF DESTINATION
JOHN KENNEDY AIRPORT(JFK)</td></tr>
<tr><td>托运人声明价值
SHIPPER'S DECLARED VALUE
供运输用 FOR CARRIAGE NVD　｜　供海关用 FOR CUSTOMS NCV</td><td>保险金额
AMOUNT OF INSURANCE
×××</td><td>所附文件
DOCUMENT TO ACCOMPANY AIR WAYBILL
1 COMMERCIAL INVOICE</td></tr>
<tr><td colspan="3">处理情况（包括包装方式、货物标志及号码）
HANDING INFORMATION (INGL METHOD OF PACKING IDENTIFYING AND NUMBERS)

KEEP UPSIDE</td></tr>
</table>

件数 NO. OF PACKAGES	实际毛重 ACTUAL GROSS WEIGHT(KG.)	运价种类 RATE CLASS	收费重量 CHARGEABLE WEIGHT	费率 RATE/CHARGE	货物品名及数量（包括体积或尺寸） NATUER AND QUANTITY OF GOODS (INCL. DIMENSION OF VOLUME)
4	58.3		58.3	18.00	DIMS: (80×30×25)CM×4

图 7-2　国际货物托运书

189 | PVG | 6124 8806

Shipper's Name and Address

Shipper's Account Number

NOT NEGOTIABLE

Air Waybill

(Air Consignment note) issued by

Copies 1, 3 and 3 of this Air Waybill are originals and have the same validity.

It is agreed that the goods described herein are accepted in apparent good order and condition (except as noted) for carriage SUBJECT TO THE CONDITIONS OF CONTRACT ON THE REVERSE HEREOF. THE SHIPPER'S ATTENTION IS DRAWN TO THE NOTICE CONCERNING CARRIERS' LIMITATION OF LIABILITY. Shipper may increase such limitation of liability by declaring higher value for carriage and paying a supplemental charge it required.

Consignee's Name and Address

Consignee's Account Number

Issuing Carrier's Name and City

Accounting Information

FREIGHT PREPAID

Agent's IATA Code

Account No.

Airport of Departure

To	By First Carrier (Routing and Destination)	to	by	to	by	Currency	Chgs Code	WT/VAL PPD	WT/VAL COL	Other PPD	Other COL	Declared Value For Carriage	Declared Value For Customs
								PP		PP			

Airport of Destination

Flight Date

Amount of Insurance

INSURANCE - If Carrier offers insurance, and such insurance is requested in accordance with conditions on reverse thereof, indicate amount to be insured in figures in box marked "amount of Insurance."

Handling Information

No. of Pieces RCP	Gross Weight	kg lb	Rate Class / Commodity item no.	Chargeable Weight	Rate / Charge	Total	Nature and Quantity of Goods (incl. Dimensions or Volume)
		K	M				

Prepaid	Weight Charge	Collect	Other Charges
		AS ARRANGED	
	Valuation Charge		
	Tax		
	Total other Charges Due Agent		
		AS ARRANGED	
	Total other Charges Due Carrier		
Total Prepaid		Total Collect	
		AS ARRANGED	
Currency Conversion Rates		CC Charges in Dest. Currency	
For Carrier's Use only at Destination		Charges at Destination	Total Collect Charges

Shipper certifies that the particulars on the face hereof are correct and that insofar as any part of the consignment contains dangerous goods, such part is properly described by name and is in proper condition for carriage by air according to the applicable Dangerous Goods Regulations.

Signature of Shipper or his Agent

Executed on (date)　　at (place)　　Stamp and Signature of the Carrier or its Agent

图 7-3　航空运单

第 8 章　其他单据缮制

主干案例

2016 年 6 月 6 日，在完成对全套结汇单据的复核及修改后，远程公司向中国银行上海分行交单。

8.1 汇　票

8.1.1 汇票的含义

出口收汇中使用的汇票，是指用于托收和信用证收汇方式中，出口商向进口商或银行签发的要求后者即期或在一个固定的日期或在可以确定的将来时间，对某人或某指定人或持票人支付一定金额的无条件的书面支付命令。

作为可以支取信用证金额的凭证，汇票在本质上是一种票据，而不是单据。但它作为信用证交易单证的组成部分，它的所载内容也必须符合信用证条款和 UCP 600 的相关规定。

托收和信用证方式下，通常使用跟单汇票，较少使用光票。

通常由于出票人为出口商，收汇单证中的汇票属商业汇票。

延期付款信用证不需要提交汇票。

8.1.2　汇票内容及缮制

由于汇款方式中出口商无须提供汇票，以下主要介绍托收和信用证业务中，由出口商或受益人签发的商业汇票的缮制。

1. 出票条款

出票条款又称出票根据，信用证汇票必须有出票条款，说明与某银行某日期开出的某号信用证的关系，包含3个内容：开证行完整名称、信用证号和开证日期。这三个内容应正确填入汇票相应的空格内：Drawn under（填开证行名称）、L/C No.（填信用证号）、dated（填开证日期）。如信用证内有现成条款时，必须按原样填写在汇票上。

2. 出票地点及出票日期

出票地点一般应是出口商所在地，通常位于汇票的右上方，和出票日期相连。出票日期只要不早于运输单据，不迟于信用证的交单期和截止日即可。采用托收方式时，汇票出票日期可填装运日与交单给银行日期之间的任意一天。

出票日期需用英文表述，不能全部使用阿拉伯数字。

3. 汇票金额

汇票金额包括汇票的金额和币制，必须准确无误，货币币别须与发票一致，金额不得模棱两可，并应注意以下各点。

（1）如信用证没有特别规定，其金额应与发票金额一致。托收的汇票金额和发票金额一般均应一致。

（2）如信用证规定汇票金额为发票金额的百分之几，如97%，那么发票金额应为100%，汇票金额应为97%，其差额3%一般为应付的佣金。

（3）如信用证规定部分信用证付款，部分托收，应分做两套汇票：信用证下支款的按信用证允许的金额支取，以银行为付款人；托收部分的以客户为付款人，发票金额是两套汇票相加的和。

（4）汇票上的金额小写和大写必须一致。汇票金额不得涂改，不允许加盖校正章。

汇票的金额小写，由货币符号和阿拉伯数字组成，例如1 005.30美元则写为“USD 1005.30”。

汇票的金额大写，由货币符号和文字或数字组成，仍举上例，通常可采用下列几种形式表示：US DOLLARS ONE THOUSAND AND FIVE AND CENTS THIRTY ONLY 或 US DOLLARS ONE THOUSAND AND FIVE POINT THREE ZERO ONLY。

在信用证国际实务中，不能采用“以大写金额为准”的方法，必须大小写金额相一致。

4. 付款期限

付款期限是汇票的重要项目，凡没有列明付款期限的汇票，视作见票即付。按照不同的付款期限，一般可采用下列方式缮制。

（1）即期付款，在汇票上的付款期限处加打“ * ”或“-”，如 AT***SIGHT，AT-

SIGHT，表示见票即付。

(2) 远期付款，在汇票上的付款期限处加打远期天数和起算期，如“at 30 days after sight”表示见票后 30 天付款；“at 45 days after date of the draft”意为汇票出票日 45 天付款；“90 days after B/L date”表示在提单日期后 90 天付款，此种情况下，出票人需要在汇票空白处注明提单的具体日期，以便当汇票与其他单据分开时，也能从汇票上计算出到期日。假远期信用证的汇票，在“汇票期限”栏目处必须注明远期天数。

当用 from、after 表述汇票远期期限时，到期日的计算都从此规定日期的次日起算。

(3) 定日付款，应填上将来具体的付款到期日，如“at 31 Dec. 2015 fixed”，此时要将汇票上已经印刷好的“sight”划去。

5. 受款人

受款人又称收款人，也称汇票抬头人。按国际惯例，信用证和托收项下的汇票一般做成指示式抬头，汇票上写明“付给×××的指定人(PAY TO THE ORDER OF ×××)”，×××是该汇票的记名受款人，通过其背书，汇票可以转让。目前出口业务中最广泛使用的类型，汇票的格式上也基本上印妥“PAY TO THE ORDER OF...”。

信用证项下汇票的受款人，我国国内的做法一般是写成交单行名称。无证托收的汇票，一般应以托收行(出口地银行)为受款人。

其实，信用证汇票的受款人最好打上出口商名，然后由出口商背书给交单行，使交单行议付后可成为正当持票人。

6. 付款人

付款人又称受票人，也就是接受汇票出票人的命令对汇票付款的人。一般都位于汇票的左下角，即“TO...”(付款人)。付款人名称必须填写完整。

托收的汇票，付款人做成合同的进口商，除名称外，还必须填写完整的地址。信用证项下的按 UCP 600 条款规定，信用证不应开立以申请人为付款人的汇票，如开立了该汇票也仅视作一种附加单据，而不能作为金融单据。至于具体付款人，应该按照信用证的具体规定填写。如果信用证要求提交汇票，但没有规定汇票付款人，则由开证行作为付款人。

7. 出票人

汇票必须有出票人的签字，一般位于汇票右下角。出票人通常为出口人或信用证的受益人，应具企业全称和负责人的签字盖章。即使信用证有“接受第三方单据”字样，汇票也不能由第三方出具，汇票的出票人必须是受益人。已经转让的信用证，第三受益人出具以自身为出票人的汇票。

8.2 出口商证明

8.2.1 出口商证明的定义、种类及内容

出口商证明亦称受益人证明(beneficiary's certificate)，是由受益人签发的证实某件

事实的单据。

常见的有寄单、寄样证明，产品制造方面的证明，环保、人权方面的证明(如非童工、非狱工制造、非木质包装的证明等)，用以说明出口商已履行了合同义务，(信用证项下)已按开证申请人要求办理某项工作或证实某件事，并达到了进口商的要求和其进口国的有关规定。

出口商证明的内容一般包括单据名称、出证日期、抬头人、事由、证明文句、受益人名称及签章等。其缮制要点如下。

1. 单据名称

单据名称位于单据正上方，可根据来证要求确定具体名称。如"Beneficiary's Certificate"(受益人证明)"Beneficiary's Statement"(受益人声明)，或"Beneficiary's Declaration"(受益人申明)。

2. 出证日期

按照实际签发日期填写，一般而言，需与所证明的内容相匹配，根据需证实的内容而定，但必须在信用证规定的范围内。

例如，证明副本单据已经在装船后3天内寄给开证申请人，那么受益人证明的签发日期不应早于装船后3天。

3. 抬头人

类似这样的公开证明或申明，一般都填写笼统的抬头人，即"TO WHOM IT MAY CONCERN"(致有关人士)。

4. 事由

一般填写发票号或合同号。

5. 证明文句

此项内容必须对应于信用证要求填写。

6. 受益人名称及签章

受益人证明一般不分正副本。若来证要求正本，可在单据名称正下方打上"original"字样。证明的右下方必须有受益人即出口公司签章，才能生效。

8.2.2 主要的出口商证明

1. 寄单、寄样证明

出口商证明(受益人证明)中最多见的是寄单、寄样证明。受益人根据信用证要求，在货物装运前后的一定期限内，向信用证规定的收受人寄送单据、码样、船样等物品，并提供相应的证明。

例如，信用证条款规定"Beneficiary's certificate certifying that non-negotiable documents have been sent to applicant by DHL"。对此，受益人应该按照L/C及时办理寄送，并出具符合要求的证明。

2. 货物补充说明

有的信用证规定出口商需要提供一些补充说明货物品质、包装情况、货物产地等信息的证明，为受益人已经做的某些行为出具证明。例如，关于货物吊牌的证明文句：We certify that each item is labeled "Made in China"。有的国家规定进口货物不能使用木质包装，出口商需要出具非木质包装证明，以使进口货物顺利清关。关于非木质包装的文句：We certify that no solid wood material used in the packing。有的国家对进口商品的品质规定严格，实施关税壁垒。这时进口商会在来证中要求提供相应证明（有时使用第三检验机构出具的证明）。如 The goods we deliver have not contained any OZA dyes cleave off ammines listed listed in your regulations concerning articles of daily use。这类证明的要求除本节开头所处提到的要点外，应按照具体证明内容填写。

3. 借记通知

在日常业务中，有时需要向进口商收取小额款项，出口商可开立借记通知（debit note），避免修改信用证和托收的烦琐手续与费用。

平时常见的是收取因保险责任扩展产生的保费金额、保险金额加成大幅度超过合同规定而增加的保费金额或信用证略微少开金额等情况。

撰写格式和文句根据具体情况，以正确表达意思即可。一般显示单据名称、被通知人、业务参考号（如合同号）、有关情况的说明、签字等内容。

4. 贷记通知

出口商用贷记通知告诉被通知人有一笔款项将进入其账户。平时常见的贷记通知用于通知佣金商付佣金的情况。如信用证规定以贷记通知单（credit note）扣应付佣金的，那么发票金额开立100%的货物总值，而汇票金额应是发票金额减去贷记通知单金额后的余额。例如：

CREDIT NOTE

TO×××（被告诉的公司名称）

Reference No...（发票或合同号）

Please be advised that we have requested our banker to instruct the issuing bank to pay you the mentioned below as your commission which has been deducted from their payment to us.

5% commission on Invoice vale USD 10 000.00=USD 500.00

(signature...)

主干案例制单演示

请根据前面章节中主干案例的相关资料缮制汇票（见图 8-1）。

BILL OF EXCHANGE

No. INV-VAN01

For US$26,660.80　　　　SHANGHAI　JUN 6, 2016

At ******SIGHT******** of this　FIRST　Bill of exchange(SECOND being unpaid)

Pay to　BANK OF CHINA, SHANGHAI BRANCH　or order the sum of

SAY U.S.S DOLLARS TWENTY SIX THOUSAND SIX HUNDRED AND SIXTY AND EIGHTY CENTS ONLY.

Drawn under F.VAN LANSCHOT BANKIERS N.V. VANCOUVER BC, CANADA

L/C NO. AM/VA07721SLC　　Dated　APR 18, 2016

TO:

F.VAN LANSCHOT BANKIERS N.V.

VANCOUVER BC, CANADA

For and on behalf of

SHANGHAI YUANCHENG INTERNATIONAL TRADE CO., LTD.

图 8-1　汇票

课堂巩固

一、单项选择题

1. 汇票的支付委托书应当是书面的，不可以(　　)。

A. 手写　　B. 印刷　　C. 铅笔书写　　D. 打字

2. 下列(　　)"抬头"的汇票不可转让。

A. Pay to A Co. Only　　B. Pay to A Co. Or order

C. Pay to bearer　　D. Pay to holder

3. 下列不属于远期汇票的是(　　)。

A. 定日付款　　B. 出票后定期付款

C. 见票即付　　D. 见票后定期付款

4. 汇票的出票日期不能晚于(　　)。

A. 信用证有效期　　B. 信用证开证日期

C. 信用证规定的装运期　　D. 保险单的出单日期

5. 即期汇票的主要票据行为不包括(　　)。

A. 提示　　B. 承兑　　C. 付款　　D. 出票

6. 汇票规定见票日为 4 月 5 日，付款期限为见票日后 30 天，则付款到期日是(　　)。

A. 5 月 3 日　　B. 5 月 4 日　　C. 5 月 5 日　　D. 5 月 6 日

二、判断题

1. 出口收汇使用的汇票金额不得涂改，不允许加盖校正章。　　(　　)

2. 我国法律不允许持票人采用"空白背书"的方式转让票据权利。　　(　　)

3. 根据我国《票据法》的规定，汇票必须记载收款人名称。　　(　　)

课后实践

请根据以下相关资料指出汇票(见表 8-1)中错误的地方,并改正。

卖方:La GUYENNOISE GROUP

3 RUE DES ANCIENS COMBATTANTS 33460 SOUSSANS FRANCE

授权签字人:MAITY

买方:TIANJIN LINBEICHEN COMMERCE AND TRADE CO., LTD.

NO. 81 JINGSAN ROAD,TIANJIN,CHINA

授权签字人:林晓婉

货物描述:12 000PCS OF BOTTLED WINE

包装:2 000WOODEN CASES

W. G.:21 000KGS

N. W.:15 000KGS

MEAS.:31 CBM

开证行:BANK OF CHINA,TIANJIN BRANCH

信用证号:LC14231679

开证日期:May. 15,2016

汇票金额:EUR83 340.00

付款期限:即期

出票日期:MAY 1, 2016

议付行:BANQUE NATIONALE PARIS

合同号:LBC16005

发票号:LBC2016015

贸易术语:FOB

装运港:FOS

目的港:TIANJIN

表 8-1 汇票

BILL OF EXCHANGE

Drawn under: BANQUE NATIONALE PARIS

L/C No. LC14231670

Dated: May. 15, 2015

No. LBC2015015 Exchange for €83,430.00 Paris Date: MAY 1,2015

At 30 days after sight of this FIRST of Exchange(Second of Exchange being unpaid)

Pay to the order of BANK OF CHINA, TIANJIN BRANCH

the sum of SAY EURO EIGHTY THREE THOUSAND FOUR HUNDRED AND THIRTY ONLY.

To: BANQUE NATIONALE PARIS

TIANJIN LINBEICHEN COMMERCE AND TRADE CO., LTD.

Laura

参 考 文 献

[1] 祝卫.出口贸易模拟操作教程[M].3版.上海：上海人民出版社，2015.

[2] 全国国际商务单证专业培训考试办公室.国际商务单证理论与实务[M].北京：中国商务出版社，2013.

[3] 钱华，陆洲艳.国际物流报检实务[M].北京：清华大学出版社，2013.

[4] 陆洲艳，钱华，李人晴.国际物流通关实务[M].北京：清华大学出版社，2014.

[5] 海关总署报关员资格考试教材编写委员会.报关员资格全国统一考试教材[M].北京：中国海关出版社，2012.

附录　常用单证英语词汇

分　类	英　文	中　文
一般术语 (general terms)	establishing business relation	建立业务关系
	inquiry	询盘
	offer	报盘
	counter offer	还盘
	quantity	数量
	packing	包装
	time of shipment	装运期
	price	价格
	discount	折扣
	terms of payment	支付条款
	insurance	保险
	commodity inspection	商品检验
	acceptance	接受
	signing a contract	签订合同
	claim	索赔
	agency	代理
	commission	佣金
	exclusive sales	包销
	joint venture	合资企业
	compensation trade	补偿贸易
	processing and assembling trade	加工装配贸易
	the terms of international trade	国际贸易术语

续表

分　类	英　文	中　文
建立业务关系 (establishing business relation)	recommendation	推荐、介绍
	inform	通知
	catalogue	目录
	for your reference	供您参考
	specific inquiry	具体询价
	promptly	立即
	representative	代表
	chamber of commerce	商会
	specialize in	专营
	on the bases of equality and mutual benefit	在平等互利的基础上
	pamphlet	小册子
	a range of	一套
	make offers	报价
	import and export corporation	进出口公司
	silk	丝绸
	cotton piece goods	棉布
	blouse	女衬衫
	be of the latest style	最新式样
	financial position	财务状况
	trade reputation	贸易声誉
	on display	展出
	woolen knitwear	毛织品
	garment	服装
	meet with great favor	受欢迎
	credit standing	信用地位
	state-operated	国营的
	currency	货币
	investment	投资
	a long-term investment	长期投资
	a profitable investment	有利可得的投资
	a safe and sure investment	安全可靠的投资
	a heavy investment	巨额投资
	investment intent	投资意向
	investment partner	投资伙伴
	direct investment	直接投资
	investment environment	投资环境
	investor	投资者
	enterprise	企业
	joint venture enterprise	合资企业
	cooperative enterprise	合作企业
	exclusively foreign-owned enterprise	外商独资企业
	state-owned enterprise	国有企业
	collectively-owned enterprise	集体企业
	individually owned enterprise	个体企业

续表

分　类	英　文	中　文
数量（quantity）	weight	重量
	metric ton	公吨
	long ton	长吨
	short ton	短吨
	kilogram, kilo, kg	千克
	pound, lb	磅
	ounce, oz	盎司
	number	个数
	piece	件
	pair	双
	dozen	打
	ream	令
	set	套
	length	长度
	area	面积
	volume	体积
	cubic meter	立方米
	capacity	容积
	litre	升
	gallon	加仑
	bushel	蒲式耳
	metric system	公制
	British system	英制
	US system	美制
	gross weight	毛重
	net weight	净重
	shipping weight	装运重量
	landed weight	卸货重量
	theoretical weight	理论重量
装运（shipment）	backlog	积压而未交付的订货
	terms of shipment	装运条件
	prepare goods	备货
	load	装货
	unload	卸货
	board	木板，板，船舷
	on board	在船（或车、飞机）上

续表

分　类	英　文	中　文
装运 (shipment)	steamer	轮船
	space of a steamer	舱位
	shipping department	运输部门
	liner	班轮,班机
	book up	(票、车位、舱位等)订完
	tranship	转运
	transhipment	转载
	force majeure	不可抗力
	European Main Ports—EMPs	欧洲主要口岸
	vessel	船;飞船;飞机
	the first available vessel	第一艘可订到的船
	call at	停泊
	duly	按期的,按时的
价格 (price)	price terms	价格条件
	bargain	讨价还价
	currency	货币
	on the low side	价格偏低
	market price	市场价
	current price	现行价
	floor price	底价
	make a bargain with sb.	与某人成交
	drive a hard bargain over sth.	为某事拼命讨价还价
	a bargain sale	廉价出售
	rock-bottom price	最低价
	FOB	船上交货
	CIF	成本加保险费;运费价
	CFR	成本加运费价
询盘 (inquiry)	general inquiry	一般询盘
	specific inquiry	具体询盘
	dealer	商人
	quotation	报价
	sales department	销售部
	purchase	购买
	enquiry	询价
	quote	开价

续表

分　类	英　文	中　文
询盘 (inquiry)	sample	样品
	a long-term contract	长期合同
	discount	折扣
	grant	批准
	to make an inquiry for sth.	对某物询价
	to keep the inquiry on file	把询价记录在卷
	to inquiry about sth.	询问某事
	process	加工
	a firm offer	实盘
	guarantee	保证
	delivery	交货
	port of delivery	交货港
	time of delivery	交货期
	prompt delivery	即期交货
	a counter offer	还盘
	to make delivery	办理交货
	to postpone delivery	推迟交货
	to deliver sth. to sb.	把某物交付给某人
	shipment	装船
	to receive shipment	接货
	partial shipment	分批装船
	prompt shipment	即期装运
	time of shipment	装运期
	to accept an offer	接受报盘
	to extend an offer	延长报盘
	to renew an offer	更新报盘
	to withdraw an offer	撤销报盘
	the validity of an offer	报盘有效期
	to offer firm	报实盘
	to offer subject to final confirmation	报盘以最后确认为准
	specialize in	专门经营
还盘 (counter offer)	enjoy great popularity	享有盛誉
	ready seller; quick seller; quick-selling product	畅销品
	conclude business with sb.	与某人达成交易
	trade terms	贸易条件
	trade agreement	贸易协定

续表

分　类	英　文	中　文
还盘 (counter offer)	trade fair	交易会
	trade mark	商标
	foreign trade	对外贸易
	trade in sth.	经营某物
	trade with sb.	与某人交易
	favorable price	优惠价格
	favorable terms	优惠条件
	quotation	行情
	discount quotation	贴现行情
	exchange rate quotation	外汇行情
	commission	佣金
	the above price includes your commission of 2%	上述价格包括你方2%佣金
	general practice	惯例
	accept an order	接受订单
	cancel an order	撤销订单
	confirm an order	确认订单
	execute an order	履行订单
	a back order	尚未执行的订单
	a fresh order	新订单
	a repeat order	续订订单
包装 (packing)	packaging	包装方法
	blister packing	起泡包装
	neutral packing	中性包装
	skin packing	吸塑包装
	hanging packing	挂式包装
	catch sb's eye	引某人注目
	mark	唛头
	unlabelled packing	无牌的包装
	in bulk	散装
	in loose packing	散装
	nude packing	裸装
	bulk pack	整批包装
	consumer pack	零售包装
	large packing	大包装
	inner packing, external packing, end packing	小包装

续表

分　类	英　文	中　文
包装 (packing)	shrunk packaging	压缩包装
	foam-spary packaging	喷泡沫包装
	gift-wrap	礼品包装
	bag，sack	袋
	jute bag	麻袋
	polythelene bag，plastic bag	塑料袋
	polythelene net	尼龙绳网袋
	zippered bag	拉链袋
	case，chest	箱
	box	盒
	wooden case	木箱
	carton	纸箱
	container	集装箱
	rate	板条箱
	fibre board case	纤维板箱
	packet	小包
	bale	包
	bundle	捆
	tin，can	罐头
	basket	篮、篓、筐
	bamboo basket	竹篓
	bottle	瓶
	wooden keg	小木桶
	hogshead	大桶
	iron drum	铁桶
	cylinder	铁桶
	barrel	琵琶桶
	drum	圆桶
	waterproof paper	防水纸
	cellophane	玻璃纸
	kraft paper	牛皮纸
	canvas	帆布
	fibreboard	纤维板
	nylon strap	尼龙腰子
	plastic strap	塑料腰子
	adhesive tape	胶带

续表

分　类	英　文	中　文
包装 (packing)	stuffing material	填料
	nylon plastic	尼龙丝
	fermented plastic	泡沫塑料
	paper scrap	纸屑
	saw dust	木屑
	tar paper	沥青纸
	wax paper	蜡纸
	slushing compound	润滑油
	tarpaulin	油布、防水帆布